中国科协碳达峰碳中和系列丛书

建筑运行用能
低碳转型导论

江 亿 ◎ 主编

中国科学技术出版社
·北 京·

图书在版编目（CIP）数据

建筑运行用能低碳转型导论 / 江亿主编 . -- 北京：中国科学技术出版社，2023.9

（中国科协碳达峰碳中和系列丛书）

ISBN 978-7-5236-0286-7

Ⅰ. ①建… Ⅱ. ①江… Ⅲ. ①建筑业 - 低碳经济 - 研究 - 中国 Ⅳ. ① F426.9

中国国家版本馆 CIP 数据核字（2023）第 154414 号

策　　划	刘兴平　秦德继
责任编辑	彭慧元
封面设计	北京潜龙
正文设计	中文天地
责任校对	张晓莉
责任印制	李晓霖

出　　版	中国科学技术出版社
发　　行	中国科学技术出版社有限公司发行部
地　　址	北京市海淀区中关村南大街 16 号
邮　　编	100081
发行电话	010-62173865
传　　真	010-62173081
网　　址	http://www.cspbooks.com.cn

开　　本	787mm×1092mm　1/16
字　　数	230 千字
印　　张	11.25
版　　次	2023 年 9 月第 1 版
印　　次	2023 年 9 月第 1 次印刷
印　　刷	北京长宁印刷有限公司
书　　号	ISBN 978-7-5236-0286-7 / F・1172
定　　价	69.00 元

（凡购买本社图书，如有缺页、倒页、脱页者，本社发行部负责调换）

"中国科协碳达峰碳中和系列丛书"
编委会

主任委员

张玉卓　　　中国工程院院士，国务院国资委党委书记、主任

委　　员（按姓氏笔画排序）

王金南　　　中国工程院院士，生态环境部环境规划院院长

王秋良　　　中国科学院院士，中国科学院电工研究所研究员

史玉波　　　中国能源研究会理事长，教授级高级工程师

刘　峰　　　中国煤炭学会理事长，教授级高级工程师

刘正东　　　中国工程院院士，中国钢研科技集团有限公司副总工程师

江　亿　　　中国工程院院士，清华大学建筑学院教授

杜祥琬　　　中国工程院院士，中国工程院原副院长，中国工程物理研究院研究员、高级科学顾问

张　野　　　中国水力发电工程学会理事长，教授级高级工程师

张守攻　　　中国工程院院士，中国林业科学研究院原院长

舒印彪　　　中国工程院院士，中国电机工程学会理事长，第36届国际电工委员会主席

谢建新　　　中国工程院院士，北京科技大学教授，中国材料研究学会常务副理事长

戴厚良　　　中国工程院院士，中国石油天然气集团有限公司董事长、党组书记，中国化工学会理事长

《建筑运行用能低碳转型导论》
编写组

主　　编
江　亿　　中国工程院院士，清华大学建筑学院教授

副 主 编
李存东　　全国工程勘察设计大师，中国建筑学会秘书长，中国建设科技集团首席专家，中国建筑标准设计研究院有限公司党委书记、董事长

执行副主编
胡　姗　　清华大学建筑节能研究中心助理研究员
刘　宇　　中国建筑学会科普部与会员部副主任（主持工作）

编写专家组
崔　愷　　中国工程院院士，全国工程勘察设计大师，中国建筑学会副理事长，中国建设科技集团首席科学家，中国建筑设计研究院有限公司名誉院长、总建筑师
庄惟敏　　中国工程院院士，全国工程勘察设计大师，中国建筑学会副理事长，清华大学建筑学院教授，清华大学建筑设计研究院有限公司首席总建筑师
潘云钢　　中国建筑设计研究院有限公司总工程师、教授级高工
戎向阳　　中国建筑西南设计研究院有限公司总工程师、教授级高工
徐　伟　　中国建筑科学研究院环境能源院院长
郝　斌　　深圳市建筑科学研究院股份有限公司副总工程师、教授级高工，中国建筑节能协会光储直柔专业委员会秘书长
杨旭东　　清华大学建筑学院副院长、教授

林波荣　　清华大学建筑学院副院长、教授，国家碳中和科技委员会委员
付　林　　清华大学建筑学院首席研究员

主要作者
江　亿　胡　姗

编写组成员及分工
第 1 章　　江　亿　徐　伟　胡　姗
第 2 章　　江　亿　庄惟敏　林波荣　周　浩　胡　姗　杨子艺　王正华
第 3 章　　江　亿　胡　姗　杨子艺　王正华
第 4 章　　江　亿　胡　姗　吴彦廷
第 5 章　　江　亿　郝　斌　崔　愷　徐　斌　鞠晓磊　彭晋卿　刘晓华
　　　　　张　涛　陆元元
第 6 章　　付　林　戎向阳　夏建军　吴彦廷　朱晓玥　李　鹏　刘朝阳
第 7 章　　杨旭东　胡　姗　职　远　孙　涛
第 8 章　　潘云钢　刘晓华　胡　姗
第 9 章　　江　亿　胡　姗
第 10 章　　江　亿　胡　姗
统　稿　　胡　姗

总　序

中国政府矢志不渝地坚持创新驱动、生态优先、绿色低碳的发展导向。2020年9月，习近平主席在第七十五届联合国大会上郑重宣布，中国"二氧化碳排放力争于2030年前达到峰值，努力争取2060年前实现碳中和"。2022年10月，党的二十大报告在全面建成社会主义现代化强国"两步走"目标中明确提出，到2035年，要广泛形成绿色生产生活方式，碳排放达峰后稳中有降，生态环境根本好转，美丽中国目标基本实现。这是中国高质量发展的内在要求，也是中国对国际社会的庄严承诺。

"双碳"战略是以习近平同志为核心的党中央统筹国内国际两个大局作出的重大决策，是我国加快发展方式绿色转型、促进人与自然和谐共生的需要，是破解资源环境约束、实现可持续发展的需要，是顺应技术进步趋势、推动经济结构转型升级的需要，也是主动担当大国责任、推动构建人类命运共同体的需要。"双碳"战略事关全局、内涵丰富，必将引发一场广泛而深刻的经济社会系统性变革。

2022年3月，国家发布《氢能产业发展中长期规划（2021—2035年）》，确立了氢能作为未来国家能源体系组成部分的战略定位，为氢能在交通、电力、工业、储能等领域的规模化综合应用明确了方向。氢能和电力在众多一次能源转化、传输与融合交互中的能源载体作用日益强化，以汽车、轨道交通为代表的交通领域正在加速电动化、智能化、低碳化融合发展的进程，石化、冶金、建筑、制冷等传统行业逐步加快绿色转型步伐，国际主要经济体更加重视减碳政策制定和碳汇市场培育。

为全面落实"双碳"战略的有关部署，充分发挥科协系统的人才、组织优势，助力相关学科建设和人才培养，服务经济社会高质量发展，中国科协组织相关全国学会，组建了由各行业、各领域院士专家参与的编委会，以及由相关领域一线科研教育专家和编辑出版工作者组成的编写团队，编撰"双碳"系列丛书。

丛书将服务于高等院校教师和相关领域科技工作者教育培训,并为"双碳"战略的政策制定、科技创新和产业发展提供参考。

"双碳"系列丛书内容涵盖了全球气候变化、能源、交通、钢铁与有色金属、石化与化工、建筑建材、碳汇与碳中和等多个科技领域和产业门类,对实现"双碳"目标的技术创新和产业应用进行了系统介绍,分析了各行业面临的重大任务和严峻挑战,设计了实现"双碳"目标的战略路径和技术路线,展望了关键技术的发展趋势和应用前景,并提出了相应政策建议。丛书充分展示了各领域关于"双碳"研究的最新成果和前沿进展,凝结了院士专家和广大科技工作者的智慧,具有较高的战略性、前瞻性、权威性、系统性、学术性和科普性。

2022年5月,中国科协推出首批3本图书,得到社会广泛认可。本次又推出第二批共13本图书,分别邀请知名院士专家担任主编,由相关全国学会和单位牵头组织编写,系统总结了相关领域的创新、探索和实践,呼应了"双碳"战略要求。参与编写的各位院士专家以科学家一以贯之的严谨治学之风,深入研究落实"双碳"目标实现过程中面临的新形势与新挑战,客观分析不同技术观点与技术路线。在此,衷心感谢为图书组织编撰工作作出贡献的院士专家、科研人员和编辑工作者。

期待"双碳"系列丛书的编撰、发布和应用,能够助力"双碳"人才培养,引领广大科技工作者协力推动绿色低碳重大科技创新和推广应用,为实施人才强国战略、实现"双碳"目标、全面建设社会主义现代化国家作出贡献。

中国科协主席 万 钢
2023 年 5 月

前　言

建筑领域跟气候变化相关的碳排放涉及两方面：建筑建造所造成的碳排放和建筑运行造成的碳排放。盖房子所需的钢铁、水泥等建筑材料，这些材料的生产过程会排放二氧化碳。尽管这部分碳排放属于工业过程的碳排放，但其原因是为了盖房子，所以其责任也应归建筑领域。另一个是建筑运行碳排放。本书核心围绕建筑运行的碳排放。

什么是建筑运行？建筑的空调、采暖、照明，各种办公电器、家用设备，还有做饭、生活热水，都造成了由于建筑运行的直接碳排放和间接碳排放。直接碳排放主要是烧煤、烧燃气；间接碳排放主要是建筑运行的用电和用热，电力和热力的生产会产生碳排放。本书第1章至第3章对我国建筑部门碳排放的边界和核算方法进行了界定，并介绍了我国建筑碳排放的基本状况。

针对建筑运行的三类碳排放，为了实现碳中和目标，建筑能否不烧煤、少烧天然气以降低直接碳排放？如何帮助电厂少排二氧化碳让建筑用电变成零碳？是否有可能让建筑用热的热源变成零碳？本书围绕这3个问题展开讨论。在本书的第4章首先讨论了这3个问题。

第一个问题，如何替代建筑中的天然气？我们觉得未来建筑中的天然气用量应该逐渐减少，直至最后归零，建筑全面电气化。

第二个问题，怎么由建筑运行来配合电力系统实现零碳。建筑全面电气化后，电从哪来？有人说，建筑的运行用电从大电网来，未来电力系统实现了零碳，那么我们建筑自然就实现了零碳，这实际上是一种消极被动的做法。积极应对的做法应该是拥抱建筑在新型电力系统中的角色变化，未来建筑应该成为"产消储调"四位一体的新角色。产，通过在建筑屋顶、立面安装分布式光伏，建筑就不只是能源的消费者，同时也成了能源的生产者。储，建筑通过自身的热惯性、蓄电池进行储能。通过建筑与电动车的连接，又可以发挥电动车的储能资源，实现建筑的负荷由刚性变成柔性，从而可以积极主动地实现对外电网风光电

建筑运行用能低碳转型 导论
Introduction to Low Carbon Energy Transition of Building Operation

的消纳。这样一来，建筑就可以充分发挥"产消储调"的功能，对未来新型电力系统的建设作出巨大的贡献。这部分内容是本书提出的一个很重要的观点，在本书的第 5 章着重讨论。

第三个问题，建筑采暖、生活热水的热量需求从何而来？我们认为可以通过两种方式解决。一种是通过热泵技术，从空气、土壤、水体里取热，也就是基于自然界低温热源的热泵技术，热泵能够解决一部分建筑用热需求，包括生活热水、南方采暖、农村采暖等。另一种是对于北方城镇建筑的高密度用热需求，可以考虑将人类活动排放出来的大量余热废热资源经过采集和转换提升来满足建筑的高密度用热需求。比如核电余热、调峰火电余热、流程工业余热、数据中心余热、垃圾焚烧余热等。随着零碳发展，取消化石燃料燃烧，余热就成了宝贵的热源。未来需要通过余热回收共享系统，有效回收和利用各种余热资源，经过管网输送，变换后来满足北方建筑用热和各种制造业的热量需求。这些内容将在本书的第 6 章进行讨论。

综上所述，怎么取消建筑中的燃料，怎么配合电力系统发好电、用好电、储好电、调好电，怎么实现建筑零碳的用热。这 3 个问题不仅涉及建筑内部，还涉及城市能源供给系统，所以本书适当拓展了边界，从城市能源供给系统的角度来看待如何解决建筑运行的能源问题。

除此之外，中国农村在未来的能源革命中将扮演一个特别重要的角色，农村会从能源的消费者，华丽转身成为能源的生产者。农村屋顶分布式光伏的发电、农村的生物质能源，都会成为未来低碳能源系统中重要的能源供应。因此，农村会成为我国能源革命的排头兵，本书第 7 章也对这方面进行了专门的叙述和讨论。

必须要提的是，建筑节能是零碳的基础。以上这些建筑零碳的工作必须基于坚持不懈地开展建筑节能工作降低建筑的用能需求，同时维持我国与发达国家不同的绿色节约生活方式，这将是开展各项低碳工作的重要前提，本书的第 8 章主要讨论了这部分内容。

无论是建筑节能还是低碳转型，各项任务和转型工作都需要与能源、电力、工业和交通领域的低碳转型进程互相配合，才能最终实现全社会和建筑运行的碳中和目标，本书的第 9 章和第 10 章对建筑领域实现低碳的关键任务、发展路径进行了详细的设计和情景分析。

在此，特别感谢中国科学技术协会委托并支持中国建筑学会牵头组编"中国科协碳达峰碳中和系列丛书"建筑专题，也特别感谢中国科学院、中国工程院作为"双碳"战略研究支持建筑领域的低碳研究，感谢住房和城乡建设部通过全球环境基金（GEF）对这一研究的支持，感谢能源基金会对建筑碳中和模型、情景和路径的研究支持。

本书经过了多方面的专家审阅，经过多次讨论、反复修改，最后成稿。但仍然挂一漏万，不足之处也恳请社会各界批评指正。建筑领域的零碳是实现中国全社会零碳最重要的任务之一，也需要各行各业的支持和全民的参与。希望本书能够对全社会各行业关注和认识建筑运行的零碳发展有一定的帮助；也希望通过本书，能够引起大家对于建筑零碳的关注和共鸣，共同努力，把建筑运行的低碳零碳工作做好。

江 亿

2023 年 5 月

目 录

总　序 ·· 万　钢

前　言 ·· 江　亿

第1章　建筑部门碳排放的核算方法 ···001
1.1　建筑部门的碳排放核算 ···001
1.2　建筑运行用能与碳排放的分类 ··003

第2章　建筑隐含碳排放现状 ···010
2.1　建筑隐含碳排放的现状和问题 ··010
2.2　建筑隐含碳排放的影响因素与减排路径 ···014

第3章　建筑运行碳排放现状 ···025
3.1　我国建筑运行碳排放 ··025
3.2　中外建筑能耗与排放对比 ··029

第4章　建筑运行用能实现碳中和的路径 ···037
4.1　建筑运行用能全面电气化 ··037
4.2　建筑零碳用电 ··040
4.3　建筑零碳用热 ··047
4.4　小结 ··051

第5章　建筑零碳电力系统　　053

　5.1　建筑在新型电力系统中的作用 ………………………………… 053
　5.2　建筑光伏设计的几个问题 ……………………………………… 056
　5.3　建筑光伏的接入与消纳 ………………………………………… 060
　5.4　建筑负荷灵活调节资源 ………………………………………… 066
　5.5　直流配电是新能源高效消纳与负荷调控的关键技术 ………… 070
　5.6　建筑电力交互 …………………………………………………… 076

第6章　建筑零碳热力系统　　081

　6.1　未来建筑和工业对热量的需求 ………………………………… 081
　6.2　热泵实现热量的零碳供应 ……………………………………… 086
　6.3　余热资源共享系统的三大关键技术 …………………………… 093
　6.4　零碳供热的实施步骤 …………………………………………… 103

第7章　农村新型能源系统　　104

　7.1　农村能源资源现状 ……………………………………………… 104
　7.2　以屋顶光伏为基础的新型能源系统 …………………………… 105
　7.3　农村生物质能源的商品化 ……………………………………… 111
　7.4　全面建立农村新型能源系统的重要意义 ……………………… 112
　7.5　政策建议 ………………………………………………………… 114

第8章　建筑节能是零碳的基础　　116

　8.1　新建零碳建筑和既有建筑低碳改造 …………………………… 116
　8.2　绿色低碳的生活方式与使用模式 ……………………………… 119
　8.3　提高机电系统能效 ……………………………………………… 125
　8.4　建筑运行用能的全面电气化 …………………………………… 129

第9章　我国建筑运行碳中和路线图　　134

　9.1　我国建筑运行碳中和路线图 …………………………………… 134
　9.2　建筑总规模与建造速度 ………………………………………… 136

9.3 建筑运行用能高效电气化 ·· 137
9.4 节能使用模式与高效用电 ·· 139
9.5 配合风光电增长的"光储直柔"建筑发展 ······························· 140
9.6 农村新型能源系统建设 ·· 145
9.7 北方城镇地区零碳供热 ·· 148
9.8 建筑运行碳中和情况 ·· 151

第10章 建筑领域"双碳"政策建议 　154
10.1 建筑领域实现"双碳"目标的7大任务 ································ 154
10.2 推动建筑运行低碳转型的政策机制 ···································· 156

参考文献 　161

第 1 章 建筑部门碳排放的核算方法

建筑领域的能源消费与碳排放已成为全社会能源消费与排放的重要组成部分，同时我国正处于能源供给与消费方式变革的关键节点，因此对建筑能耗与碳排放的现状进行全面认识和分析具有重要意义。本章将介绍建筑领域碳排放的核算边界、核算方法，重点介绍建筑运行用能的特点与分类，以及分析模型。

1.1 建筑部门的碳排放核算

1.1.1 建筑相关的碳排放

建筑的全生命周期主要包括建材的制造阶段、建材的运输与建筑建造阶段、建筑运行阶段、建筑维护修缮阶段、建筑的拆除阶段（见图 1.1）。大量针对建筑

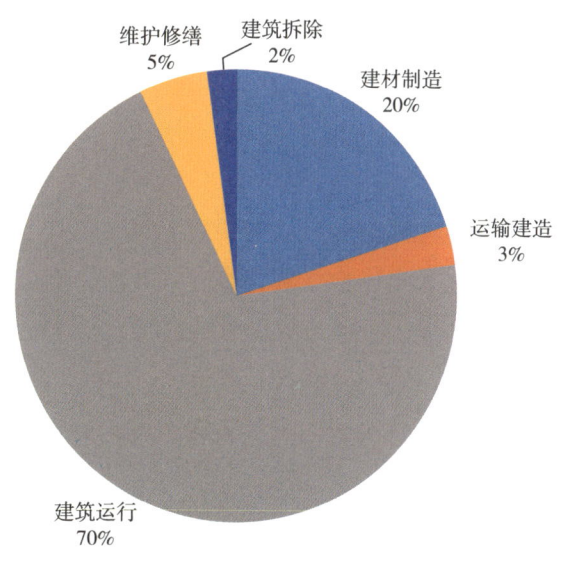

图 1.1 建筑全生命周期各阶段碳排放占比

的全生命周期案例研究表明,建筑运行阶段以及建材的生产阶段是建筑全生命周期碳排放最主要的产生阶段,其中建筑运行阶段碳排放约占70%,建筑材料制造碳排放约占20%,维护修缮过程约占5%,运输建造过程约占3%,建筑拆除处理过程约占2%。

1.1.2 清单核算法与全生命期核算法

在核算建筑碳排放的时候,一般有全生命周期法和清单核算法两类方法(图1.2),全生命周期方法关注的是单个建筑(图中建筑A,红色模块)从原材料挖掘、建材生产、建材运输、建筑建造、建筑运行、建筑修缮和报废所有过程中的碳排放,其单位是一个建筑全生命的累计量(例如70年累计碳排放),为每座建筑的碳排放总量,单位为吨。这种方法适用于对单项技术、单个项目的碳排放核算与减碳措施优化选择。

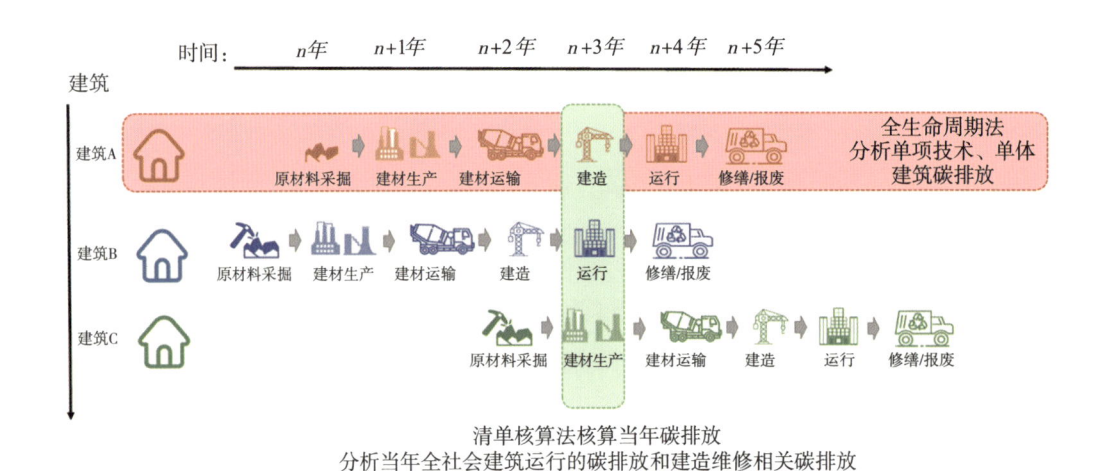

图1.2 清单核算法与全生命周期法核算建筑碳排放的差别

清单核算法关注的是全社会的碳排放(图1.2中绿色模块,第 $n+3$ 年),分别统计当年全社会由于建筑的建材生产、运输、建造等阶段产生的碳排放,以及当年全社会由于建筑运行产生的碳排放,其单位是碳排放/年,这种方法适用于对全社会当年的碳排放进行拆分,了解当年全社会排放的主要来源,并对应设计全社会及建筑领域的减碳技术路径。

两种分法虽然都考虑了建材生产、建筑建造、建筑运行等各个阶段的能耗及排放,但其关注点和适用领域有很大不同。

全生命周期法主要适用于单项技术、单个新建建筑的案例研究,对研究对象进行全生命周期碳排放的综合分析,以帮助优化平衡建筑围护结构、分析机电系统投入增加导致间接碳排放量增加和由于这些投入导致运行碳排放量减少之间的平衡关系，从而优化各节能减碳措施。例如分析建筑外保温增厚所增加的隐含碳和其带来的建筑减碳效果之间的关系，以确定最优的建筑外保温厚度。

清单核算法主要用于对整个建筑领域，某地区、国家建筑相关碳排放的宏观分析，其分析的是上述各个领域、地区当年在建材制造、建筑运行等各方面的排放情况，其目的在于认清当前全行业、全社会建筑相关能耗及碳排放的分布现状，识别建筑减碳应重点关注的领域及采取的措施，指导建筑减碳路径及政策的制定。本书主要采用清单核算法对我国建筑领域的能耗及排放进行分析。

1.2 建筑运行用能与碳排放的分类

1.2.1 建筑运行用能

本书所关注的建筑运行用能指的是民用建筑的运行能源消耗，包括住宅、办公建筑、学校、商场、宾馆、交通枢纽、文体娱乐设施等非工业建筑。基于对我国民用建筑运行能耗的长期研究，考虑我国南北地区冬季采暖方式的差别、城乡建筑形式和生活方式的差别，以及居住建筑和公共建筑人员活动及用能设备的差别，本书将我国的建筑运行用能分为四大类：北方城镇供暖用能、城镇住宅用能（不包括北方城镇供暖用能）、商业及公共建筑运行用能（不包括北方地区供暖用能）、农村住宅用能。

（1）北方城镇供暖用能

北方城镇供暖用能是指采取集中供暖方式的省、自治区和直辖市的冬季供暖能耗，包括各种形式的集中供暖和分散采暖。地域涵盖北京、天津、河北、山西、内蒙古、辽宁、吉林、黑龙江、山东、河南、陕西、甘肃、青海、宁夏、新疆的全部城镇地区，以及四川的一部分。虽然西藏、川西、贵州部分地区等区域冬季寒冷，也需要供暖，但由于当地的能源状况与北方地区完全不同，其问题和特点也不相同，需要单独考虑。将北方城镇供暖部分用能单独计算的原因是，北方城镇地区的供暖多为集中供暖，包括大量的城市级别热网与小区级别热网。与其他建筑运行用能以楼栋或者以户为单位不同，这部分供暖用能在很大程度上与供暖系统的结构形式和运行方式有关，并且其实际用能数值也是按照供暖系统统一统计核算，所以把这部分建筑运行用能作为单独一类，与其他建筑运行用能区别对待。

目前的供暖系统按热源系统形式及规模分类，可分为大中规模燃煤热电联产、大中规模燃气热电联产、小规模燃煤热电联产、小规模燃气热电联产、大型燃煤锅炉、大型燃气锅炉、区域燃煤锅炉、区域燃气锅炉、热泵集中供暖、核电及工业余热等集中供暖方式，以及户式燃气炉、户式燃煤炉、空调热泵分散采暖、直接电加热等分户采暖方式。使用的能源种类主要包括燃煤、燃气和电力。本书考察一次能源消耗，也就是包含热源处的一次能源消耗或电力的消耗，以及服务于供热系统的各类设备（风机、水泵）的电力消耗。这些能耗又可以划分为热源和热力站的转换损失、管网的热损失和输配能耗，以及最终建筑的得热量。

（2）城镇住宅用能（不包括北方城镇供暖用能）

城镇住宅用能是指除了北方地区的供暖能耗外，城镇住宅所消耗的能源。在终端用能途径上，包括家用电器、空调、照明、炊事、生活热水，以及夏热冬冷地区的省、自治区和直辖市的冬季供暖能耗。城镇住宅使用的主要商品能源种类是电力、燃煤、天然气、液化石油气和城市煤气等。夏热冬冷地区的冬季供暖绝大部分为分散式供暖，热源方式包括空气源热泵、直接电加热等针对建筑空间的供暖方式，以及炭火盆、电热毯、电手炉等各种形式的局部加热方式，这些能耗都归入此类。

（3）商业及公共建筑运行用能（不包括北方地区供暖用能）

这里的商业及公共建筑指人们进行各种公共活动的建筑，包括办公建筑、商业建筑、旅游建筑、科教文卫建筑、通信建筑以及交通运输类建筑，既包括城镇地区的公共建筑，也包括农村地区的公共建筑。农村公共建筑从用能特点、节能理念和技术途径各方面与城镇公共建筑有较大的相似之处，因此将农村公共建筑也统计入公共建筑运行用能一项，统称为公共建筑运行用能。除北方地区的供暖能耗外，建筑内由于各种活动而产生的能耗，包括空调、照明、插座、电梯、炊事、各种服务设施，以及夏热冬冷地区城镇公共建筑的冬季供暖能耗。公共建筑使用的商品能源种类是电力、燃气、燃油和燃煤等。

（4）农村住宅用能

农村住宅用能指农村家庭生活所消耗的能源，包括炊事、供暖、降温、照明、热水、家电等。农村住宅使用的主要能源种类是电力、燃煤、液化石油气、燃气和生物质能（秸秆、薪柴）等，其中生物质能部分能耗没有纳入国家能源宏观统计，但它是农村住宅用能的重要部分，本书将其单独列出。

另外，近年来电动车数量不断增长，其充电本身也发生在建筑中，由建筑的配电系统为其提供充电服务。随着电动车数量的增长，未来在建筑配电系统设计和运行中需要将其充电功率、蓄电池容量与建筑配电系统进行统一的考虑，通过提高其柔性用电的能力来促进能源系统实现低碳目标。随着农村地区的全面电气化，电动农机具的充电也在建筑上实现。因此，在对未来建筑运行用能系统进行规模和情景分析时，将城乡私人电动车充电和农村地区农用车、农机具的充电这两类用能也包含在建筑运行用能的边界中进行规划分析。

1.2.2 建筑领域的碳排放

建筑领域的温室气体排放分为以下几类。

（1）建筑运行过程中的直接碳排放

主要包括直接通过燃烧方式使用燃煤、燃油和燃气这些化石能源所排放的二氧化碳。

（2）建筑运行过程中的间接碳排放

从外界输入建筑内的电力、热力是建筑消耗的主要能源种类，由于其发生排放的位置不在建筑内，所以建筑用电力、热力属于间接碳排放，不属于建筑的直接碳排放。

（3）建筑建造和维修导致的间接碳排放（下称"建筑隐含碳排放"）

指的是民用建筑建造及维修拆除过程中由于建材生产和运输、建筑施工过程中的间接碳排放，这部分碳排放也是由于建筑业的建造活动引起的，属于建筑领域的碳排放责任，但一般在统计中归为工业碳排放。

（4）建筑运行过程中的非二氧化碳类温室气体排放

指的是除了二氧化碳，建筑领域由于制冷热泵设备的使用所造成的制冷剂泄露及其影响的温室气体效应。

因为建筑领域不存在碳汇，所以实现中和就意味着建筑部门的排放归零，就是建筑部门相关活动导致的二氧化碳排放量和同样影响气候变化的其他温室气体的排放量都为零。

1.2.3 建筑运行碳排放的计算方法

建筑运行阶段的碳排放总量按照公式（1）计算：

$$E = E_{燃烧} + E_{购入电} + E_{购入热} \tag{式1.1}$$

式中：

E——建筑二氧化碳排放总量，单位为吨二氧化碳（tCO_2）；

$E_{燃烧}$——建筑由于化石燃料燃烧所产生的直接碳排放，单位为吨二氧化碳（tCO_2）；

$E_{购入电}$——建筑由于使用外购电力所产生的间接碳排放，单位为吨二氧化碳（tCO_2）；

$E_{购入热}$——建筑由于使用外购热力所产生的间接碳排放，单位为吨二氧化碳（tCO_2）。

表 1.1 给出了建筑中常用能源的二氧化碳排放因子。

表 1.1 建筑中常用能源的二氧化碳排放因子

能源种类	二氧化碳排放因子/（吨二氧化碳/吨标准煤）
煤炭	2.64
石油	2.08
天然气	1.63

电力的二氧化碳排放因子采用逐年发布的全国平均电力碳排放因子，如图 1.3 所示。

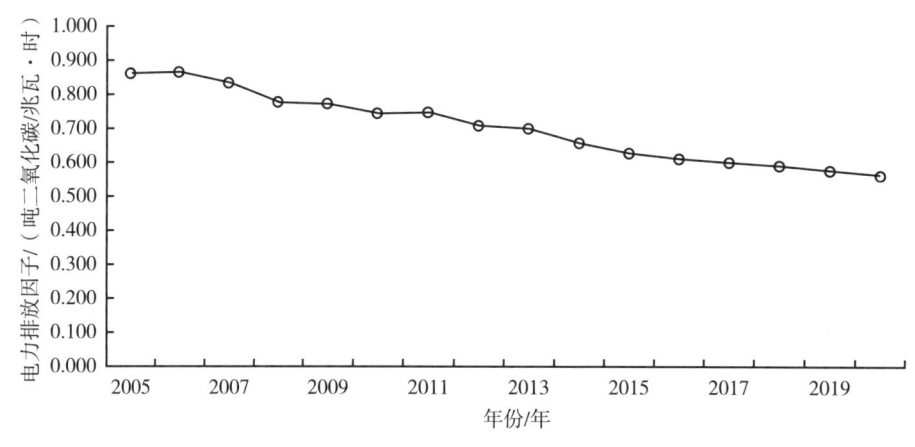

图 1.3 电力排放因子逐年变化趋势

实际上，建筑用电所应承担的碳排放责任是由电网实时的电力供需关系决定，当电力负荷高，零碳电源不满足需求，需要由火电调峰满足供给时，用电侧的碳排放因子较高；反之，当风电、光电发电量充足，不需要火电进行调峰时，则用电侧碳排放因子较低。图 1.4 给出了某大区典型周电网的实时碳排放因子变化曲线。对一个供电区域（如京津唐电网）内的所有用电终端，每个时刻的碳排放因子相同，对于不同的用电区域，则因为电源结构和电力的供需关系不同而不同。实际上，建筑用电产生的碳排放责任应该按照瞬间的碳排放因子来计算，通过动态碳排放因子，鼓励用电终端在火电调峰期尽可能少从电网取电，利用自身的储能满足部分用能需求；在火电调峰很少，电网电源主要来自零碳电源时尽可能多从电网取电，除了满足当时的用能需求，还可以直接或间接储电或储能。即电网碳排放因子低时多用电，而风光发电占比低、电网碳排放因

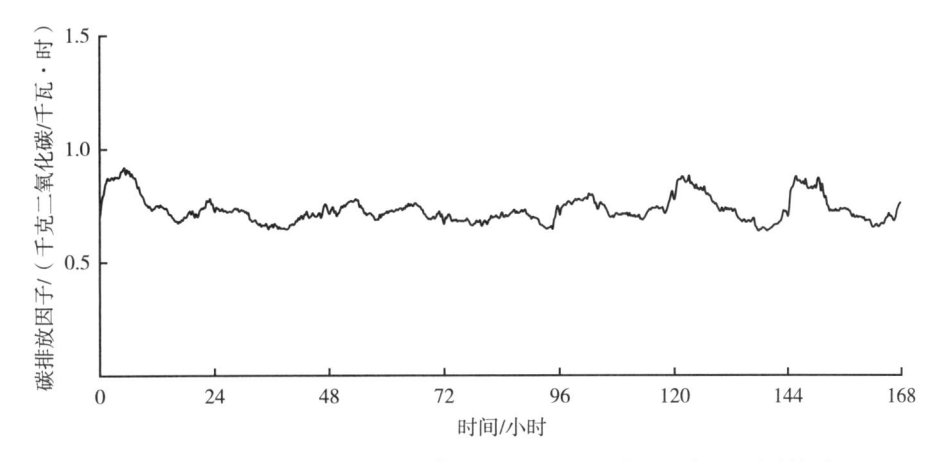

图 1.4 电网逐时碳排放因子（某大区电网夏季典型周实际运行数据）

子高时少用电，从而实现风光电的消纳，并且达到降低建筑用电碳排放责任的目的。

热力碳排放因子则根据热量所来自的热源给出。对于锅炉热源，根据锅炉房总的碳排放量和总的供热量，可以得到单位吉焦热量对应的碳排放强度；对于热电联产供热则基于㶲分摊法分摊得到单位供热量的排放因子。㶲分摊法是按照电和热的㶲折算系数计算分摊能耗与碳排放，也就是把电厂在供热期间的总碳排放量根据其发电总量和供热总量分摊到电力和热力，㶲分摊系数体现的是能源品位的差别。

若干典型热电联产机组、电厂余热回收系统以及燃煤锅炉、燃气锅炉的供热煤耗以及相应的供热排放因子表 1.2。

表 1.2 典型热源的供热煤耗和碳排放因子（环境温度 T_0 为 0℃时）

热源方式	供热煤耗 /（千克标准煤/吉焦）	供热排放因子 /（千克二氧化碳/吉焦）
燃煤热电联产抽汽供热（130/60℃）	19.5~22.0	51.5~58.1
燃煤电厂余热供热（130/20℃）	15.7~16.4	41.4~43.3
燃煤锅炉（130/60℃）	37.2~48.8	98.2~128.8
燃气锅炉（130/60℃）	32.0~37.9	52.2~61.8

1.2.4 建筑能耗和碳排放的分析模型

为了分析建筑领域的能耗与排放特点及未来情景，本书采用清华大学建筑节能研究中心建立的中国建筑能耗与排放综合分析模型对我国建筑领域的各类排放进行分析。基于对建筑运行用能与排放的长期深入研究，清华大学建筑节能研究中心积累了大量建筑运行用能数据，对建筑领域用能的特点进行了深入剖析，并建立了中国建筑低碳发展分析模型。模型主要由中国建筑建造能耗及排放模型（CBCM）、中国建筑运行能耗及排放模型（CBEM）以及中国建筑规模模型（CBSM）三部分组成，如图1.5所示。其中，中国建筑规模模型基于现有的统计数据及相关研究，估算我国各类民用建筑逐年的新建、拆除以及实有面积情况；中国建筑建造能耗及排放模型基于实际调研和各类文献中所获得的建筑建造用能强度数据以及我国建筑规模模型所输出的建筑建造规模数据，得到我国建造领域的用能以及碳排放情况，可以分析建筑规模发展趋势、建筑寿命、修缮比例、结构类型等因素对建筑建造领域能耗和排放的影响；中国建筑运行能耗及排放模型基于从实际调研中得到的大量建筑运行用能信息数据以及各类建筑实有规模数据，得到我国建筑运行阶段的能耗与排放情况。其中，建筑运行用能强度基于两种途径获得。一是基于实测调研的大量建筑运行用能强度数据，在对我国建筑运行用能进行合理分类的基础上给出不同地区、不同种类建筑、不同用能终端以及不同家庭类型等维度下的建筑运行用能与排放强度，并进一步自下而上地得到我国建筑运行的宏观能耗与排放情况，能够准确反映我国建筑运行部门的用能情况。二是以技术以及用能行为为出发点，在更加深入细致的层面上描述我国建筑运行用能情况，这种途径有助于深入研究技术进步以及行为模式的变化对于建筑运行能耗的影响，并进一步给出相应的政策建议。两种途径相互校核，在宏观层面上实现对我国建筑运行能耗的准确描述，在微观层面上阐述了技术与行为等各类影响因素对我国建筑运行能耗的影响。

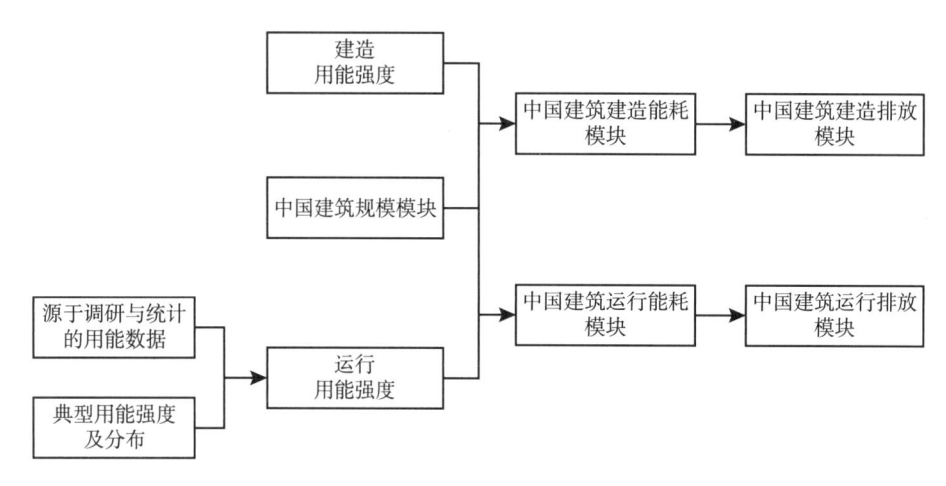

图1.5 中国建筑领域能耗与排放分析模型各模块组成

整体而言，模型的分类结构如图 1.6 所示。模型将我国建筑领域相关用能及排放分为建筑隐含能耗、碳排放和建筑运行能耗、碳排放两大部分。

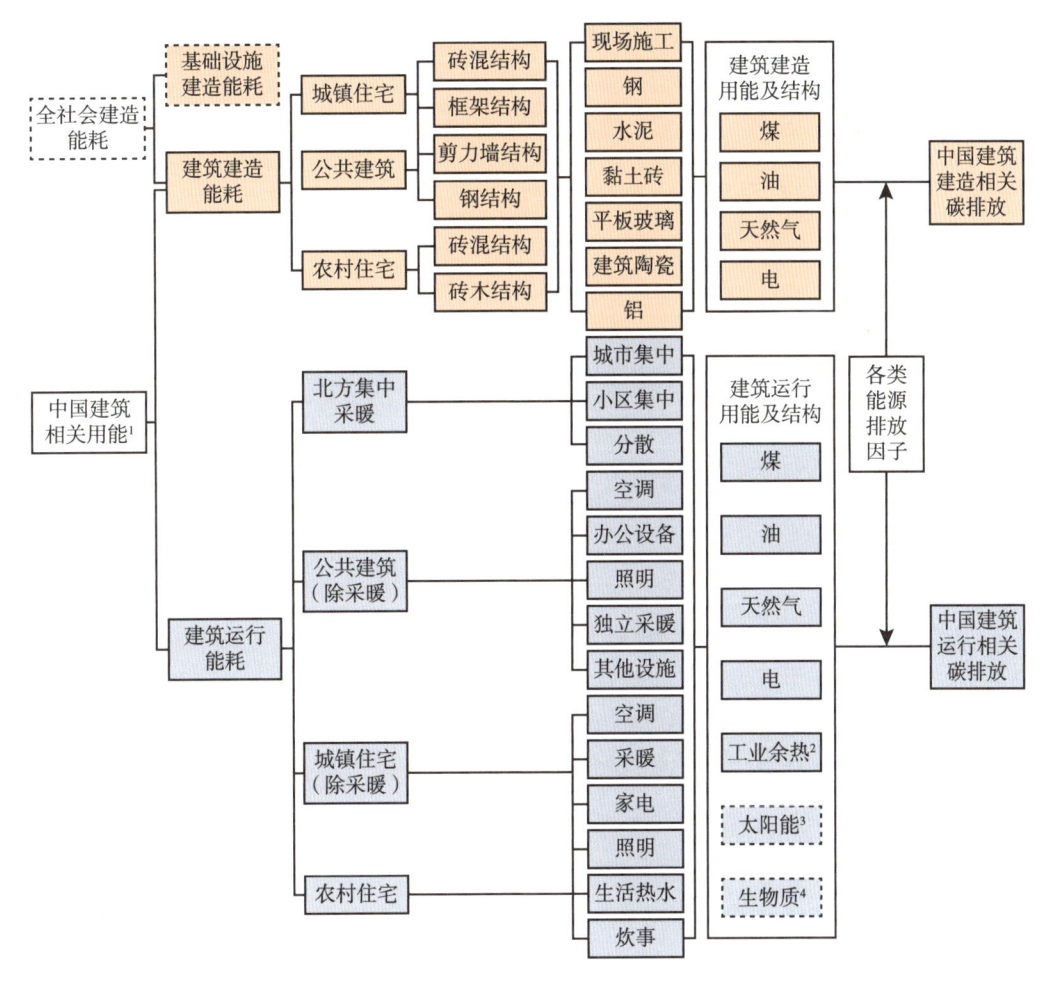

图 1.6 中国建筑领域能耗分析模型框架

注：1. 指民用建筑相关用能；
2. 工业余热对应能耗是指由于工业余热的使用，与标准生产流程相比多使用的能源，如水泵用电；
3. 太阳能指建筑中直接利用的太阳能，按照本文的方法，不参与到建筑使用外部供应的能源和碳排放计算中；
4. 生物质分为商品生物质与非商品生物质，模型中给出的为非商品生物质；
5. 模型中使用的热电联产能耗分摊方法为火用分摊法。

建筑隐含能耗与排放指的是由于建筑建造、维修所导致的从原材料开采、建材生产、运输以及现场施工所产生的能耗与排放，考虑了不同的建筑类型、建筑承重结构、不同建材类型以及不同的能源品种，自下而上地进行核算。

对建筑运行能耗的四类建筑部门的不同用能终端进行细致划分，考虑不同的能源品种，自下而上地进行核算。

第 2 章 建筑隐含碳排放现状

我国处于城镇化建设阶段，每年新建的民用建筑会带来大量的能耗，造成相应的隐含碳排放。本章将探讨建筑隐含碳排放的现状与发展趋势，基于我国城镇化发展的新阶段和"双碳"目标的要求，讨论未来应如何实现建筑隐含碳排放的降低，其中包括合理的建筑规模规划、建造模式的转变，以及低碳建材与结构形式的发展等。

2.1 建筑隐含碳排放的现状和问题

与建筑生命周期各阶段相关的碳排放主要包括建材生产过程碳排放、建材运输和建筑建造过程碳排放、建筑运行阶段碳排放、建筑修缮阶段碳排放以及建筑拆除阶段的碳排放。上述的碳排放可以分为两类，一类是由于建材生产、运输、建造、修缮、拆除所隐含在建筑物中的碳排放，另一类是由建筑的使用和运行所产生的碳排放。本章及第 3 章分别针对上述两类碳排放进行分析。

目前，我国仍处于城镇化的进程中，建筑仍以新建和拆除为主，对于存量建筑的修缮比例较低，本章主要针对我国建筑建造领域的碳排放进行阐述，主要包括建材生产的碳排放、建材运输的碳排放以及现场施工的碳排放。

2.1.1 建筑隐含碳排放的现状和发展趋势

自 21 世纪初起，我国城镇化进程快速推进，民用建筑建造相关的碳排放也迅速增长。2021 年，我国民用建筑建造相关的碳排放总量约 16 亿吨二氧化碳，主要包括建筑所消耗建材的生产运输用能碳排放（77%）、水泥生产工艺过程碳排放（20%）和建造过程中用能碳排放（3%），见图 2.1。尽管这部分碳排放是被计入工业和交通领域，但其排放是由建筑领域的需求拉动，所以建筑领域也应承担这部分碳排放责任，并通过减少需求为减排作贡献。随着我国大规模建设期过去，每年新建建筑规模减少，民用建筑建造碳排放已于2016年达峰，近年呈逐年缓慢下降的趋势。

实际上，由于我国仍处于城镇化建设阶段，除民用建筑建造外还有各项基础设施的建造。2021年，我国建筑业建造相关的碳排放总量约41亿吨二氧化碳，接近我国碳排放总量的二分之一，见图2.2。其中，民用建筑建造的碳排放占我国建筑业建造相关碳排放的约40%。

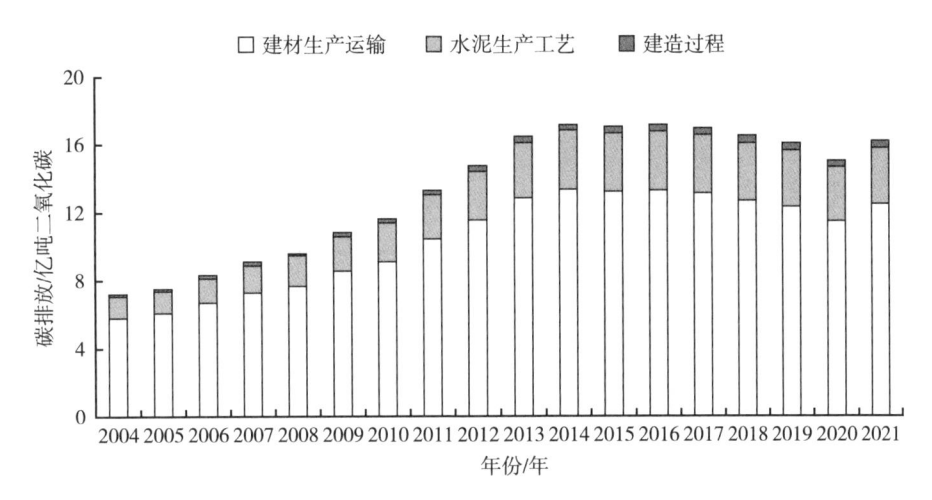

图2.1 我国民用建筑建造碳排放

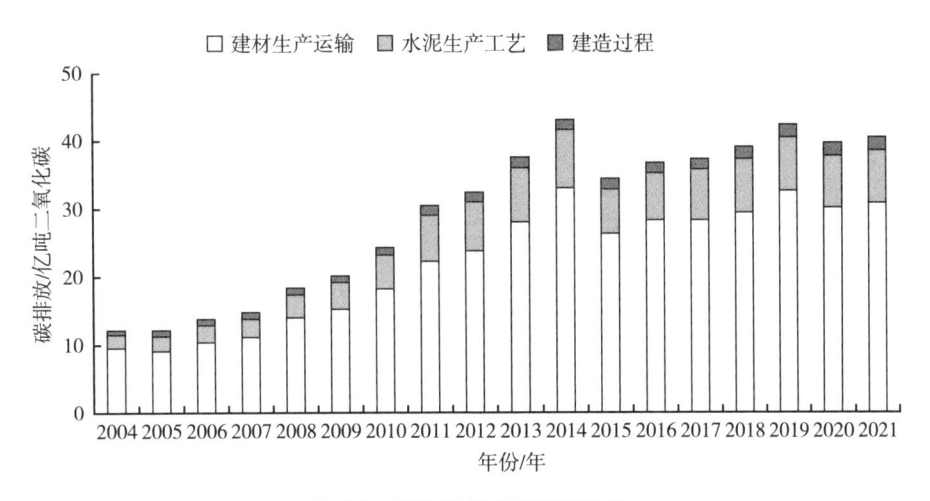

图2.2 我国建筑业建造碳排放

我国快速城镇化的建造需求不仅直接带动能耗和碳排放的增长，还决定了我国以钢铁、水泥等传统重化工业为主的工业结构。2020年建筑建造各过程碳排放占比以及各类建材生产碳排放占比如图2.3和图2.4所示。在建材生产、运输、现场施工过程中建材生产碳排放占最主要部分,而各类建材生产过程的碳排放又以钢铁和水泥为主,二者占建材生产碳排放总量的90%。

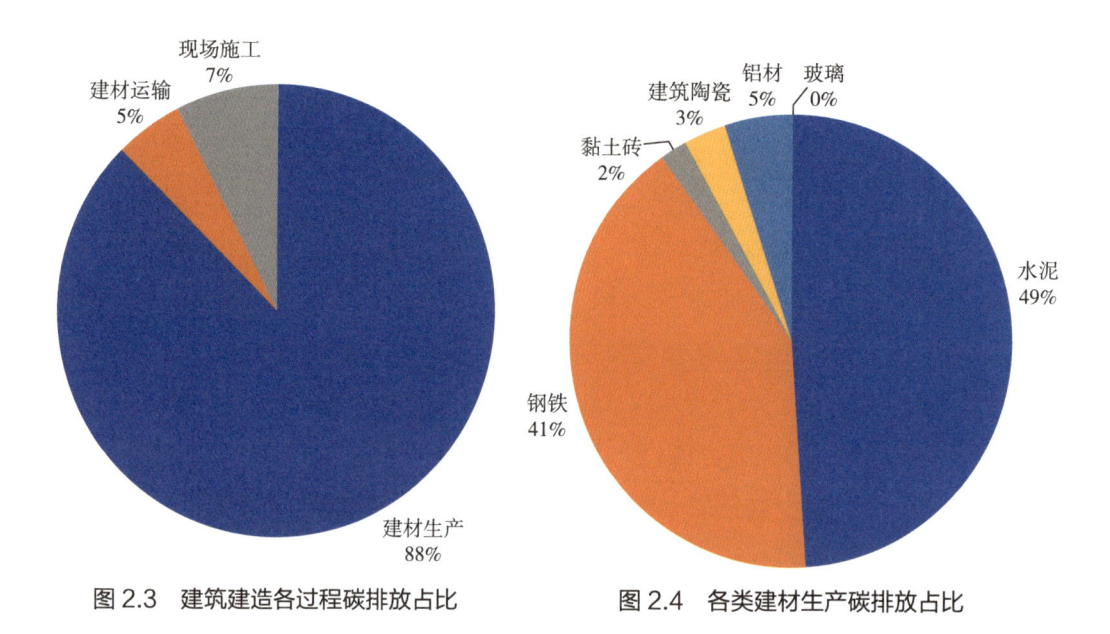

图 2.3　建筑建造各过程碳排放占比

图 2.4　各类建材生产碳排放占比

上述结果体现了建筑业的用材需求是我国工业部门能耗与排放高的重要原因,2021年我国由于建筑业用材生产所造成的工业用能约12.7亿吨标准煤,2013—2021年,建筑业用材[①]生产能耗在工业总能耗中的比重均在40%左右,见图2.5。我国快速城镇化造成的大量建筑用材需求,是导致我国钢铁、建材、化工等传统重工业占比高的重要原因。

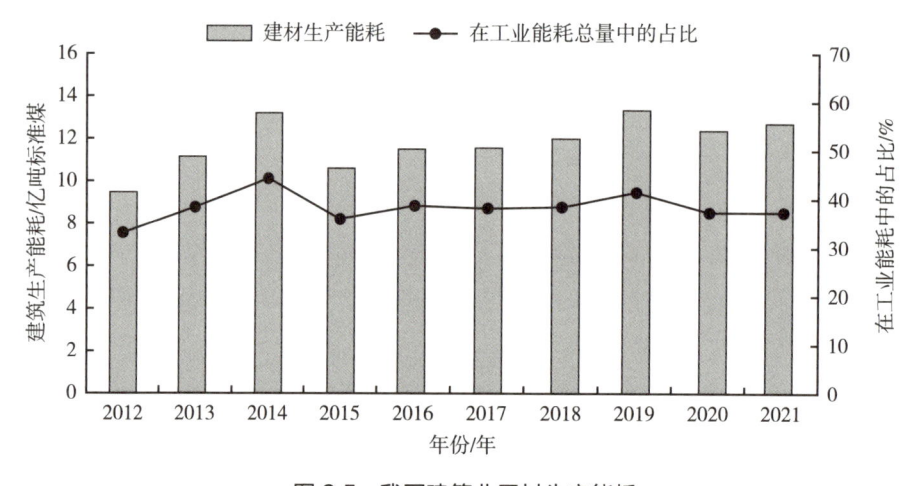

图 2.5　我国建筑业用材生产能耗

---

① 建筑业用材这里主要考虑了钢材、水泥、铝材、玻璃、建筑陶瓷五类。

2.1.2 建筑领域降低隐含碳排放面临的问题

（1）建筑隐含碳排放标准化计算方法有待优化

现阶段建材生产与建造过程碳排放计算方法需要详细的过程清单，不利于大规模推动该过程碳排放的核算。现行国家标准《建筑碳排放计算标准》GB/T 51366（以下简称"GB/T 51366—2019"）中建材生产碳排放的计算需要通过查询设计图纸、采购清单、工程预算等技术资料来拆解不同的建材消耗量，而建造碳排放的计算则要求有建筑施工过程中各类施工机械台班用量、各种现场制作的材料与构件数量等详细数据。尽管详细清单有利于精确核算碳排放，但我国大陆目前建筑设计与施工资料管理相对粗放，要准确查找、估算和计量这些数据非常困难，且要求碳排放计算人员同时具备一定的设计、工程预算与施工管理相关知识。相比之下，我国台湾省可根据建筑结构、外墙、内隔墙、空调系统等方面的选型及用量快速计算建材碳排放，日本、欧洲等则可根据工程所需的建筑功能和结构、施工工序清单来快速计算建材和施工碳排放，均比GB/T 51366—2019更简便易行、更有利于大规模推动碳排放核算。

（2）建筑隐含碳排放计算的基础数据库缺乏

建材行业产业链庞杂，尚未形成可支持低碳建材选型与建造过程减排的基础数据库。我国建材工业规模庞大、产品体系丰富，但几乎没有企业对产品构件或工序生产过程中的能耗与碳排放数据进行精细化计量，且由于建材从原材料开采、生产到加工出厂等各环节是在多个不同的工厂进行的，客观上仅凭单个环节、单个企业的数据计量无法建立建材生产全过程碳排放数据。由于基础数据的匮乏，我国《绿色建材产品评价标准》等现行标准均未能给出各类建材碳排放限值。尽管GB/T 51366—2019给出了部分建材碳排放因子，但建材型号少且取值方法、来源、时效性等信息不明，适用性有限。类似地，我国建筑建造过程管理粗放、尚处于工业化建造起步阶段，施工过程用能设备设施小而散、计量困难，只能逐个细数机械台班数量来计算碳排放。欧美、日本等正是因为在建材与施工方面已形成一定规模和种类的基础数据库，才能建立前述更简便的碳排放计算方法。

（3）低碳建材供给与建筑转型需求尚不匹配

建材行业作为上游产业，与建筑行业在技术、产品和数据方面均存在供需不匹配问题。首先，我国《绿色建筑评价标准》的"节材"章节对绿色建材性能有一定要求，但在指标类型和值域等维度与建材行业《绿色建材产品评价标准》GB/T 50378的相关内容不一致。其次，由于缺少标准与政策的引导，市场上极少有可以满足建筑低碳需求的标准化的高性能低碳建材产品。例如，电炉短流程钢材以电力为能源、废钢为原材料，其生产碳排放为高炉－转炉长流程钢材的 1/3～1/4，但我国由于废钢资源量极小导致电炉流程钢产量占比约 10%，远低于全球 25% 的平均水平；我国木材对外依存度常年维持在 50% 以上，竹材产品同质化严重，应用主要集中在竹地板等领域，木结构建筑在新建装配式建筑面积占比不足 1%。同时，建筑设计师作为建筑低碳方案的主导者，因追求建筑的美观和创意，加之行业壁垒，尚不了解各类建材碳排放特性及各类建筑结构适用的建材类型和用量。

（4）建筑固废资源化利用水平过低

我国建筑固废量大、增速快，但资源化利用率远低于发达国家。由于不合理的城市规划、快速城镇化以及耐久性差等原因，我国建筑使用寿命很短（平均为 35 年），远未达到建筑结构寿命。同时，拆除过程又常采用摧毁式爆破拆除，近十余年我国建筑固废总量剧增，截至 2020 年年底，我国建筑固废年排放量高达 20 亿吨、堆存总量达到 200 亿吨，但全国建筑固废平均资源化利用率仅为 40%。2019 年，全国回收废钢 2.4 亿吨，但高成本成为限制电炉法生产再生钢材的重要原因。将建筑垃圾再生为绿色、低碳建筑材料，是推动建筑"以修代建"过程中用建材节能减排、低碳循环发展的理想措施，但目前面临循环利用工艺、高效分选设备、协同处理工艺等均不成熟，资源化回收成本高、产品种类单一、质量稳定性差，全过程产业链与市场质量监控体系尚不成熟等问题。

2.2 建筑隐含碳排放的影响因素与减排路径

2.2.1 合理的建筑面积总量和发展规划

从我国建筑面积的总量和人均指标来看，目前已经基本满足城乡居住和生产生活需要。对比我国与世界其他国家的人均建筑面积水平，也可以发现我国的人均住宅面积接近日本、韩国以及欧洲等发达国家水平，但人均公共建筑面积还处在低位，见图 2.6。近年来城镇化建设的住宅已经基本可以满足我国城镇居民的居住需求，调研数据显示，2017 年我国城镇家庭住房拥有率（拥有住房的家庭占全部家庭的比例）为 90.2%，城镇家庭住房自有率（居住在自有住房的家庭占全部家庭的比例）为 80.8%，位于全球前列；我国的城镇住房套户比已达 1.18，其中家庭自有住房套户比为 1.155，也就是说平均每户家庭拥有 1 套以上的住房。城镇住宅的空置现象受到社会关注，尤其是二三线城市住房空置情况更为明显。

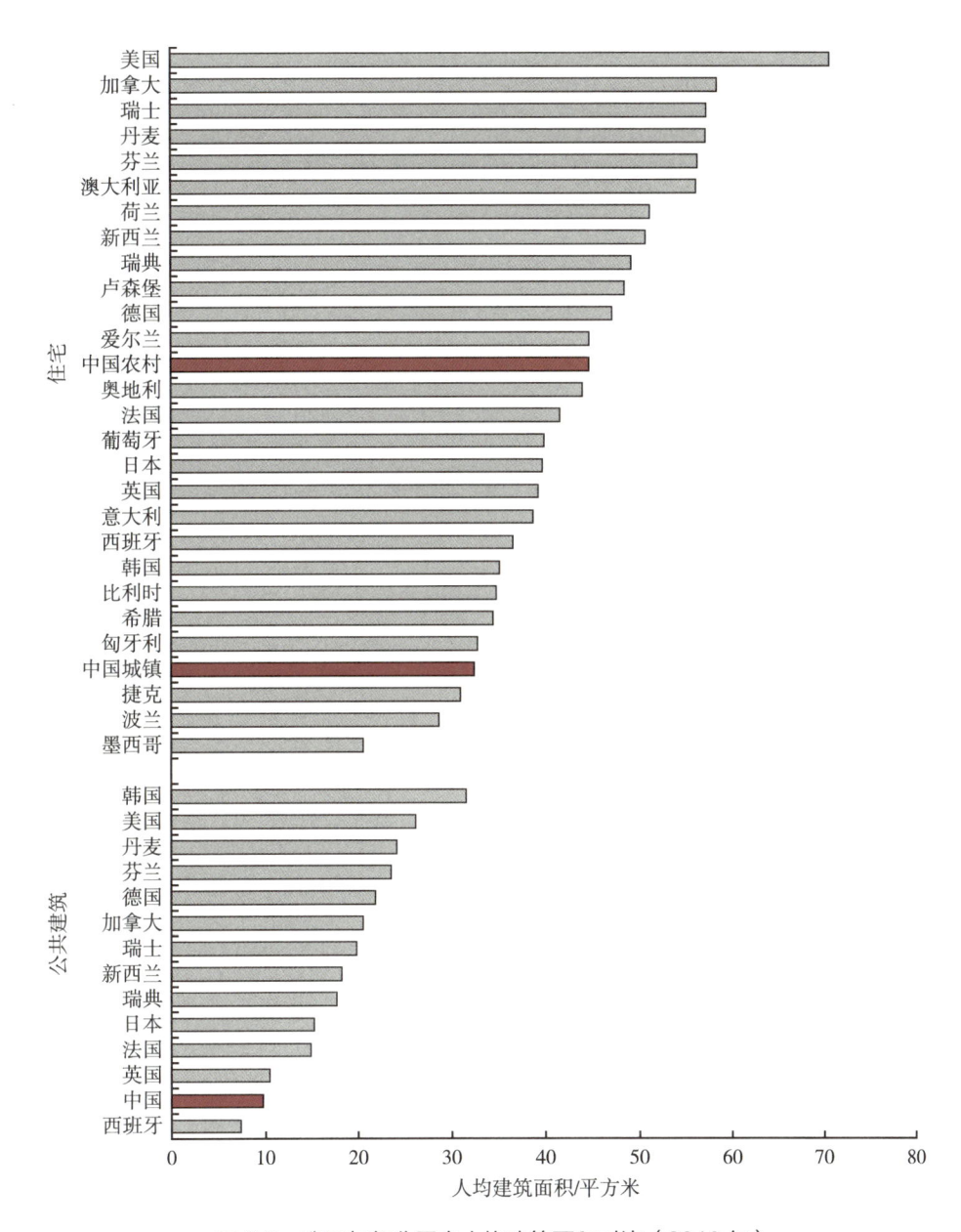

图 2.6　我国与部分国家人均建筑面积对比（2019 年）

从部分国家建筑行业的建造速度（图 2.7）也可以发现，我国建筑行业现在还持续维持约 20 亿平方米 / 年的新增面积，因此也造成大量的建筑隐含能耗和隐含碳排放。从以 2000 年为基准年的各国人均面积增长率（图 2.8）可以看出，我国自 2000 年以来人均建筑面积迅速增长，在近 20 年内几乎增长了一倍。欧洲、日韩等国家已经完成城镇化建设过程，建筑行业以维修、修缮为主，每年的建筑新增量基本维持在 0.5 亿平方米 / 年以下，相应的建筑隐含能耗和隐含碳排放的

图 2.7　部分国家建筑面积的逐年增长量

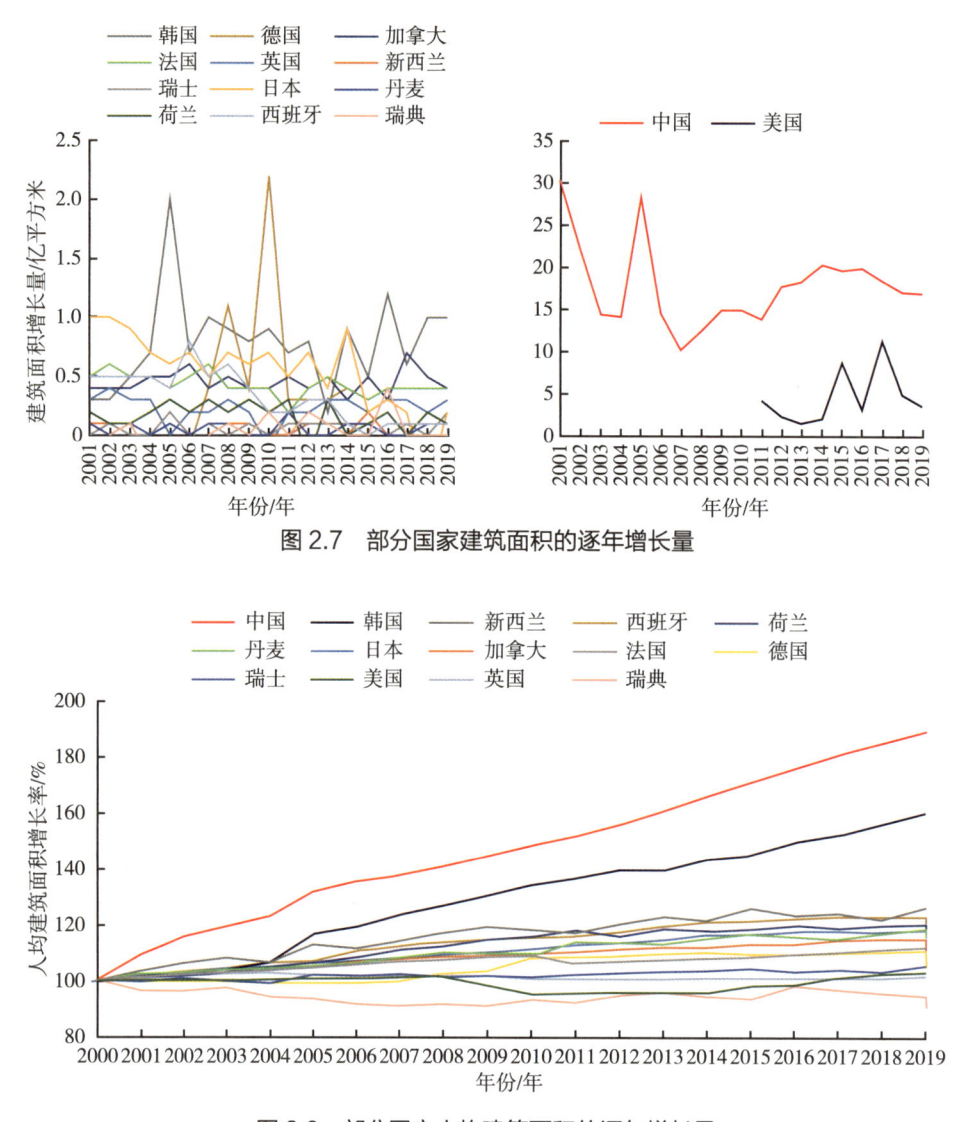

图 2.8　部分国家人均建筑面积的逐年增长量

量非常低，因此这些国家建筑节能减排工作主要依靠既有建筑的功能提升、再利用，以及节能改造降低运行能耗与排放。随着我国建筑面积逐渐达到饱和，建造速度放缓，新增建筑的量将逐渐降低，建筑隐含碳排放的量也将逐渐降低，建筑行业的节能减排重点将逐步转向降低既有建筑的运行碳排放。

通过对比我国与其他国家的人均建筑面积水平可以看出，在公共建筑中，我国人均办公建筑面积已经较为合理，但商场、医院、学校的人均面积还相对较低。随着电子商务的快速发展，商场的规模很难继续增长，但医院、学校、社区服务等公共服务类建筑的规模还存在增长空间。因此，公共服务类建筑可能是下一阶段我国新增公共建筑的主要分项。此外，其他建筑中包括交通枢纽、文体建筑以及社区活动场所等，预计在未来也将成为主要发展的公共建筑类型。

为了实现建筑建造相关碳排放责任的尽快中和，我国建筑面积的人均指标应合理规划到与日本、欧洲等发达国家和地区的水平，即可满足我国未来的城乡生产生活需要，未来发展趋势见图2.9。这个过程随着农村人口进一步向城镇地区转移，因此城镇住宅建筑和公共建筑的面积还会进一步增加，2035年左右可达到建筑面积的峰值（约770亿平方米），之后随着农村地区人口减少和建筑面积的减少，总面积回落至750亿平方米并稳定在这一水平。

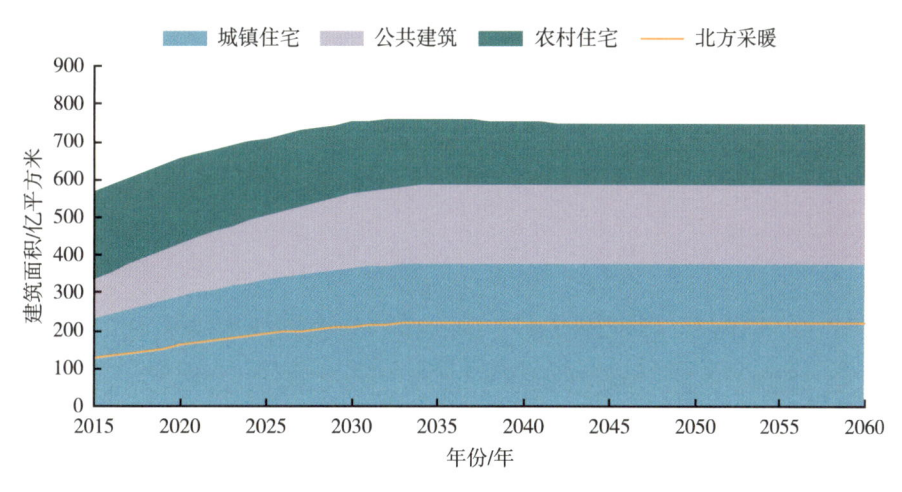

图2.9 我国建筑面积未来规模发展

2.2.2 大规模新建转为既有建筑的延寿与功能提升

近年来我国城乡建筑的竣工量和拆除量如图2.10所示。从图上可以看出，2000年初期年竣工远大于年拆除量，由此形成建筑总量的净增长，满足对建筑的刚性需求。近几年，在城镇地区，尽管每年的城镇住宅和公共建筑竣工面积仍然维持在30亿～40亿平方米，但每年拆除的建筑面积也近20亿平方米，这表明我国房屋建造已经从增加房屋供给以满足刚需转为拆旧盖新以改善建筑性能和功能提升。大拆大建已成为建筑业的主要模式，据统计，拆除的建筑平均寿命为30多年，远没有达到建筑结构寿命。如果这样持续下去，由此形成的碳排放就很难降下来。图2.11给出了我国未来建筑的新建面积、拆除面积和修缮面积，未来我国每年新增建筑面积将从40亿平方米逐渐降至10亿平方米以下，拆除面积将从25亿平方米降至10亿平方米以下，而每年的修缮面积将达到14亿平方米，从而逐

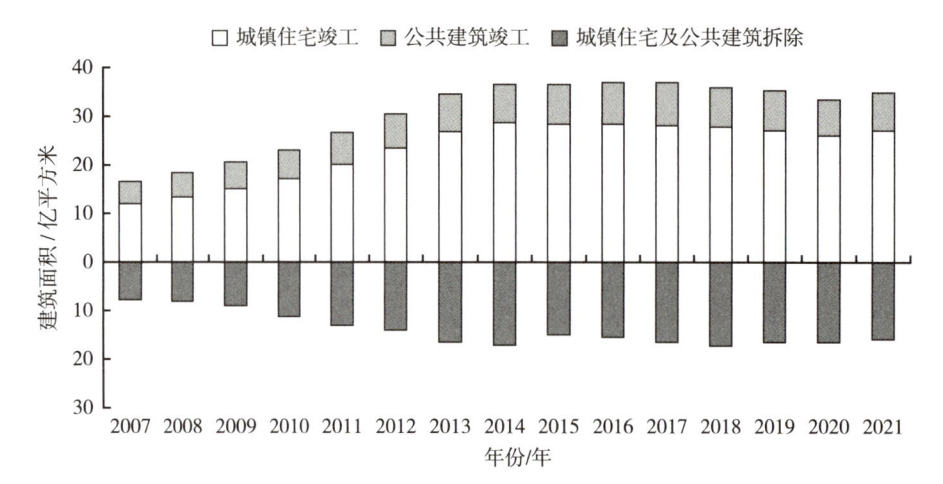

图 2.10 我国城镇建筑竣工面积和拆除面积（2007—2021年）

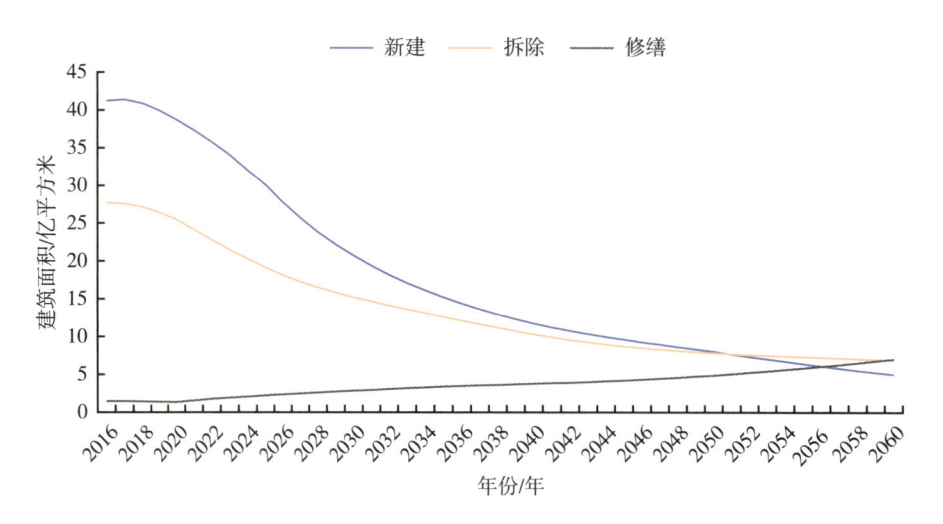

图 2.11 未来我国建筑的新建面积、拆除面积和修缮面积

步实现既有建筑的精细修缮与节能改造。

与大拆大建相比，建筑的加固、维修和改造也可以满足功能提升的需要，不涉及主体结构就不需要大量钢材水泥，由此导致的碳排放远小于大拆大建。表2.1和表2.2给出了不涉及主体结构改造和涉及主体结构改造的既有建筑改造项目的隐含碳排放量（更新改造过程的碳排放量），可以看到：不涉及主体结构改造的既有建筑改造项目的隐含碳排放量处于 4.3～10.3 千克二氧化碳/平方米，涉及主体结构改造既有建筑改造项目的隐含碳排放量则为 15.6～43.3 千克二氧化碳/平方米。

表2.1 不涉及主体结构改造的既有建筑改造项目隐含碳排放量

	建筑类型 （建成年代/年）	位置	建筑面积 /平方米	改造内容	碳排放量 /（千克二氧化碳/平方米）
1	商场建筑（2002）	东莞	13143	空调、照明、智能化等机电系统	4.3
2	住宅建筑（1999）	哈尔滨	169173	照明、围护结构、供暖系统、太阳能系统等	9.6
3	医院建筑（1992）	长春	28387	围护结构、能耗监测平台、水泵等	7.8
4	办公建筑（2008）	兰州	18036	机电系统、能耗和环境检测平台、太阳能热水系统等	8.6
5	办公建筑（1995）	上海	7300	围护结构、机电系统、可再生能源系统、能耗监管平台	10.3

数据来源：中国建筑科学研究院基于实际改造项目的整理。

表2.2 涉及主体结构改造的既有建筑改造项目隐含碳排放量

	建筑类型 （建成年代/年）	位置	建筑面积 /平方米	改造内容	碳排放量 /（千克二氧化碳/平方米）
1	住宅建筑（2005）	上海	5300	结构加固、空间改造、机电系统、装饰装修等	16.7
2	住宅建筑（2000）	深圳	20500	结构加固、加装电梯、围护结构、机电系统等	18.9
3	商业建筑（2010）	广州	135800	空间改造、加装电梯、空调系统、装饰装修等	43.3
4	办公建筑（2000）	南京	16873	结构加固、空调系统、装饰装修等	15.6

数据来源：中国建筑科学研究院有限公司基于实际改造项目的测算。

2.2.3 研发低碳建材和建造方式

无论是新建还是改造，目前的建筑业在很大程度上依赖水泥。水泥生产过程要排放大量二氧化碳。这一问题的彻底解决需要彻底改变目前的房屋建造方式和建材形式。

低碳发展需要建造行业的革命，而其根本出发点就是用新型的低碳建筑材料替代高碳排放的水泥，并围绕新的建筑材料的特点发展出新型建筑结构和新型低碳的房屋建造方式。

2.2.3.1 木结构建筑

在各种建筑材料中，木材是唯一具有可再生、可自然降解的固碳、节能等环境优化特征的材料。木结构建筑在节能环保、绿色低碳、防震减灾、工厂化预制、施工效率等方面凸显更多的优势。从建材生产阶段来看，与仅使用钢筋混凝土的基准建筑相比，由于木材的使用，可使碳排放降低50%～95%。

2018年，木结构建筑建造面积达到350万平方米，在全国建筑竣工总面积占比仅0.1%。30%的木结构建筑用在旅游景区，住宅建筑占24%，酒店会所及商业建筑占23%，大型场馆类公共建筑占10%，小型公共建筑占7%，公园设施、广场建筑占6%。木结构建筑以政府投资项目和临时建筑项目居多。2018年我国现代木结构建筑市场调研结果显示，近10年来，我国木材消费总量从2007年的3.8亿立方米增长到2017年的6亿立方米，年均增长4.67%，其中建筑业用木材1.86亿立方米，约占全国木材消费量的31%。

受我国林业政策影响，目前我国木结构建筑主要使用进口木材，而我国森林禁伐政策已经持续多年。经过多年封山育林，我国已拥有一定的木材资源，相当多的森林已经过了飞速生长期，增长量开始放缓。森林处在高速生长期才能成为有效的碳汇，吸附大气中的二氧化碳将其转换为木材资源。因此，建议适当开发利用我国本土林业资源进行木结构建筑建造，一方面有利于建筑降低碳排放，另一方面可促进林业资源更新，增加碳汇。

2.2.3.2 固碳建材

未来从燃烧过程排放的烟气中分离出二氧化碳，将其固化和贮存，也就是碳捕集与封存（Carbon Capture and Storage，CCS），将是一种重要的实现碳中和的方式。在何处贮存固化或液化的二氧化碳，是碳捕集与封存这一碳中和路径中最难解决的问题。如果能够把二氧化碳合成新的建筑材料，使建筑物结构体成为碳的贮存空间，则既可解决建材生产过程的二氧化碳排放，又可使建筑成为固碳的载体。目前有一些技术已经成功，但尚未得到推广的碳封存类建材，每吨建材可固化和贮存的二氧化碳达0.4吨，如图2.12所示。

以汉麻混凝土（HempCrete）为例，它是一种将工业大麻茎和石灰、水等混合而成的建筑材料，此种植物纤维材料相比于其他墙体填充的保温材料，具有更好的固碳性能，同时兼具重量轻、强度高、防潮、防火、隔音、隔热、抗震、耐腐蚀、环保等特点，近些年已在英国、法国、美国、澳大利亚等国得到广泛应用。

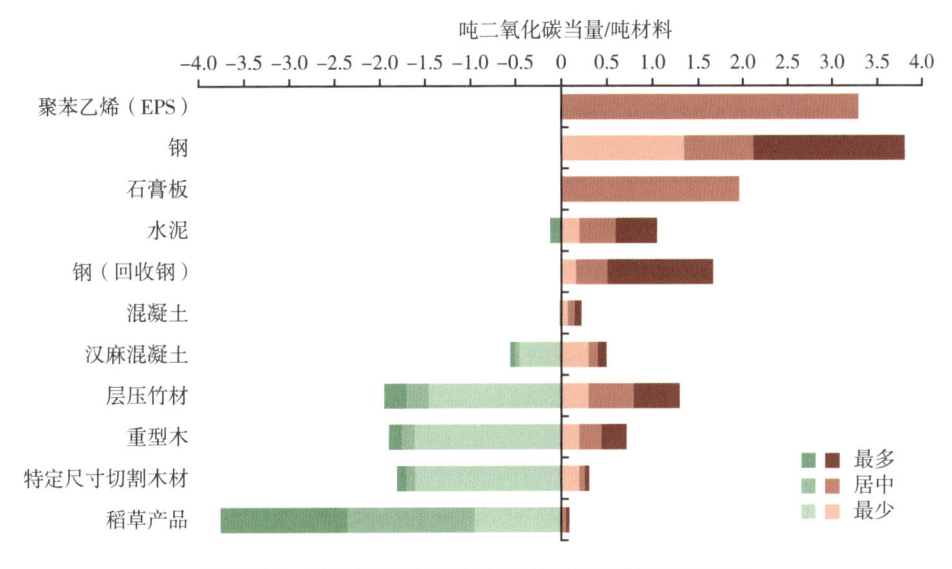

图 2.12 部分建筑材料的二氧化碳当量排放或存储量

此外,碳捕集与封存技术已在国内外新型低碳建材中得到应用,但总体仍在发展期。这种技术将含氢氧化钙、硅酸二钙、硅酸三钙等矿物成分的胶凝材料,如水泥、钢渣等在低水胶比条件下经过碳化养护,最终将二氧化碳以盐酸盐的形式固定在材料中,如图 2.13 所示。

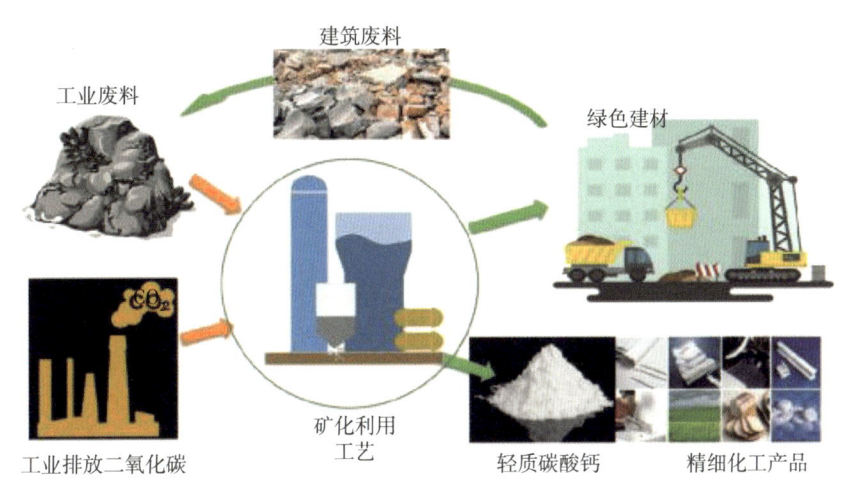

图 2.13 碳捕集与封存技术流程示意图

2.2.4 基于低碳高性能建材的新型低碳结构体系

不同结构类型建筑的建材碳排放差异大,未来需要用政策、标准及价格机制来引导建筑采用低碳结构体系。对于住宅建筑，不同结构体系的碳排放强度从高到低依次为框剪＞剪力墙＞框架＞砌体＞钢＞内浇外砌，其中最高碳排放强度可达到最低碳排放强度的1.6倍（图2.14）；对于公共建筑，不同结构体系的碳排放强度从高到低依次为剪力墙＞框剪＞钢结构＞框架＞木结构，其中最高碳排放强度可达到最低碳排放强度的3倍（图2.15）。

配合新型低碳高性能的建材，我国的建造行业还应发展与之相匹配的各类新型结构体系，关注基于高性能钢材、高性能纤维复材、高性能水泥基材料的高性能结构体系，以及基于钢材、植物纤维复材、水泥基材料、竹木材料等复合应用的高性能结构体系。

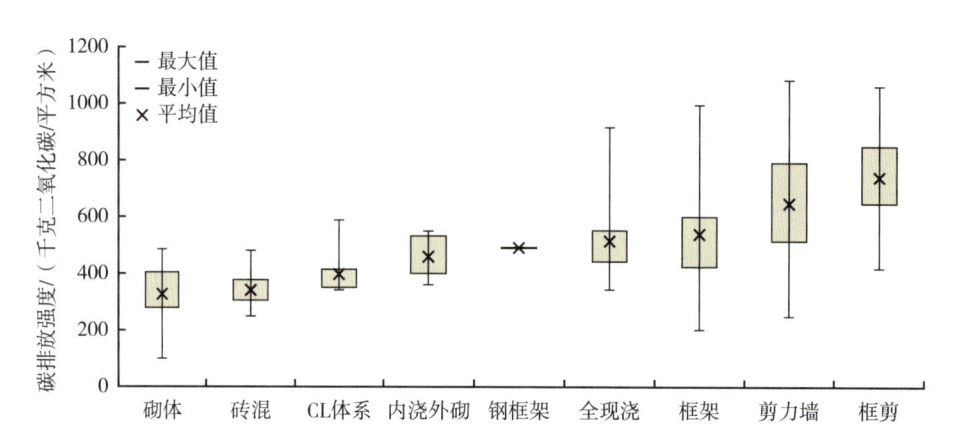

图2.14 住宅建筑建材碳排放分布情况
图片数据来源：彭勃《绿色建筑全生命周期能耗及二氧化碳排放案例研究》。

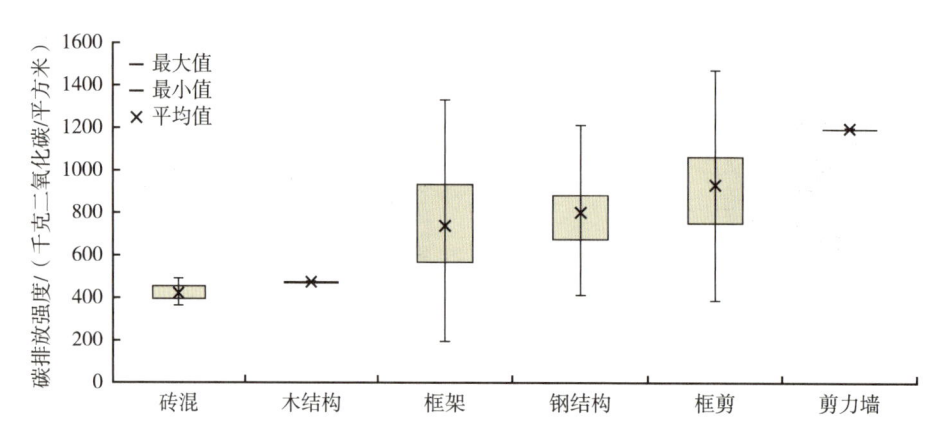

图2.15 公共建筑建材碳排放分布情况/（千克/平方米）
图片数据来源：彭勃《绿色建筑全生命周期能耗及二氧化碳排放案例研究》。

2.2.5 建筑隐含碳排放降低的政策建议

大兴土木是钢铁建材产量居高不下的主要原因，钢铁建材的生产过程又在工业生产过程碳排放总量中占主要部分。

因此，积极研究新型的低碳建材和与其相配套的结构体系和建造方式，减少建材需求是未来建筑业实现低碳的重要任务。

（1）以碳减排效果为导向，推动建筑和建材行业现行标准体系的低碳转型与协同

①统筹开展建筑和建材行业相关标准的修编，协调统一两类标准中关于建材与建造碳排放内涵、计算方法及指标要求，强化低碳建材与建筑设计协同；②明确典型建材产品生产与建造全过程各工序的碳排放边界及其数据标准化采集与计算方法，优先由龙头企业牵头、按工序建立碳排放强度基准线与等级划分方法，探索基于工序的碳排放快速核算方法，待基础数据更丰富后可更新完善；③提高低碳水泥等替代建材、可再生混凝土等再生建材、纤维增强复合材料及竹木等低碳结构、高寿命建材与"延寿提质"技术等在新建和既有改造建筑中的应用比例，减少对高碳排放钢材、水泥等产品的需求。

（2）逐步建立和完善建材的分类体系和基准值体系，探索基于基准值法的建筑建造碳排放责任核算制度

①由国家有关部门牵头，建材行业协会组织，建立主要建材的分类体系和基准值数据库（动态更新），采用建材基准值评价建材生产企业的能效及碳排放水平，激励建材生产加工企业的低碳化和低碳建材的研发生产和应用；②逐步完善基于建材基准值核算的建筑隐含碳排放责任核算方法，以及对于新建建筑、既有建筑改造的隐含碳排放责任管理机制，通过合理的政策机制鼓励低碳建材应用和结构体系、建筑深度改造和维修、建材的回收利用。

（3）加大建筑用新型低碳建材、工业化建造及固废资源化利用等技术的科研投入与推广应用力度

①以节能降碳新技术、新产品推广目录及绿色产业指导目录等方式，加强建筑用低碳水泥制备和替代技术、基于建筑固废资源化利用的再生建材、竹木及纤维复合等新型建材的推广应用；②在国家及省市级科技计划项目指南中，加大装配式混凝土结构、木结构、工厂化建造、基于新型低碳建材与结构体系的建筑设计优化新方法、老旧建筑"延寿提质"建材、建筑垃圾减量化及高品质再生利用等低碳技术的设置比重；③各地在低碳试点示范创建、节能绿色化改造示范等方案中强化上述技术的应用要求。

（4）创新财政支持与绿色金融，构建建筑建材与建造领域的低碳转型市场化机制

①完善招拍挂制度，将符合低碳建材和建造采购要求纳入土地出让前置条件；②优先在政府与公共机构建筑中测试和应用新型低碳建材、低碳结构和工业化建造技术，提升相关产品和技术的采购比例；③加大对建材从生产、建造应用到固废资源化利用等全链条参与方及其示范项目的绿色金融与专项资金支持，尽可能简化支持申请流程并降低准入门槛；④推广低碳建材认证与标识制度，配套低息贷款、税收减免等优惠政策；⑤实施建材生产与建造领域"低碳领跑者"行动，并邀请更多优秀的全产业链利益相关者参与碳排放标准、金融产品及市场化政策工具设计等工作。

第 3 章 建筑运行碳排放现状

随着我国城镇化进程的推进，我国建筑领域的低碳将由建造转向运行，建筑运行相关的碳排放将是我国建筑领域低碳工作的重点。本章将全面介绍我国建筑运行领域直接碳排放和间接碳排放的现状、特点和发展趋势，通过中外对比分析我国建筑运行碳排放与发达国家差异的主要原因，总结我国建筑运行碳排放实现碳达峰碳中和目标所面临的形势和挑战。

3.1 我国建筑运行碳排放

根据中国建筑能源排放分析模型（China Building Energy and Emission Model，CBEEM）的分析结果，2021年我国建筑运行过程中的碳排放总量为22亿吨二氧化碳，折合人均建筑运行碳排放指标为1.6吨，折合每平方米平均建筑运行碳排放指标为32千克。总碳排放中，直接碳排放5.1亿吨二氧化碳，占比23%；电力间接碳排放12.4亿吨二氧化碳，占比57%；热力间接碳排放4.3亿吨二氧化碳，占比20%。见图3.1。

从各类碳排放的逐年发展趋势来看（图3.2），我国的直接碳排放在2015年左右实现了达峰，近年来受到电气化和清洁采暖等工作推进的影响，已经开始缓慢下降。由于近年来建筑用电量增长显著，用电量增长的速度超过了电力碳排放因子下降速度，所以建筑用电间接碳排放持续增长。随着城镇化进程的推进，北方地区集中采暖面积和采暖热需求持续增长，尽管单位面积的供热能耗和碳排放因子有一定下降，但北方采暖热力间接碳排放仍然呈缓慢增长趋势。

3.1.1 直接碳排放现状

2021年，建筑直接碳排放为5.1亿吨二氧化碳，其中城乡炊事的直接排放约

图 3.1 建筑运行碳排放量

图 3.2 建筑运行碳排放发展趋势

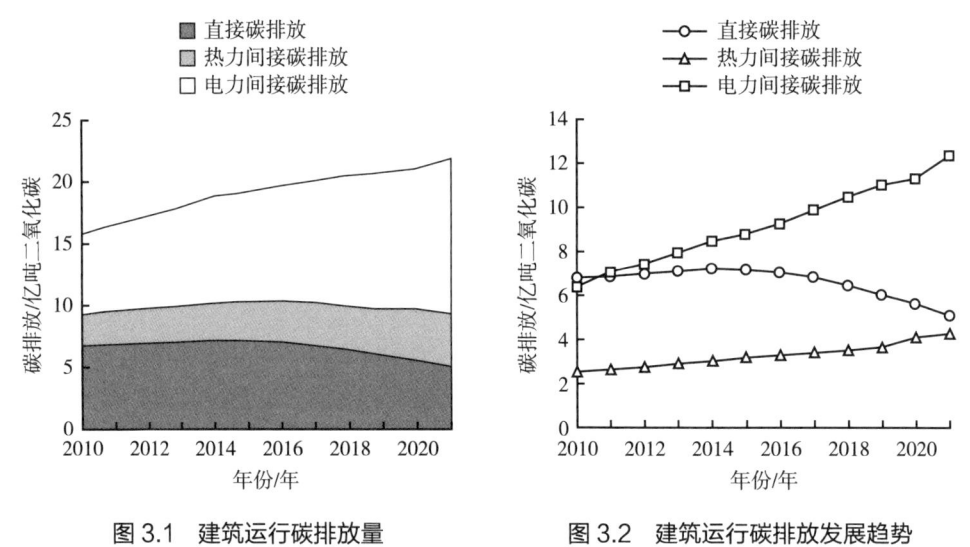

2.3 亿吨二氧化碳，分户燃气燃煤采暖[①] 排放约 1.5 亿吨二氧化碳，其余 1.3 亿吨二氧化碳是天然气用于热水、蒸汽锅炉及吸收式制冷造成的直接排放。在 5.1 亿吨二氧化碳的直接排放中，农村导致的排放占一半以上。近年来，随着农村大力推进"煤改电""煤改气"和清洁采暖，我国建筑领域的直接碳排放在 2015 年左右达峰，目前处于缓慢下降阶段（图 3.3）。只要在新建建筑中持续推进电气化转型，建筑领域的直接碳排放就会持续下降，不会出现新的峰值。

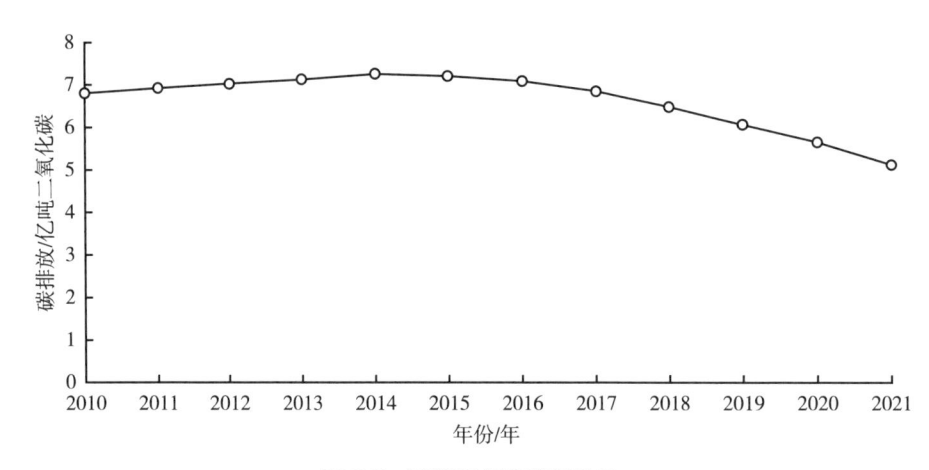

图 3.3 建筑运行直接碳排放

[①] 城乡住宅建筑中安装的燃气燃煤采暖锅炉和公共建筑中安装的燃煤燃气锅炉，这些燃料直接在建筑中燃烧导致的碳排放归为建筑的直接碳排放。

3.1.2 电力间接碳排放现状

2021年我国建筑运行用电量为2.2万亿千瓦·时,电力间接碳排放为12.4亿吨二氧化碳。目前我国建筑领域人均用电量是美国、加拿大的1/6,是法国、日本等国家的1/3,单位面积建筑用电量为美国、加拿大的1/3。生活方式和建筑运行方式的差异,是造成我国与发达国家用电强度差异的主要原因之一。

近年来,建筑用电量增长造成的碳排放增加超过了电力碳排放因子下降造成的碳排放降低,建筑用电间接碳排放将持续增长,尚未达峰(图3.4)。我国应该维持绿色节约的生活方式和建筑使用方式,避免在经济高速增长期之后出现建筑运行用能剧增现象。

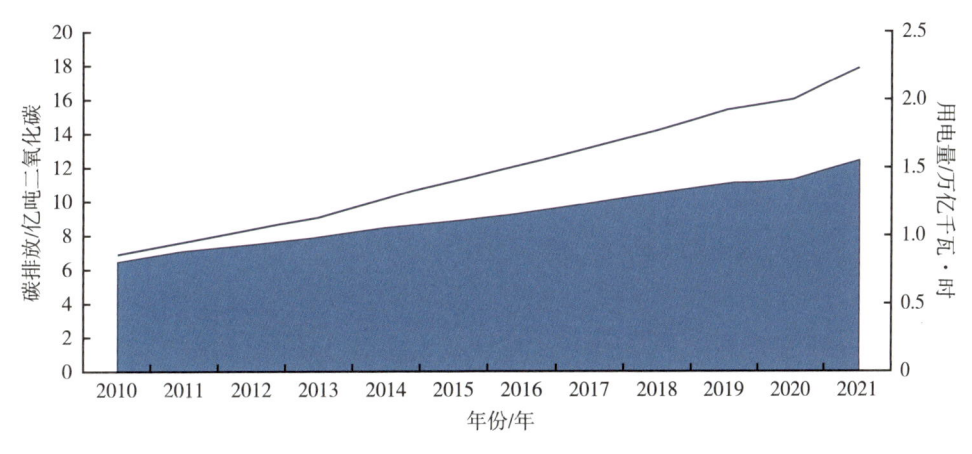

图3.4 建筑运行用电及电力间接碳排放

3.1.3 热力间接碳排放现状

北方城镇广泛使用集中供热系统,由热电联产或集中的燃煤燃气锅炉提供热源。燃煤燃气锅炉房的二氧化碳排放完全归于供暖导致的建筑间接碳排放;热电联产电厂的碳排放则按照其产出的电力和热力的㶲来分摊。2021年,我国北方采暖建筑面积162亿平方米,总用热量约50亿吉焦,建筑运行热力消耗的间接碳排放为4.3亿吨二氧化碳,见图3.5。近十年北方地区集中采暖面积和采暖热需求持续增长,尽管单位供热能耗和碳排放因子有一定下降,但北方采暖热力间接碳排放仍然呈缓慢增长趋势。

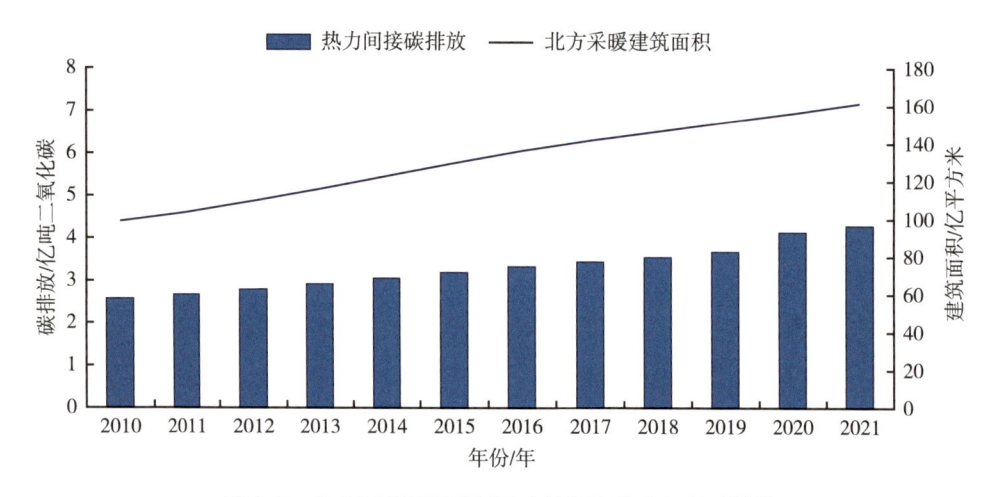

图 3.5 北方采暖面积增长及建筑运行热力相关碳排放

3.1.4 非二氧化碳类温室气体排放现状

在建筑领域，除了二氧化碳导致气候变暖，还有很多非二氧化碳气体排放到大气后也造成温室效应。虽然非二氧化碳温室气体在大气中的排放量相对于二氧化碳要小得多，但这些非二氧化碳温室气体的单位质量的全球暖化潜能（Global Warming Potential，GWP）明显高于二氧化碳，由此造成非二氧化碳温室气体的气候暖化影响也十分明显。我国建筑领域非二氧化碳气体排放主要来自家用空调、冷/热水机组、多联机和单元式空调中含氟制冷剂的排放。现阶段我国常用作制冷剂的氟烃类物质主要来自 HCFCs 和 HFCs。建筑领域的非二氧化碳温室气体排放包含建筑制冷相关设备在生产、运输和销售、运行和维护、拆除和报废阶段中的非二氧化碳温室气体排放，其中家用空调是我国建筑制冷非二氧化碳排放的主要部分。我国建筑领域由于制冷热泵设备的使用所造成的制冷剂泄露也会造成温室气体效应。2019 年，我国建筑领域各种制冷热泵设备泄漏的含氟气体排放折合二氧化碳当量约 1.1 亿吨，主要排放来自家用空调和商用冷水机的拆解和维修。

非二氧化碳温室气体问题是与二氧化碳同样重要的影响气候变化的重要问题，需要建筑部门认真对待。尤其是随着我国"双碳"的进程，非二氧化碳温室气体占全球温室气体的比例会逐渐增长，非二氧化碳温室气体排放对于建筑领域实现气候中和的重要性也会逐渐加大。从 2021 年 9 月起，我国已经正式接受《基加利修正案》对 HFCs 减排目标的规定。随着我国进一步城镇化和人民生活水平的提升，未来制冷设备的总拥有量还将有一个快速增长期。未来随着城市化进程的完成，建筑空调的使用量饱和，我国的制冷剂使用量将大幅下降。与此对应，建筑的非二氧化碳温室气体排放将大幅降低。

建筑用制冷空调热泵系统的温室气体减排需要综合考虑其二氧化碳排放和非二氧化碳温室气体排放。图 3.6 给出了建筑用制冷空调热泵系统的温室气体排放途径及主要减排措施。总之，降低建筑制冷空调热泵系统的温室气体排放途径主要包括：降低建筑制冷空调热泵系统的二氧化碳排放，包括使用清洁能源替代传统火电，提高设备能效以降低电力需求。降低建筑制冷空调热泵系统的非二氧化碳温室气体排放途径主要包括：使用低 GWP 制冷剂替代现有制冷剂，减少冲注、降低泄漏、增加回收及再生和消解排放，发展不使用含氟制冷剂的替代制冷空调热泵技术。从管理层面还应该加强监管，减少不受控含氟制冷剂的生产和排放。

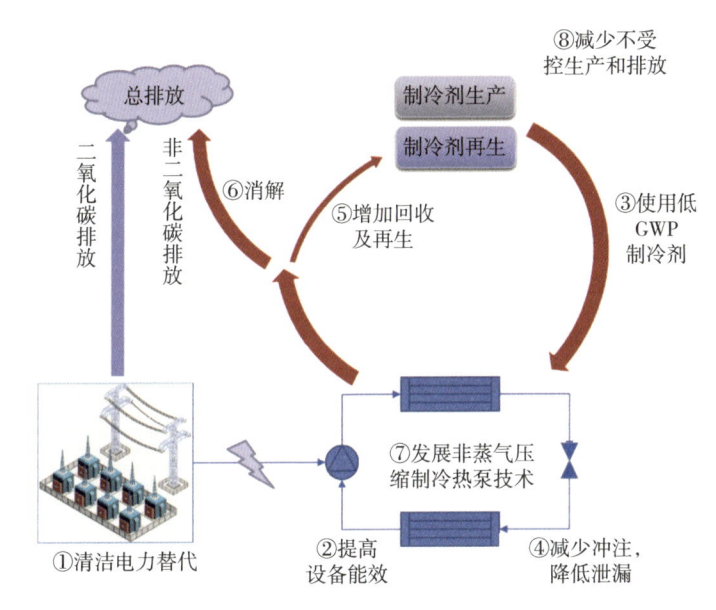

图 3.6　建筑用制冷空调热泵系统的温室气体排放途径及主要减排措施

3.2　中外建筑能耗与排放对比

3.2.1　计算方法与数据来源

开展各国建筑能耗对比是认识我国建筑能耗水平、分析我国建筑能耗未来发展趋势并设计建筑节能路径的重要手段。本节对全球各国的建筑运行能耗、碳排放数据进行了全面收集和对比分析。

3.2.1.1　建筑能耗对比方法

在分析和对比建筑能耗时，需要将建筑使用的各类能源进行加和得到总的建筑能耗，在转换时一般有以下几种方法。

（1）终端能耗法

将各国建筑中使用的电力统一按热功当量折算，以标准煤为单位的折算系数为122.9克标准煤/千瓦·时。这种方法忽略了不同能源品位的高低，例如按照我国2021年全国供电标准煤耗，供1千瓦·时的电力需要302克标准煤，故以电热当量法计算的相同"数量"电力的做功能力远大于其他能源品种，因而不能科学地评价能源转换过程。

（2）一次能耗法

将建筑使用的各类能源折算为一次能源，其中主要涉及将电力折算为一次能源的方法。①按各国火力供电的一次能耗系数折算。火力供电系数的一次能耗系数是用于火力发电的煤油气等一次能源消费量与火力供电量的比值。各国火力供电煤耗主要取决于发电能源结构和机组容量，采用各国不同的火力供电煤耗进行国与国之间终端能源消耗的横向对比会受到各国火力供电效率的干扰，以此得到的计算结果是不具可比性的。②按各国平均供电的一次能耗系数折算。平均供电的一次能耗系数是用于发电的所有能源品种的一次能源消费量与全社会总发电量的比值。随着发电结构中可再生电力比例的不断增加，使平均供电的一次能耗系数大幅下降。对于可再生能源占比大的国家，例如法国核电占全国发电量约70%，若仍采用平均发电一次能耗法将电力折算为一次能源，核算电力供给侧的能源消耗将不具意义。对于核电和可再生电力占比大的国家，其平均度电煤耗很小，计算出的一次能耗也很小，只能说明该国化石能源占比低，并不能说明该国终端能源的实际消费量很小，也会造成各国的计算结果不具可比性。

（3）电力当量法

根据各类能源的发电能力将其转换为等效电力。在低碳能源转型的背景下，各个国家建筑运行用能的发展趋势是实现全面电气化，目前一些发达国家建筑运行用能结构中电力成为主导，非电能源在建筑运行用能中逐渐减少。随着电力在能源结构中的占比逐步增大，将各类用能均折算为电力并加和得到建筑总能耗来进行比较将更具意义。因此本节采用将各种能源转换为电力的方法折算建筑总能耗。

针对将各类能源转换为电力时折算系数取值问题，在进行各国建筑运行用能水平对比时，应分别考察和比较建筑运行用能水平和能源转换系统水平。若根据各国的能源转换状况分别核算各自的建筑能耗，将无法排除能源转换系统水平对建筑运行用能水平的影响。各国能源转换水平的差异是由于各国发电能源结构和发电效率的差异，对于供电煤耗较小的国家，说明该国发电的能源结构使得发电效率较高，提供等量电力所需消耗的一次能源低，此时如果把该国的建筑非电力用燃料用这种方式转换，就会得到电力消耗高、能耗高的假象。例如2021年我国供电煤耗302克标准煤/千瓦·时，处于世界先进水平的意大利火力供电煤耗为275克标准煤/千瓦·时。建筑同样消耗1吨标准煤，在我国折合3300千瓦·时电力，而在意大利就会折合3675千瓦·时。为避免各国能源转换系统水平的差异干扰建筑终端能源消耗的横向对比，应统一采用一个相同的基准值折算系数来进行折算。

由此可见，为了解耦建筑运行用能水平和能源转换系统水平，应均以转换基准值为出发点对以上两方面进行核算和比较，故本节按照统一的转换基准值进行各类燃料和电力之间的转换。在基准值的原则下，全球建筑运行用能总量可直接分摊全球一次能源，而能源转换系统各自有正有负，反映出其效率高低及能源结构的优劣，总和为零。转换基准值理论上是全球平均的转换水平，即各类燃料发电能力的全球平均值，本节采用的转换基准值见表3.1。

表3.1 建筑总能耗核算的转换基准值

能源品种	单位	基准值
煤	克标准煤/千瓦·时	300
石油	克标准油/千瓦·时	191
天然气	标准立方米/千瓦·时	0.2
锅炉产出热量	千瓦·时/吉焦	133
热电联产产出热量	千瓦·时/吉焦	70

3.2.1.2 建筑碳排放对比方法

对于建筑运行碳排放，世界各国都提出了实现建筑领域碳排放降低的目标，由于国情不同，世界各国实现建筑碳中和的技术路线和重点也有所不同。为了计算和分析各国建筑领域在实现碳中和目标时面对的不同问题，各国采用自己的电力和热力碳排放因子进行折算。因此，各国能源结构的差异、能源效率的差异都会影响建筑运行的碳排放量总量和强度。

3.2.2 中外建筑能耗对比

图3.7给出了统一按照转换基准值折算的部分国家建筑一次能耗总量（气泡图面积）、人均建筑能耗（横轴）和单位面积建筑能耗（纵轴）。从建筑运行能耗气泡图中可以发现，我国的建筑运行用能总量与美国接近，但用能强度仍处于较低水平，无论是人均能耗还是单位面积能耗都比美国、加拿大、欧洲及日韩低得

多。在应对气候变化、降低碳排放的背景下，各国都在开展能源转型，其重要措施就是实现建筑领域的电气化，以低碳可再生电力替代常规化石能源消耗。对比部分其他国家建筑领域的电力消耗和非电能源消耗量，我国人均用电量是美国、加拿大的1/6，我国的单位面积建筑用电量也仅为美国、加拿大的1/3；我国人均非电能源强度是美国的1/3，单位面积非电能源强度与日本、韩国相近，是美国的1/2。考虑我国未来建筑节能低碳发展目标，我国需要走一条不同于目前发达国家的发展路径，这对于我国建筑领域的低碳与可持续发展将是极大的挑战。同时，目前还有许多发展中国家正处在建筑能耗迅速变化的时期，中国的建筑运行用能发展路径将作为许多国家路径选择的重要参考，从而进一步影响全球建筑运行用能的发展。

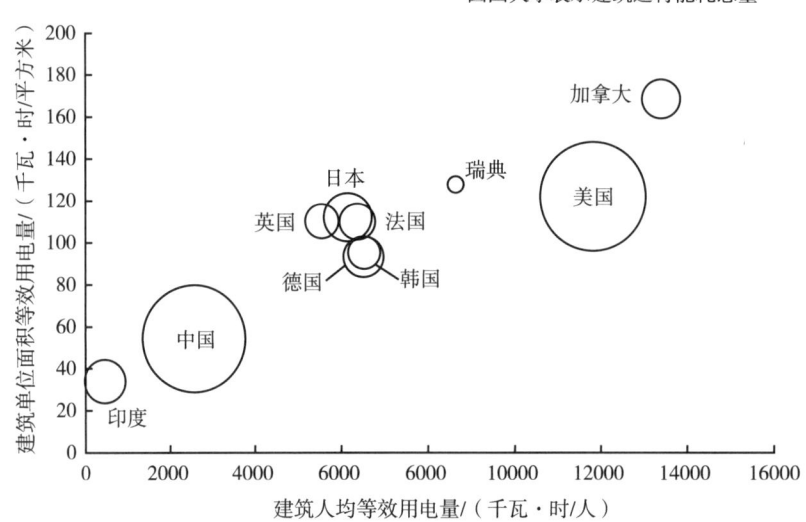

图3.7　部分建筑运行能耗对比（电力当量法）

数据来源：清华大学建筑节能研究中心CBEEM模型、IEA各国能源平衡表、能源效率指数（Energy Efficiency Indicators）数据库（2022年版）、世界银行WDI数据库和印度Satish Kumar（2019）。中国为2021年数据，加拿大、德国与瑞典为2019年数据，其他国家均为2020年数据。

图3.8为我国公共建筑单位面积用电量与其他国家的对比，可以看出，我国公共建筑单位面积的耗电量远不及美国、加拿大等国家，其原因如下。

（1）中外公共建筑运行用能差异的原因

清华大学建筑节能研究中心曾对气候相似、功能相同的中美两座大学校园建筑能耗进行了实测，发现在美国校园中冷机、风机等主要耗能设备的能效远高于中国校园，美国校园建筑的能耗平均值达到了中国的近4倍。实际上，造成公共建筑能耗出现巨大差异的主要原因不是该建筑物是否采用了先进的节能设备，而更多的是通风方式、使用模式以及热湿环境营造方式的不同。

图 3.8 中国与其他国家公共建筑用电量对比

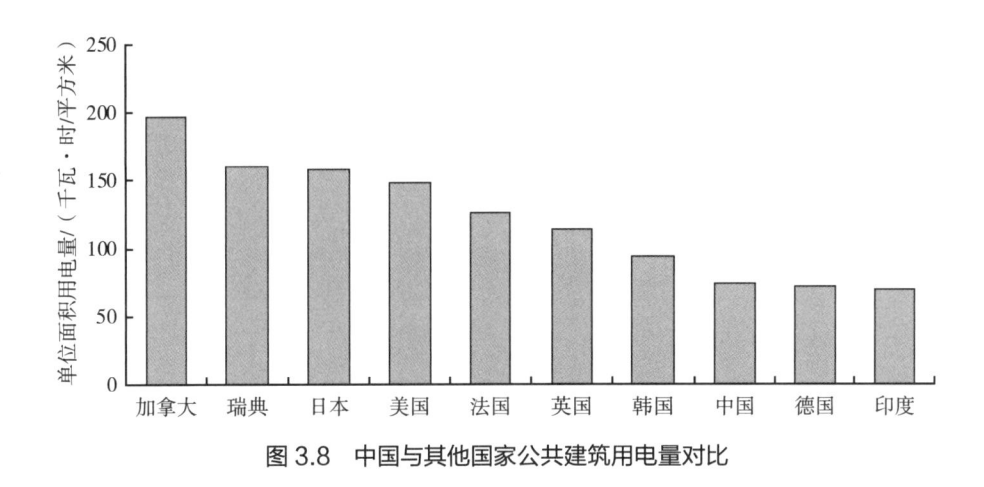

1）通风方式：建筑是采用全密闭的形式，仅依靠机械系统进行通风，还是采取有利于自然通风的设计，尽量依靠自然通风来实现新风供给，是影响公共建筑能耗的重要因素。实际上，良好的自然通风设计可以实现同等甚至优于机械通风的通风效果，并且可以节省大量的风机能耗。同时，自然通风还可以实现较大的通风换气量，在室外环境适宜的时候充分利用自然冷源，减少空调系统的开启时间，从而减少建筑能耗。

2）使用模式：只在"有人"的"部分空间、部分时间"内使用空调、采暖和照明系统，还是不论"有人与否""全空间、全时间"地开启空调、采暖和照明系统，会造成巨大的能耗差异。中国校园建筑基本实现"部分空间、部分时间"控制室内环境，而美国校园建筑的室内环境无论建筑体量大小，都是"全空间、全时间"。

3）热湿环境营造方式：采用集中式的空调系统，还是分散空调，也是影响公共建筑能耗的重要因素。以办公建筑为例，不同区域的负荷情况、不同人员在室情况，分散空调可以根据各个房间的要求各自调节，而全空气系统的独立控制能力较弱，为满足所有末端的要求，有时还需要通过再热来进一步进行热湿环境的调节，同时也无法做到无人时关闭，因而造成较高的能耗。

（2）中外居住建筑运行用能差异的原因

对于居住建筑，中国的户均用能及单位面积用能远低于发达国家，这主要是住宅建筑中居民用能方式的差异。对比中美两国典型家庭住宅除采暖和生活热水以外的用电量，中国大部分家庭的年总用电量小于3000千瓦·时，而美国中等收入家庭的年用电量通常达到10000千瓦·时。其中的差距来源于空调等用电设备、设备类型和使用方式的不同。

中国大多数家庭采用"分体空调+部分时间、部分空间"的空调使用模式，因而用能强度较低。户式中央空调是美国居民家庭常见的空调形式，其使用方式往往是全时间、全空间的模式，空调开启时长以及制冷面积远大于中国家庭。

对于其他电器，洗碗机、衣物烘干机以及大容量冰箱冰柜等美国家庭常见的用电设备，目前在中国的拥有量还比较低，这是导致用电量差异的重要原因。例如，有烘干功能的洗衣机每个洗衣周期的用电量要远远高于没有烘干功能的常规洗衣机，使用有烘干功能洗衣机的美国家庭洗衣年耗电量可高达1000千瓦·时，是中国家庭的7倍。

从宏观和微观的中外建筑运行用能对比可以发现，造成我国与发达国家用电量强度差异最大的原因之一就是用能方式和建筑运行方式的差异。随着建筑实现全面电气化，其他各类直接的燃料应用也将转为电力，这会使建筑用电量进一步增加。我国应该首先提倡节约型生活方式和用能方式，在此基础上提高用电效率，在电气化转型过程中避免建筑用电出现强度和总量大幅增长的现象。

3.2.3 中外建筑碳排放对比

各国人均总碳排放与建筑运行碳排放占比如图3.9所示。目前我国人均总碳排放（包括建筑、工业、交通、电力等部门）略高于全球平均水平，但仍然低于美国、加拿大等国。从人均建筑运行碳排放指标来看，也略高于全球平均水平，但明显低于发达国家，这主要是因为我国仍处于工业化和城镇化进程中，建筑碳排放占全社会总碳排放的比例仍然低于发达国家。近年来，我国应对气候变化的压力不断增大，建筑部门也需要实现低碳发展、尽早达峰，如何实现这一目标，是建筑部门面临的又一巨大挑战。

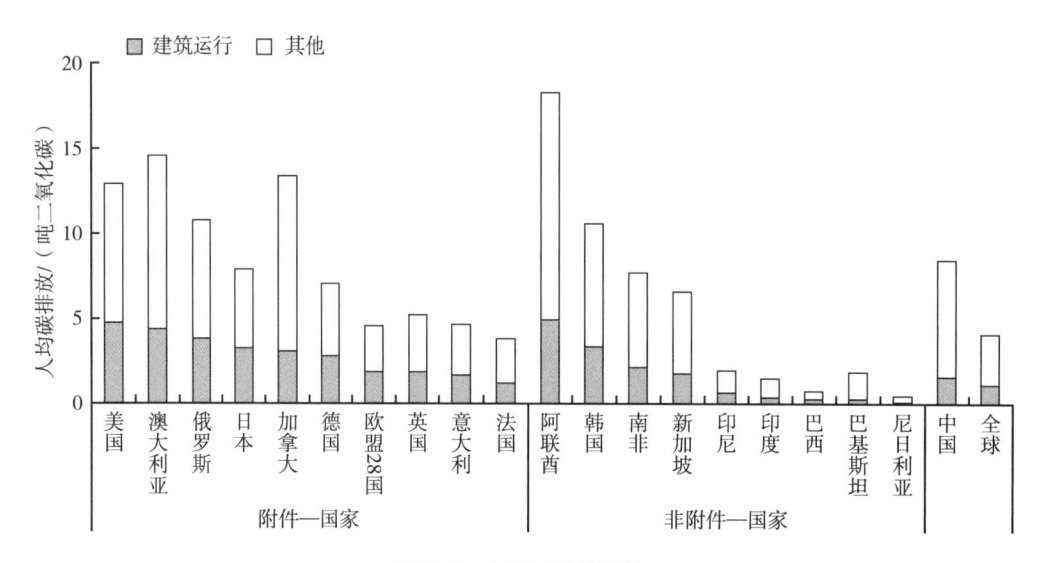

图3.9 人均碳排放对比

数据来源：IEA，CO_2 Emissions from Fuel Combustion Highlights 2021 数据库提供的各国2020年数据，中国数据为清华大学建筑节能研究中心 CBEEM 模型估算2021年结果。

各国都提出实现碳中和目标和建筑领域的碳中和路径，降低建筑领域的碳排放量也是实现全社会碳中和的重要领域之一。图3.10给出了按照其他国家自身能源结构折算的建筑运行碳排放总量（气泡图面积）、人均碳排放（横轴）和单位面积碳排放（纵轴）。从碳排放气泡图中可以发现，建筑领域的碳排放不仅受到能源消耗量的影响，也明显受到各国能源结构的影响。由于我国建筑运行能耗较低，所以建筑运行的人均碳排放和单位面积碳排放低于大部分发达国家。法国的能源结构以低碳的核电为主，因此尽管建筑运行用能强度比中国高，但折算到碳排放强度实际比中国低。这也说明，在实现碳中和的路径上，不仅要注意建筑节能、能效提升，也要实现能源系统的低碳化和建筑运行用能结构的低碳化转型。

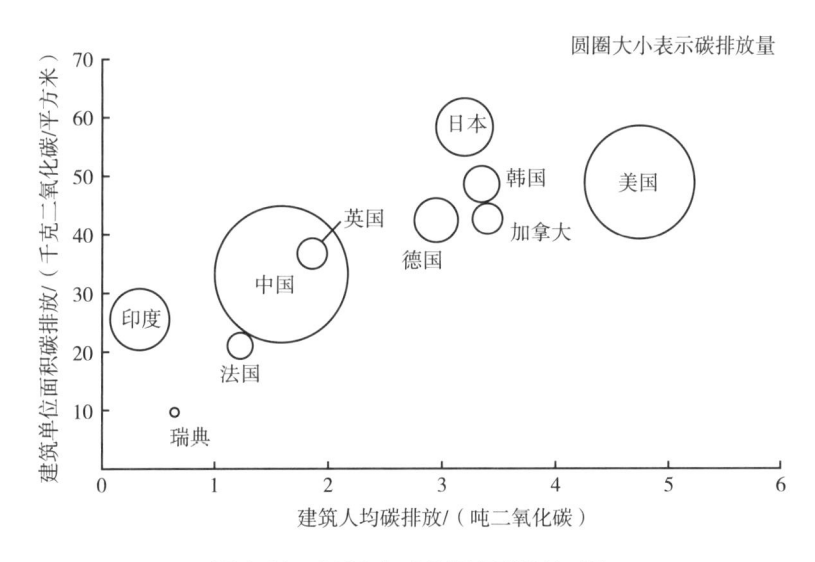

图3.10 2020年建筑运行碳排放对比

数据来源：IEA，CO_2 Emissions from Fuel Combustion Highlights 2021 数据库提供的各国2020年数据，中国数据为清华大学建筑节能研究中心 CBEEM 模型估算2021年结果。

除了对不同国家建筑运行碳排放现状的对比分析，对于碳排放变化趋势的分析也颇为重要，图3.11对比了2000—2020年中国与其他国家建筑运行碳排放的变化趋势。此图反映了各国建筑运行人均碳排放和单位面积碳排放在近20年的变化趋势，根据变化趋势可以将这些国家分为三类。第一类包括美国、加拿大、德国、英国、法国等，这些国家的共同特点是建筑运行碳排放总量、人均碳排放、单位面积碳排放均呈下降趋势，这一方面得益于人均和单位面积能耗的降低，另一方面也是因为各国积极推动能源结构转型，大力发展零碳电力。第二类代表国家是韩国和日本，近20年其碳排放总量增加、人均碳排放增加，而单位面积碳排放减小，主要由于日本和韩国建筑碳排放总量近年来增长缓慢，近20年人口增

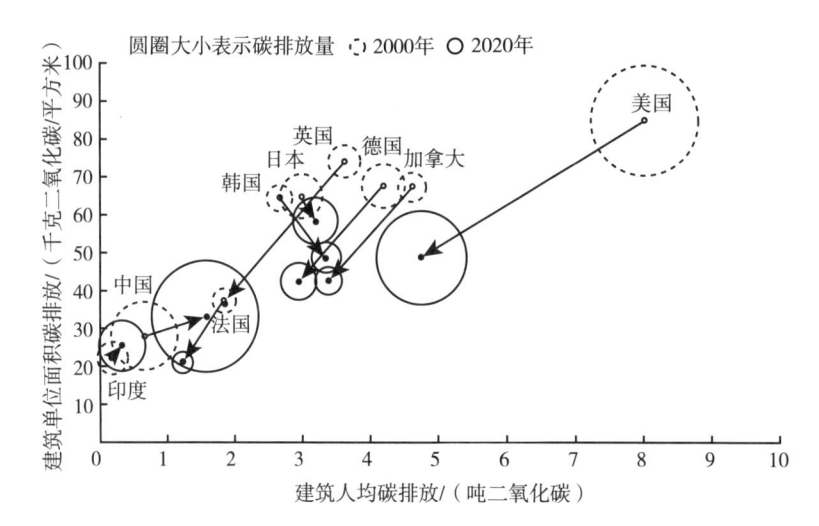

建筑运行用能低碳转型导论
Introduction to Low Carbon Energy Transition of Building Operation

图 3.11 建筑运行碳排放变化趋势

数据来源：IEA，CO_2 Emissions from Fuel Combustion Highlights 2021 数据库提供的各国 2000—2020 年数据，中国数据为清华大学建筑节能研究中心 CBEEM 模型估算 2021 年结果。

长率极低，日本人口已出现负增长，人口的增长速度小于碳排放的增长速度，而建筑面积的增长速度大于碳排放的增长速度，从而使这两个国家均出现人均碳排放、单位面积碳排放变化趋势不一致的现象。第三类代表国家是中国和印度，近 20 年碳排放总量、人均碳排放和单位面积碳排放均呈增长趋势。近 20 年中国和印度均处于高速发展阶段，用能强度也在不断增长，为了尽早实现碳达峰，中国、印度等发展中国家应在控制能源消费总量的同时，抓紧推动能源系统的低碳转型。

第4章 建筑运行用能实现碳中和的路径

建筑运行导致的碳排放主要来自建筑内燃料直接燃烧导致的碳排放，使用电力和热力导致的间接碳排放。本章将讨论建筑运行实现碳中和的路径，包括如何实现全面电气化，通过"燃料改电"取消各种直接排放，以及建筑如何助力零碳电力和零碳热力系统的建设，使建筑从电网获取的电力成为零碳电力，从热网获取的热量成为零碳热量，从而最终实现建筑运行零碳的目标。

4.1 建筑运行用能全面电气化

我国实现"双碳"目标的首要任务就是实现能源结构转型，由目前的燃煤、燃油、燃气为主的化石能源结构转为零碳能源结构，实现能源系统的转型。在以燃煤、燃油和燃气为主的化石能源时代，化石能源首先作为燃料，经过燃烧产热，再根据需要，将其一部分由热驱动做功转换为电力。进入低碳能源时代，能够以燃料形式出现并输送的只剩下生物质。生物质能源在我国未来的零碳能源总量中很难超过20%，大部分零碳能源都将直接以电力的方式产出和输送。低碳能源结构的主要构成是水电、风电、太阳能发电、海洋能发电（利用潮汐能、温差、浓度差发电）、生物质能源，以及核能、地热能等。在这些零碳能源中，除了生物质能，其他都是以电力的形式产生、传输、应用，或根据终端用能需求再转换为不同的能源形式。

实际上，建筑运行是目前电力占比最高的用能领域。除了北方采暖的热源来自化石能源，建筑运行中主要是在炊事和生活热水制备这两项中，燃气还占一定比例。目前各类电炊事器具发展很快，除了中餐中的炒菜，其他各种烹饪方式都已有专门的电炊具，而且其烹饪效果和用能效率都优于燃气。针对中餐中的炒菜，传统文化的障碍远大于实际的技术障碍。随着能源革命和低碳理念逐步深入人心，实现中餐制作的全部电气化并不遥远。制备生活热水，采用电力驱动的热泵技术完全可以满足需求并且可节省约一半的能源费用。即使是用直接电热方式制备生活热水，按照目前的电价气价水平，电热水器也只比燃气热水器运行费高30%～40%。如果再考虑集中燃气热水器造成的冷水排放而电热水器可以分散安装而实现即热方式，二者的运行成本相差无几。因此，只要向大众说明低碳能源的需要和电气化目标，生活热水的"气改电"并无障碍。

建筑采暖是目前建筑运行用能中燃料的主要用途，也是在建筑运行用能中实现"燃料改电"需要改动最大的领域。在热需求方面，建筑采暖需要的是30～50℃的低品位热量，采用各类电驱动的热泵方式，1千瓦·时电力可以获得3千瓦·时或更多的热量，这是用电力驱动实现高效采暖的最好方式。另外获取采暖用低品位热量的途径是回收利用核电、火电和工业生产过程排放的低温余热。核电将是未来低碳能源重要的基荷电源，回收其原本排放至大海的大量余热在冬季为建筑供热是最好的零碳模式。火电在未来低碳能源中也是必须存在的调峰电源，是保证电力系统安全可靠的基石，回收火电产生的余热以及部分工业生产过程排放的余热作为冬季建筑供暖热源，属于符合低碳能源转型要求的热源方式。

目前各个国家在氢能领域开展技术研发，实际上，氢并不是自然界存在的一次能源，而只是作为储能的介质和能源的载体。由燃煤、燃气制备的氢通常称为灰氢，而由可再生电力或核能制备的氢称为绿氢。氢能的主要用途分为两类：一类是替代燃煤燃气，成为工业生产的原料，例如氢冶金、氢化工；替代燃釉，成为交通领域的燃料，包括氢燃料车辆等。另一类是作为储能介质，将电力转化为氢储存。实际上，氢在未来建筑能源系统中的应用也非常有限。如果作为燃料用途，建筑未来可以全面电气化，并使用余热实现零碳供热，未来建筑中并没有燃料需求。而如果作为储能介质，"电—氢—电"的成本高且能量转换效率并不高，不宜作为建筑中的储能末端。因此，未来建筑中，氢在建筑中发挥的零碳燃料或能量存储功能十分有限，并且存在一定的安全隐患，在建筑中不宜大规模推广氢能的应用。

综合上述讨论，未来的建筑能源系统中，应取消化石能源的供应和使用，将全面电气化、余热供热作为能源供给的两种形式。根据对我国建筑能源系统低碳转型方向的判断，图4.1给出了我国未来低碳能源系统的示意图，在未来的城乡能源供给系统中，主要的能源形式就是电力和热力。在能源的生产侧，主要是一次能源和二次能源共同组成的能源供给系统，包括风光电、水电、火电和核电组

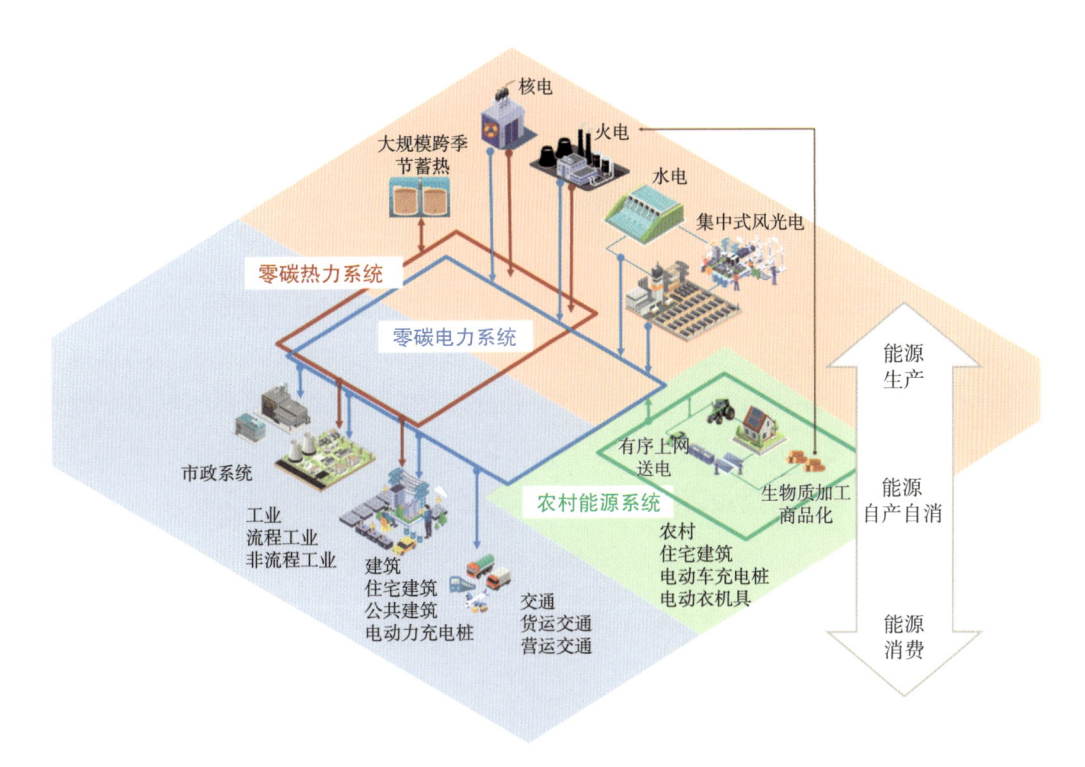

图 4.1　未来城乡能源系统示意图

成的电力供应，各类热源组成的热力供应。在能源的消费侧，主要包括城镇的能源消费和农村的能源消费。在城镇地区，包括工业部门的用电和用热需求；发生在城镇建筑中的建筑用电、建筑周边的私人电动车充电桩，北方城镇建筑冬季采暖用热；交通部门的营运交通（公交车、地铁）、货运和城际交通（火车、飞机）等。在农村地区，主要包括农村住宅建筑运行用能、电动车充电以及电动农机具等生产用电。

因此，我国构建零碳能源系统，实现碳中和的主要任务是：第一，全面推进城乡能源系统的用能电气化，并协助电力系统实现碳中和目标，从而实现零碳用电；第二，实现非流程工业和北方城镇采暖的零碳用热。为了大比例发展风电和光电，建成零碳电力系统，就必须解决缺少足够的安装空间和有效消纳不足两个问题。为了全面收集与利用各种过程排放的低品位废热，必须解决大规模热量的跨季节储存问题。实际上，构建零碳能源系统不仅需要关注能源供应侧，更应该从零碳能源的特点出发，建成适应其分布式特点的"产、消、调、蓄"一体化的能源供应网络，形成零碳电力系统基础设施和零碳热力系统基础设施，在农村地区形成农村新型能源系统基础设施，才能实现城乡建筑领域的碳中和目标。

·039·

4.2 建筑零碳用电

建立新型零碳电力系统的主要任务之一就是大量新增风光电,进一步发展风光电主要面临着季节调峰、安装空间、有效消耗等关键问题。

4.2.1 季节调峰:调峰火电是解决冬季电力短缺的最好途径

图 4.2 和图 4.3 给出了未来我国新型电力系统中的风光水核四类电力的逐日日均发电曲线,与预测逐日日均用电曲线(不包括北方城镇采暖需要的电力)的匹配关系。可以发现,大部分时间风光水核与用电曲线基本匹配,但由于水电、光电冬季短缺,导致夏季满足需求时冬季有 6.5 亿～7 亿千瓦、1.5 万亿千瓦·时的

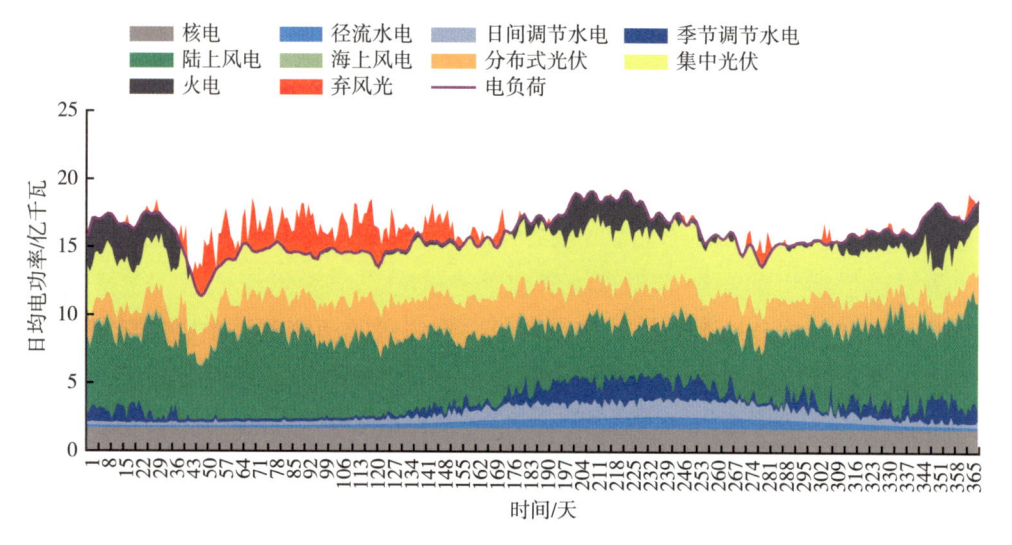

图 4.2 未来新型电力系统中风光水核的发电曲线

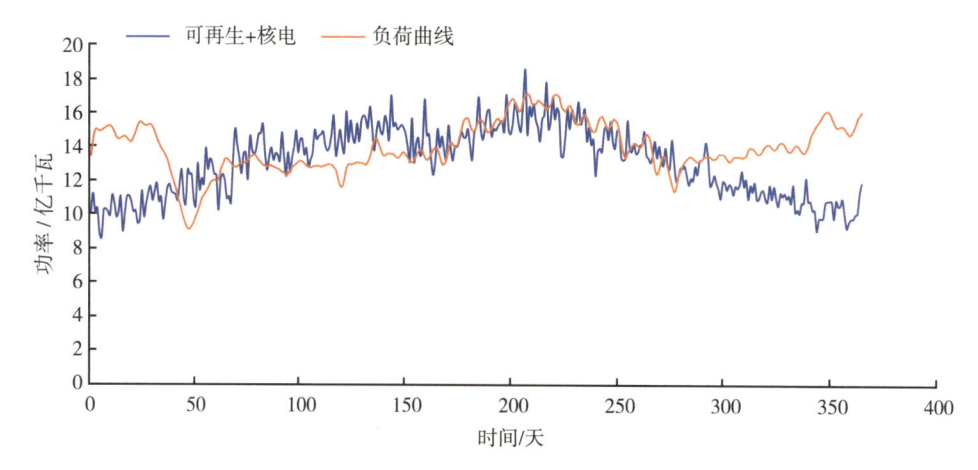

图 4.3 未来新型电力系统中风光水核发电曲线与用电负荷曲线

季节性缺口。如果冬季北方城镇再全面采用电驱动供暖、电热或电动热泵，则至少要增加 2 亿千瓦的电力装机，这将进一步增大冬季用电缺口。

目前有各类低碳技术可解决冬季电力短缺的问题，包括：①采用调峰火电，并通过 CCS 来固碳；②通过制氢和储氢来实现储能，再将氢直接作为清洁燃料利用或再通过燃料电池发电；③进一步增加风光电的容量，满足冬季的用电短缺，但会加剧其他时间的弃风弃光。对比这几种方式可以发现，通过调峰火电来满足季节性电力缺口是对我国最经济可行并且可实现低碳的调节方式。采用生物质、燃煤、燃气作为燃料，再依靠 CCS 回收排烟中的二氧化碳。同时，调峰火电通过热电联产，在冬季为建筑提供部分采暖热源；调峰火电还是电力系统安全可靠供电的保障，且满足连阴天供电。表 4.1 为我国 2019 年的电力系统电源构成和 2050 年规划的电力系统的电源构成。

表 4.1 2019 年和 2050 年我国电力系统的装机容量和发电量

电源类型	2019 年 装机容量/亿千瓦	2019 年 年发电总量/万亿千瓦·时	2050 年规划 装机容量/亿千瓦	2050 年规划 年发电总量/万亿千瓦·时
水力发电	3.8	1.6	5	2
核能发电	0.5	0.4	2	1.5
风电光电	4	0.55	70	9
调峰火电	11	5	6.5	1.5
总计	19.3	7.55	83.5	14

4.2.2 风光电的安装空间：建筑屋顶是安装光伏发电的最好资源

从未来电力系统的构成可以看出，我国未来风电、光电的装机容量占比要从目前的 20% 增加到 80%，风电、光电提供的电量占比则要从目前的不到 10% 增加到 60% 左右。这样大比例的风电、光电必须解决安装空间和有效消纳问题。

风电、光电的发电功率与占地面积成正比。按照目前的风电、光伏发电技术水平，每平方米的发电能力约为 100 瓦，远远低于核电、火电和水电的单位面积发电能力。按照表 4.1 的规划，如果我国未来需要的风电、光电装机容量为 60 亿千瓦，则需要约 600 亿平方米的水平安装空间，约为 1 亿亩土地，这是巨大的空间需求。

我国主要的用电负荷集中在胡焕庸线以东，可大规模开发利用的沙漠和戈壁滩则在胡焕庸线以西，二者距离在几千千米以上。出于这一目的，我国近年来修建了多条超大功率长距离输电线路，输电线路投资巨大，1000千米大功率超高压直流输电约需要1元/瓦，如果只用其输送风电、光电，则输送系统的成本与风光电装机成本几乎相等，这就使得风光电成本翻番。

为了有效发挥其作用并保证输电过程的稳定性，需要用水电或火电与风电、光电"打捆"，形成相对稳定的输电功率。根据一天内风电、光电的变化规律，需要投入的水电或火电功率与所输送的风电、光电功率之比至少要达到1:1。尽管我国西部地区有丰富的水力资源，但其总量也不会超过4亿千瓦，且在枯水季节还不具备发电能力，所以最多能为4亿千瓦的风电、光电"打捆"。更多的风电、光电需要由当地的燃煤、燃气、火电来匹配，这样就无法降低未来电力系统中燃煤、燃气、火电的比例，从而也就不能实现零碳电力的目标。在风电、光电基地同时设置巨大的储能设施，使一天的风电、光电经储能调整，成为全天稳定的电力，需要配备的储能容量至少要达到全天发电总量的50%～60%，在电力产地采用化学储能使系统成本由4元/千瓦增加到10元/千瓦。太阳能光伏电力的特点是白天大功率、晚上零功率，与东部终端用电的负荷特性接近。如果一天内恒定地西电东输，东部地区就要在夜间把多出来的电力蓄存起来，供白天用电高峰期使用。按照典型的一天内办公建筑用电变化规律，夜间需要蓄存的电量为一天用电总量的30%～40%，西部每瓦光伏又要在东部地区再增加3～4元的化学储能成本。两次储能后，化学储能的成本几乎为光伏发电系统本身成本的3倍。

如果在我国东部负荷密集区发展光电，太阳能光电一天的变化与一天内建筑用电负荷的变化具有一定的耦合度，此时每瓦光伏对应的化学储能容量为2～3瓦·时，可以使光伏系统所需要的储能规模大幅度降低，并且储放电量仅为在西部发电方式的1/3，储放电损失和长途输送损失的降低可使系统效率提高20%～30%，几乎可以抵消西部太阳辐射强度比东部高30%～40%的这一优势。所以，对于太阳能光伏来说，可能更适合优先在东部负荷密集区域发展。

此外，在西北地区大规模建设风光电向东部地区供电，如果安装50亿千瓦大功率输电线路，每路1000万千瓦，需要500条线路。这些线路必须经过河西走廊。河西走廊南临祁连山、北有北山，中间谷底宽度不及百千米。在这样的宽度下要留出公路、铁路、人的活动区等，就很难辟出足够的空间架设500条大功率超高压输电线路。

因此，根据西部地区资源、环境诸多条件，我国风光电的65%以上应布局在中东部的电力负荷密集区。

东部地区土地资源极度紧张，各类建筑的屋顶等各种目前尚闲置的空间较为适宜。利用高分卫星图片和现场抽样调查统计分析，我国城乡可用的屋顶折合水平表面面积约 412 亿平方米，在充分考虑各种实际的安装困难、留有充分余地后，全国城镇空余屋顶可安装光伏 8.7 亿千瓦，年发电量 1 万亿千瓦·时；农村空余屋顶可安装光伏 19.7 亿千瓦，年发电量 2.5 万亿千瓦·时。这样，城乡可安装光伏共 28.4 亿千瓦，达到我国规划的未来光伏装机总量的 70%，潜在发电量 3.5 万亿千瓦·时，达到我国规划的未来光伏发电总量的 70%。城乡建筑屋顶及其他可获得太阳辐射表面的光伏发电应是我国未来大规模发展光伏发电的主要方向。

4.2.3 风光电的有效消耗：依靠城镇建筑与电动车蓄能和调节

大规模发展风电、光电除了解决安装空间问题，风电、光电的功率变化与终端用电功率变化的不同步性是其大规模发展面临的重要瓶颈。图 4.4 给出了风电、光电随时间的变化情况，波动性和不确定性是其主要特点。

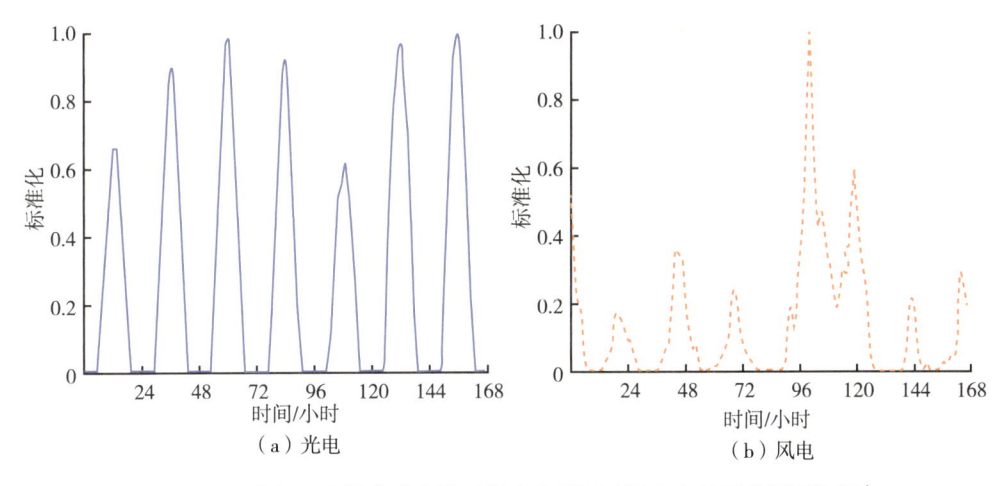

图 4.4 光电与风电发电功率随时间变化情况（以北京 7 月典型周为例）

对于一天内变化的风电、光电，通过抽水蓄能和水电进行有效的调节可承担 20% 的负荷，剩余部分可以通过建筑的需求侧响应用电、电动私家车的储能实现 60% 的日内负荷调节。

对于城镇建筑，除了充分挖掘和利用屋顶、外表面空间，安装分布式光伏可满足建筑用电和电动私家车用能的 1/4。分布式光伏发电除特殊场合外，可完成自发自用，不需要向外电网返送电。更重要的是，大型公共建筑的冰蓄冷、水蓄冷系统，带有蓄热水箱的生活热水系统，以及建筑中的冷库、冷藏柜和电冰箱、电热泵等系统，以及建筑中带有蓄电池的各类蓄能系统，都可以实现储冷、储热和储电，从而实现用电的需求侧响应。另外，建筑周边的电动私家车也将为电网提供巨大的柔性用电负荷。大数据表明，私家乘用车 85% 以上的时间停在停车场，且主要停留在住区和工作处这两个停车点，如图 4.5，可用其电池资源消纳风电、光电和为电网削峰填谷。例如：5 座电动小汽车一般配备 70 千瓦·时电池，在不准备外出长途旅行时，有 30 千瓦·时可满足 100～150 千米行驶距离，在充满电的状态，可以有 40 千瓦·时电量以 10～20 千瓦的功率为建筑供电；当其处在未充满电的状态时，又可以接受 10～20 千瓦的光伏发电或电网的低谷电力。当建筑用电功率为 100 瓦/平方米时，一辆电动小汽车可满足 100～200 平方米建筑 2～4 小时的用电需要。电动汽车加上智能充电桩，对协调建筑屋顶光伏电力的消纳和缓解建筑用电造成的峰谷变化可起到重要作用，更可避免大功率电动汽车充电站对电网造成的冲击。利用建筑自身的热惯性，以及建筑周边电动私家车的电池资源，实现分布式的蓄电，完成用电负荷 60% 的日内调节。

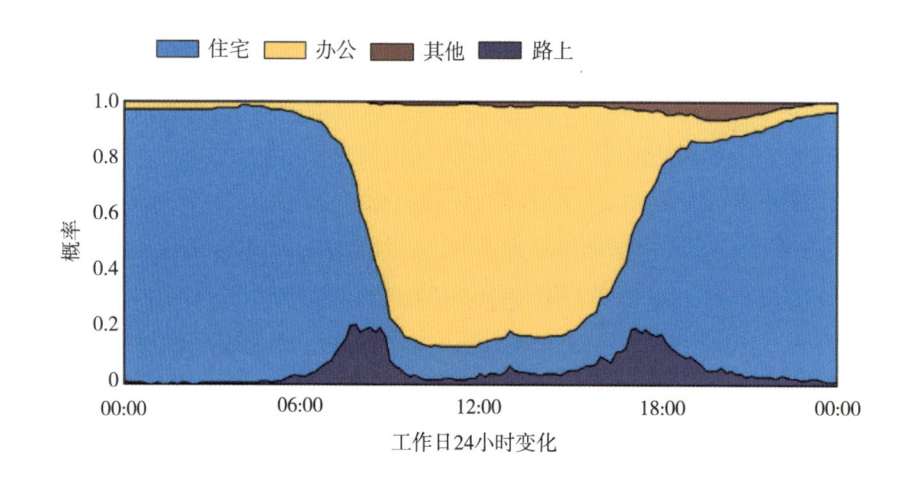

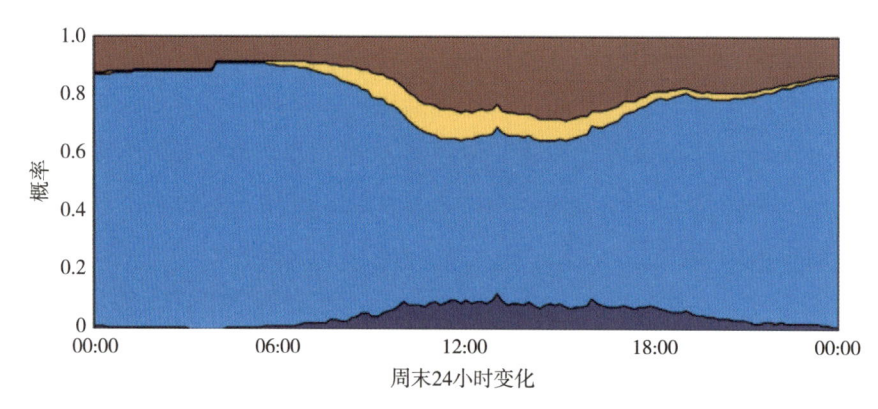

图 4.5 私家车的停靠位置

对于农村建筑，建立屋顶光伏农村新型能源系统，农村屋顶面积可安装屋顶光伏近 20 亿千瓦，年发电量在 2.5 万亿千瓦·时以上，在农村依靠光伏发电满足生活、生产和交通用能外，每年还可剩余超过1万亿千瓦·时发电上网，成为支撑电网的重要电源。同时，在农村实现全面电气化，炊事、采暖等各种生活用能都可电气化，灌溉、耕、种、收等各种农机电气化，以及运输和出行的各类车辆、农副业生产加工的电气化，将农村剩余的光伏电力经储存和调整后在电网需要电力的时间段上网，实现农村用电的"只出不进"。

4.2.4 未来零碳电力系统的供需平衡

我国未来电力系统平衡（见图4.6），考虑我国未来工业、城乡建筑、交通的需求变化、能源结构变化和能源效率提升，2060年全社会的电力需求为13.7万亿千瓦·时。发电侧包括集中风电、光电，屋顶分布式风电、光电，水电、核电以及生物质、燃煤燃气调峰电厂。在我国未来的零碳电力系统中，考虑发展集中风光电29亿千瓦，城乡屋顶分布式风光电30亿千瓦，即可实现风光总装机量超过55亿千瓦，满足我国低碳能源系统中风光电总量目标。

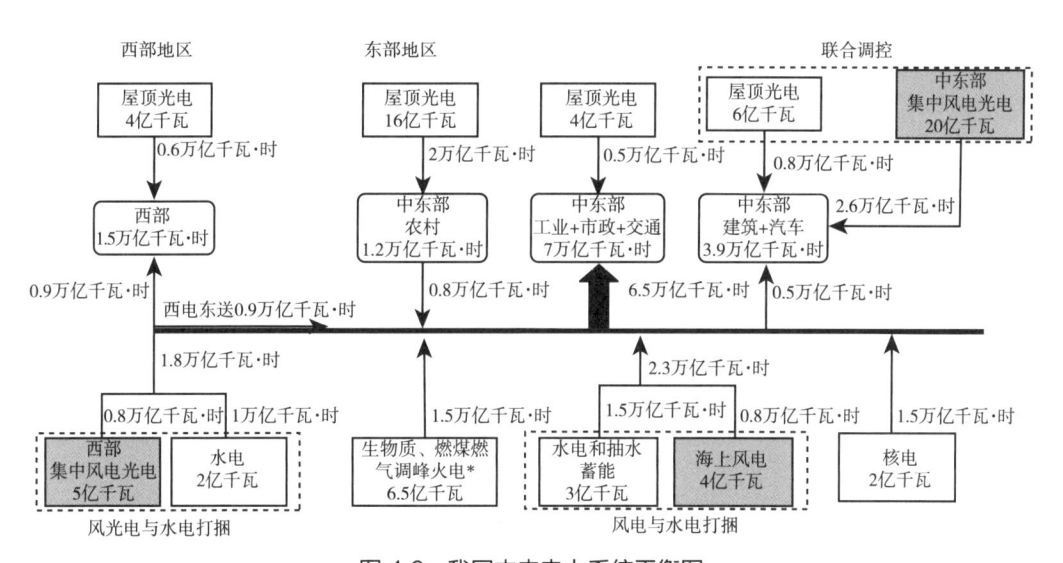

图4.6 我国未来电力系统平衡图

注：千瓦为单位的数据表示电源装机容量，千瓦·时为单位的数据表示用户用电量或电源发电量。
* 采用碳捕集、利用与封存技术回收生物质、燃煤和燃气调峰火电的二氧化碳排放共8亿吨，剩余排放量小于生物质燃料排放量。

根据胡焕庸线将用电需求分为西部地区，中东部农村，中东部城镇工业、市政和交通（不包括私人和公务乘用车），中东部城镇建筑与汽车（仅包括私人和公务乘用车），考虑其电力供需平衡。图4.6中下半部分为常规电力系统的工作状况。虚线框内为利用水电为集中的风电、光电调峰，打包成可调控的电源进入大电网。各类负荷通过自身与邻近的风电、光电和大电网供电共同支撑，满足其电力需求。

（1）西部地区

用电需求为 1.5 万亿千瓦·时，主要依靠集中风光电与当地丰富的水电打捆，加上少量屋顶光伏即可满足用电需求，还可以"西电东输"向东部输出 0.9 万亿千瓦·时电力。

（2）中东部农村地区

用电需求 1.2 万亿千瓦·时，依靠农村屋顶光伏即可满足需求，同时还可向电网送电 0.8 万亿千瓦·时。

（3）中东部城镇地区

用电需求 10.9 万亿千瓦·时，可安装工业厂房屋顶光伏、城镇建筑屋顶光伏，再加上城镇周边风光电及海上风电、沿海核电，即可满足中东部春、夏、秋三季的用电。海上风电的变化由抽水蓄能电站、水电站增大发电机组改为调峰电站、部分空气压缩储能电站等来解决。冬季由于水电、光电资源减少，尚缺少约 6.5 亿千瓦/1.5 万千瓦·时的电力，可通过部分生物质电厂、燃煤燃气电厂发电补充，这些火电厂所排放的约 8 亿吨二氧化碳可通过碳捕集、利用与封存方式回收利用。

综上所述，西部地区，工业的需求由电网中的水电、核电等满足；中东部农村，建筑与乘用车的需求主要由风光电提供，因此建筑和乘用车需要自行解决供需功率变化不平衡的问题。只要实现了依靠屋顶光伏为城乡建筑用电与乘用车充电提供电力，并解决供需间功率变化在时间上的不匹配问题，我国未来就可以实现大比例风电、光电的零碳电力系统，从而解决我国能源革命和碳中和战略的关键问题。由此可见，城乡建筑发展光伏和实现柔性用电，不仅是建筑低碳发展要完成的重要任务，对我国整个能源系统的低碳转型和实现碳中和目标也具有极其重要的战略意义。

在经济社会的发展过程和建筑运行用能电气化的过程中，应继续维持第 3 章中外对比中所述的当前的绿色生活方式与用能模式，避免出现建筑运行用能强度的大幅增加。

尽管未来电力系统将实现全面零碳，但我国构建和实现新型零碳电力系统仍然有诸多制约，包括：①资源总量限制，因为核电、水电都有其可发展的资源上限，而风光电则受到空间资源的制约；②经济合理的储能资源也有上限，且受限于空间资源；③零碳能源系统的建设成本受到规模约束，规模一旦增加到一定程度，成本就会呈超线性增长。所以，从生态文明的发展理念出发，科学和理性地规划我国建筑运行用能的未来，坚持"部分时间、部分空间"的节约型建筑运行用能模式，应该作为我国今后现代化建设和实现能源系统碳中和目标的一个基本原则。

4.3 建筑零碳用热

实现"双碳"战略，构建零碳能源系统的一大挑战是如何提供零碳热源，包括北方城镇冬季建筑采暖需要的 54 亿吉焦和非流程类制造业（如纺织、印染、食品、制药、造纸、皮革等）生产过程中所需要的约 76 亿吉焦的热量。目前这些热量都由燃煤或燃气锅炉直接提供或通过热电联产提供。实现建筑和非流程制造业所需要的 150℃ 以下的热量的脱碳，是我国实现碳中和的重点任务之一。

热泵利用电力驱动，从低温热源中吸收热能，在较高温度下放出热能，从而满足 150℃ 以下的各种热量需求。根据升温的幅度不同，每消耗 1 千瓦·时的电力，就能获取 0.5～10 千瓦·时的低温热能，与直接使用电加热相比，通过热泵供应建筑和非流程制造业所需的 150℃ 以下的热量，可以节省 30%～90% 的电力消耗。目前国际上学术界和产业界普遍认为热泵是实现零碳热量供给最有前途的方式，也是各国都在积极推进的热量供给方式。

用热泵满足热量需求的关键在于获取合适的低温热源。低温热源可分为两种形式，一种是室外空气、地表水、污水、地下土壤等自然环境下的低温热源，这类热源密度较低，难以满足北方高密度建筑群的热量需求和高度集中的工业用热需求，因此仅适宜应用在相对低密度的建筑和一些热量需求量不大的工业生产中；另一种是发电和冶金、有色、化工、建材等流程工业排放的低品位余热，全面回收利用这些低品位余热，并通过热网实现跨领域热量的互通，可为建筑和其他非流程工业提供所需要的热量。

我国制造业规模庞大，未来将继续保持和发展的核电、调峰火电、冶金、有色、化工、建材、数据中心等产业每年将会排放约 180 亿吉焦的余热，再加上 20 亿吉焦的季节性弃风光电转化的热量，完全能覆盖未来北方建筑和非流程工业采用热泵技术时所需的低品位热量需求，从而实现全面零碳热量供给。

4.3.1 我国未来用热需求

4.3.1.1 采暖用热需求

2020 年，我国北方城镇建筑约有 156 亿平方米的建筑冬季需要供暖，每平方米需热量为 0.33 吉焦，总需热量约为 59.5 亿吉焦。这些热量中约有 40% 是由各种规模的燃煤燃气锅炉提供，50% 则由热电联产电厂提供，其余 10% 主要是通过不同的电动热泵从空气、污水、地下水及地下土壤等各种低品位热源提取的热量。2050 年北方城镇冬季供暖面积将达到 218 亿平方米，如果按照当前每平方米需热量 0.3 吉焦，那么未来总需求将超过 65 亿吉焦。现在的 156 亿平方米采暖建筑中，约 30 亿平方米是 20 世纪 80—90 年代的建筑，其热耗是同一地区的节能建筑的 2~3 倍，远高于节能建筑所要求的每平方米低于 0.2 吉焦。此外，就是普遍出现的过热现象。很多采暖建筑冬季室内温度高达 25℃，远高于要求的 20℃的舒适采暖温度。当室外温度为 0℃时，室温为 25℃的房间供暖能耗比室温为 20℃的房间高 25%。改造目前这 30 亿平方米的不节能建筑，通过改进调节手段和政策机制尽可能消除室温过高的现象，未来可以把供暖平均热耗从每平方米 0.33 吉焦降到 0.25 吉焦。这样，2050 年北方城镇需要供暖的 218 亿平方米建筑的需热量为 54 亿吉焦，与现状的总需热量基本维持不变。由此可见，通过节能改造和节能运行降低实际需求是实现低碳的首要条件。

长江流域有采暖需求的建筑面积约 277 亿平方米，主要采用分散式热泵、各类分散式锅炉或电热进行采暖，未来将增加到约 350 亿平方米。考虑到长江流域的建筑由于热量需求密度低，未来主要以分散电动热泵为主，长江流域建筑平均需热量为每平方米 0.06 吉焦，350 亿平方米需要的热量为 21 亿吉焦。

4.3.1.2　生活热水需求

除采暖外，生活热水是所有建筑都需要的热量。实际调查结果显示，我国居民生活热水用量不到 20 升 /（人·日）。以 20 升为基础对未来需求进行预测，由于医院、洗衣房、食堂等需要的蒸汽量远小于生活热水用热量，故可以忽略不计。由此得到生活热水类用热量为 8.5 亿吉焦 / 年。由于这些生活热水需求位置分散、时间分散，所以应采用分散的电动热泵或直接电热方式制备，不宜由集中供热系统提供。

4.3.1.3　非流程工业用热需求

2020 年非流程工业用热需求约 80 亿吉焦，其中约 50% 的用热需求集中在 150℃以下，总量约 40.4 亿吉焦，主要采用锅炉或热电联产进行供热。参考现有不同发达国家的状况，并结合我国 2050 年行业增加值结构，估算 2050 年非流程工业的用热需求约 130 亿吉焦，其中低于 150℃以下的用热需求约 76 亿吉焦。

综上所述，我国城镇未来仍有大量的用热需求，其中 179 亿吉焦的热量宜通过集中方式提供，29.5 亿吉焦的热量可通过分散方式提供。见表 4.2。

表 4.2　我国 2050 年城镇用热需求估计

用热需求	宜集中方式提供 / 亿吉焦 150℃以下	宜集中方式提供 / 亿吉焦 150℃以上	宜分散方式提供 / 亿吉焦
非流程制造业	76	49	
北方城镇建筑采暖	54		
长江流域建筑采暖			21
生活热水			8.5
总计	130	49	29.5

4.3.2　我国未来余热资源潜力

我国未来的调峰火电厂、核电厂以及其他余热资源丰富，回收利用的潜力巨大，完全可以作为城镇用热需求的主力热源。见表 4.3。

表 4.3　2050 年我国可利用的余热资源量

余热类型	装机容量 / 亿千瓦	全年余热总量 / 亿吉焦
核电	2	70
北方调峰火电	5	50
北方冶金、化工、有色、建材余热及其他余热	0.7	50
数据中心	0.3	10
弃风光电转化热量		20
资源总量		200

1）我国未来将在沿海地区建设 2 亿千瓦核电，年发电 1.5 万亿千瓦·时，每年向近海排放余热 70 亿吉焦。

2）根据电力系统的供需平衡分析，未来碳中和下的电源结构中，火电厂作为季节性调峰电源，需要装机容量约 5 亿千瓦，年发电小时数约 1700 小时，相应的余热排放量接近 50 亿吉焦。

3）冶金、有色、建材、化工等生产过程的余热，尽管其流程和所使用的能源种类发生变化，但生产过程必然排放大量余热，初步估算每年将排放 50 亿吉焦以上的余热。

4）数据中心排放的余热，未来我国各类大型数据中心年用电量将超过 0.3 万亿千瓦·时，这些电力都转换为低品位热量排放，折合约 10 亿吉焦 / 年。

5）由于可再生能源发电量的季节性变化与用电负荷的季节性变化的不一致性，在春秋两季有一定的弃风弃光电量。根据测算，我国未来风电、光电年总量将达到 11 万亿千瓦·时，弃电量 6300 亿千瓦·时。这部分电力直接转换为热量，通过跨季节储热进行调蓄，为建筑采暖和工业生产提供热量。弃风弃光电力可提供的热量达 20 亿吉焦。

由表 4.3 可知，这些热量的总和为 200 亿吉焦/年，大于全国建筑和未来非流程制造业生产需要总量。由于这些余热都属于为了满足其他任务所排放，即使不回收利用，仍将排放。所以这些余热的开发利用属于废热利用，所得到的热量应属于零碳热量。我国北方除青海省外的各县级以上城镇都建有较完善的热力管网，一些重点地区还建成或正在建设跨区域的大容量热力输送管网，为充分利用这些余热资源打下了良好的基础条件。目前世界上除了北欧各国，都不具备这样的基础条件。

对于北方未接入集中供热管网的部分城镇建筑，未来约占城镇建筑总量的 20%，可以采用各类电动热泵热源方式，包括空气源、地源、污水源、2000～3000 米深的中深层套管换热型热泵方式，不会对电力系统的冬夏平衡带来太大的问题。

总体来看，北方的余热资源可以为建筑冬季采暖提供足够的零碳热源。

4.3.3　基于低品位余热的零碳供热新模式

通过以上分析可以看出，我国未来发电和流程工业的余热和基础设施排热如果全部回收，完全可以满足建筑采暖和非流程产业用热的需求。

要有效利用这些余热为建筑采暖和非流程工业提供全面热量服务，就需要解决低品位余热的采集、变化、储存和输送四个环节所面临的时间、空间和温度三个不匹配问题。

4.3.3.1　热量产生时间与热量需求时间的不匹配

余热是按照其相应的生产过程产出，而不是为了满足用热侧需求所生产的。例如核电和调峰火电是为了发电需要，全年都有余热产出，而北方建筑仅在冬季才大量需要热量；弃风弃光电力仅在春天出现，而这时往往是热量需要量最少的季节。此外，工厂受生产工艺及市场需求影响，其生产过程产生的余热也随时间存在较大波动。因此，热需求与余热的产生在时间上不匹配。为保障供热安全，余热供热能力应大于供热负荷，因而导致余热供暖面积小，且大量的余热无法得到回收利用而白白浪费。满足前述全年 130 亿吉焦的热量供给，需要跨季节储热容量达 11.4 亿吉焦，取储热温度为 90/20℃，则需要建设大型蓄热水库 43.2 亿立方米，若采用 30 米深的热水水库方式，总共需要占地 25 万亩。

4.3.3.2 热量产生地与热量需求在地理位置上的不匹配

产生余热的工业企业大都远离需要供热的城市中心区域，甚至是跨地区、跨省，因此供给与需求之间存在空间位置上的不匹配。例如核电一般都远离需要大量热量用于建筑采暖的城市。为此，就需要有长距离、低成本的热量输送技术，使热量输送距离达到 200 千米的输送成本不超过用天然气制备同样热量的成本。分析表明，在 150 千米半径内，我国绝大多数城市和非流程制造业都可以找到足够的余热资源。目前已有大温差、长距离热水输送技术，可满足 200 千米输送成本不高于天然气，并已在国内一批工程中规模化应用。

4.3.3.3 各种热源和用热终端要求的热参数不匹配

不同的工业生产过程排放的余热介质种类和温度各不相同，热网供水温度取决于输送距离以及管道和保温材料性能等，而末端供热温度取决于用户需求，因此热源、热网和热用户的温度参数不匹配。为解决此问题，近年来已系统地开发出各类热量变换装置，如同电力系统的变压器，可使热量在不同温度之间转换，在循环热水和蒸汽之间变换。近十年来在这一方向已有重大技术突破，开发出系列的热量变换产品，并在国内有数个量产企业。

为了回收利用这些低品位余热资源，需要对产生余热的生产过程做适当改造，增加相应的余热采集、回收装置，这就需要研发相应的各种余热采集装置，提高余热回收率和回收到的热量的品位。

完成以上跨区域的热量采集、变化、储存和输送工程，全面解决北方建筑采暖和全国的非流程制造业热量需求，需要约 5 万亿规模的投资。为了避免重复和不合理的建设，应由国家对全国的余热采集、输配、储存进行统一规划，打破地域管理的行政界限。在统一规划的基础上，可以发挥各种社会力量共同建设。建成后每年可减少 4 亿吨标准煤的化石燃料燃烧，每年再投入作为运行电费和管理人工费 1000 亿，可实现年收益为 5000 亿以上。

围绕这一目标，目前已经建成和正在规划准备实施的工程有山东胶东半岛利用三个核电基地 3000 万千瓦核电余热的"水热联产、水热联供"工程，唐山曹妃甸基于首钢余热和华润电厂余热的"水热联产、水热联供"工程，利用秦山核电余热为绍兴柯桥轻纺印染基地提供生产用热工程，利用福建福清核电送余热为江阴工业园和东峤工业园零碳供热工程，河北怀来大数据中心余热利用工程等。

4.4 小结

本章提出实现低碳能源结构的重要举措之一是全面实现电气化，尽可能减少对燃料型能源的依赖，只有这样才能充分利用水电、风电、光电、核电这类零碳型能源。新一轮的全面电气化会带来能源消费侧的革命性变化，也将推进包括工业、交通和建筑等各类能源消费侧的全面技术进步。因此，对于未来的城乡能源系统来说，主要的能源形式应该是电力和热力，实现建筑运行碳中和的主要目标就是协助能源系统建成以可再生能源为主体的零碳电力系统和以零碳余热为主的零碳热力，实现零碳的用电和用热。

为了实现零碳电力系统，我国未来最经济可行的方式是保留一定的火电调峰来解决冬季的电力缺口，并且利用火电余热来实现建筑及工业用热的零碳。为了解决风光电的安装空间与供需匹配，在城市地区应该充分利用屋顶资源安装光伏，同时发挥建筑与电动私家车的蓄电和需求侧响应能力，实现柔性用电；在农村建立屋顶光伏为基础的新型能源系统，依靠光伏发电全面解决农村的生产生活用电，并在合适的时候向电网返送电。

为了解决北方城镇地区的冬季供热和我国未来不可替代的工业用热需求，应该充分利用各类余热资源，并通过采集、调节、储存、输配一体的零碳供热系统来实现未来的零碳用热。

实现零碳电力和零碳热力系统面临空间资源、储能资源、成本限制等各方面的限制，因此，坚持绿色生活方式和节约的建筑使用方式仍然是建筑领域实现节能和零碳的前提条件。由此总结出我国建筑实现运行零碳的几大关键任务：

（1）节能是实现建筑低碳的前提条件，应该以生态文明的发展理念为基础，追求绿色生活方式和"部分时间、部分空间"的建筑使用模式，避免出现建筑能耗剧烈增长。

（2）发展创新的建筑节能技术，实现新建建筑的节能和既有建筑的改造，实现建筑围护结构和能源系统的能效提升，降低建筑的能源需求。

（3）全面实现城乡建筑运行用能的电气化，包括炊事、生活热水、分散采暖的电气化，不再在建筑中使用任何化石燃料，从而使得建筑中的直接碳排放归零。

（4）在城镇和农村屋顶安装分布式光伏，助力以可再生能源为主体的零碳新型电力系统的建设，实现建筑用电的零碳。

（5）发展零碳热源，建立基于低品位余热的零碳供热系统，实现建筑冬季采暖和非流程工业用热的零碳。

第 5 章　建筑零碳电力系统

2021 年，建筑的用电量是 2.2 万亿千瓦·时，占全社会用电量的 26.5%，随着建筑电气化比例的提升，预计未来将达到 3.5 万亿～ 4.0 万亿千瓦·时 / 年。与此同时，随着电网新能源渗透率的不断提升，目前"源随荷变"的调度策略（通过火电出力调节供给侧保证需求）将面临巨大挑战，"荷随源变"（需求侧灵活调节适应新能源的波动性）呼之欲出，建筑与电力这两个看似无关的行业未来将高度融合并协同发展。本章将讨论建筑如何通过"光储直柔"实现从单纯的能源消费者转为能源的生产者（光伏）、储存者、消费者和调节者四位一体。

5.1　建筑在新型电力系统中的作用

我国实现碳中和战略的主要任务之一是实现从以化石能源为基础的碳基电力系统转为以可再生能源为基础的零碳电力。大规模发展风电、光电必须解决以下问题：一是风电、光电的安装空间；二是风电、光电的发电功率变化与终端用电功率变化的不同步性。"光储直柔"配电系统恰恰是针对这两个问题给出的解决方案。

5.1.1　解决风光电的安装空间问题

清华大学建筑节能研究中心、中国建筑设计研究院有限公司与自然资源部卫星信息研究所合作，利用高分卫星图片和现场抽样调查统计分析研究认为，我国城镇空闲屋顶可安装光伏发电容量 8.3 亿千瓦，年发电量 1.23 万亿千瓦·时；农村空闲屋顶可安装光伏发电容量 19.7 亿千瓦，年发电量 2.95 万亿千瓦·时。城乡可安装光伏发电总容量 28 亿千瓦，超过我国规划的未来光伏装机总量的 60%，潜在发电量 4.2 万亿千瓦·时，达到我国规划的未来光伏发电总量的 70%。在城乡建筑屋顶及其他可获得太阳辐射的建筑表面建设光伏发电系统应是我国未来大规模发展光伏发电的主要方向。

发展建筑"光储直柔"配电系统，与发展边远地区集中式光伏基地相比有以下优点：①利用现有空闲空间，不需要三通一平整治荒地，安装成本低。②纳入建筑的日常维护管理，只需要定期做表面清洁，大幅度降低维护成本。③可接入建筑低压配电系统中，尤其是可直接接入"光储直柔"配电系统中。对于大多数城市建筑屋顶，无须送电上网，避免了集中式光伏发电层层逆变、升压上网、再返回到用电终端这一过程，减少传输过程的初投资和传输损耗，并且不必改变当前城市电网单向受电的特性。对于乡村屋顶光伏发电系统，其发电量大于当地生活、生产和交通需要的电力，发电上网的电量为其总发电量的1/2~2/3，同样可减少电力输送的初投资和损耗，同时也可能实现"只发不收"，避免农网的大规模改造。④避免建设超大功率西电东输系统的巨大投资，节省投资和土地。

因此，我国太阳能光伏发电未来最主要的发展方向是建筑屋顶和其他表面，最主要的接入方式是优先自发自用。"光储直柔"的配电方式完全适合建筑光伏发展模式。

5.1.2 破解风光电不可调控的难题

以化石能源和水电为主的传统电力系统的基本调控模式是"源随荷变"，任何负载侧的变化都要由电源侧的实时调节来平衡，调节过程中的变化则依靠发电机组转子系统巨大的转动惯量来平衡。当风电、光电成为主要电源后，其发电功率由天气状况决定，只有弃风弃光减小发电功率的调控手段。这样就要求"荷随源变"，或者增加巨大的蓄能环节来平衡源与荷之间的功率差别。

在电源侧或关键的电网节点处设置巨大的蓄能装置，通过调节蓄能装置的储放电量，使风电、光电加上蓄能装置仍然维持"源随荷变"的功能。实现这种蓄能功能的技术途径主要有以下4种。

5.1.2.1 抽水蓄能电站

尽管蓄能电站储放后综合效率不到70%，但已是最好的蓄能装置，也是灵活电源。蓄能电站只有具备合适的地理环境资源条件才能建设，如果未来全国风电、光电年发电量9万亿千瓦·时，仅实现日内调节就需要蓄能300亿千瓦·时，我国目前满足建设抽水蓄能电站条件的资源不足30亿千瓦·时，仅能满足1/10的需要。

5.1.2.2 空气压缩储能

空气压缩储能的储放综合效率不到70%，每百万千瓦·时的投资与抽水蓄能电站相当。在储电的同时要释放大量低品位热量，而释放能量发电时需要注入大量热量，或者是释放出大量空调需要温度下的冷量。当空气压缩蓄能用于一天内的电力平衡时，很少能找到一天内同时需要冷量和热量的场景，这样，储放电过程中的冷量和热量就很难全部有效利用，或者需要同步建设巨大的储热装置在储电时储存其释放出的热量，在放电时由储热装置提供发电所需要的热量。

5.1.2.3 电解水制氢、储氢，再通过燃料电池发电

这一储放综合效率不到60%，并且3个环节的装置成本都远高于上述两种方式。因此，这一技术路线不是大规模风电、光电发展中解决一天内电源调控的方法，只是用于消纳高峰期过多的电力，为各类需要燃料的工业生产等过程提供零碳燃料。

5.1.2.4 各种化学储能方式

各种类型的蓄电池，其储放综合效率可达80%以上，居上述各种储能方式之首。根据目前的技术发展态势判断，其初投资成本还将持续下降。根据对未来技术－成本变化的估计，300亿千瓦·时的化学储能通过30万亿的投资规模可以实现。目前维持其容量的充放电寿命在几千次的水平。如果每天储放一次，则其使用寿命仅为十几年，而抽水蓄能电站的综合寿命是几十年，因此，大规模集中式化学储能方式很难和抽水蓄能电站竞争。

在电源侧仅设置部分应急储能设施，把破解问题的聚焦点转移到用电终端，也就是"荷"侧，使目前的"源随荷变"改为"荷随源变"，通过"光储直柔"建筑配电系统部分实现一天内的电力调蓄，是破解这一问题的新思路。由用电终端（即"荷"侧）根据电源侧的变化自动调整其用电功率，实现系统每个瞬间的供需平衡。"光储直柔"建筑配电系统通过其所连接的蓄能装置和可随时改变自身用电功率的用电设备实现柔性用电，"荷随源变"既可平衡源与荷之间的矛盾，还由于实现了分布式光伏产能和分布式化学储能，依靠自身的装置提高终端用电的可靠性和安全性，减少了为了追求高标准的供电可靠性而对配电网不断加码的多路冗余供电要求。"光储直柔"配电系统增加的光伏投资可从其获得的发电收益中得到回报，直流配电系统在大规模发展后，其低压配电器件成本将会降低。直流系统增加的投资可从获得同样供电安全性但减少了冗余配电从而减少的成本中回收；增加设置的分布式蓄电池组容量仅为实现集中蓄能蓄电池容量的1/4～1/3，所以增加的初投资也仅为设置集中的蓄电池机组的1/4～1/3；增加的邻近停车场的智能充电桩初投资则可从所提供的充电服务费中回收。"光储直柔"系统最主要的蓄能能力将来自邻近停车场电动汽车的蓄电池，接入"光储直柔"系统的电动汽车并不会因为参加储能而减少寿命。"光储直柔"系统使得电动汽

车内配置的蓄电池这一资源得到充分利用。

"光储直柔"建筑配电系统是通过柔性负载实现"荷随源变",破解电源侧大比例的风电、光电导致电网上源与荷瞬间不平衡的难题的有效途径,为大规模的风电、光电有效消纳给出新的途径。"光储直柔"配电系统还能大幅度提高建筑用电的可靠性,对于已依靠外电网实现 99.9% 供电可靠性的建筑,一年中可能出现的累计 9 小时停电期间完全可通过自身蓄电池和所连接的电动汽车蓄电池实现独立供电。根据蓄电池容量和所连接的电动汽车数量的不同,供电可靠性可由 99.9% 提高到 99.99%,甚至提高到 99.999%。

因此,发展建筑"光储直柔"配电系统是为了破解新型的零碳电力系统要大规模发展风电、光电所面临的光电安装空间和风电、光电调控这两大难题;是调度各方面资源,以较低成本助力新型零碳电力系统建设的有效途径,也是建筑实现全面电气化和用电零碳化可采用的措施。

5.2 建筑光伏设计的几个问题

建筑与光伏的结合不但可以为光伏提供安装场所,而且建筑可以就地消纳光伏产生的电量而减少输配损失和对电网的依赖,是未来实现零碳建筑的关键技术措施。随着建筑集电力生产、储存、消费、调节等四位一体,既有注重"装"的建筑光伏系统设计与注重"用"的"光储直柔"配电存在一些不匹配问题,也给建筑设计带来了新的挑战。

5.2.1 地面电站的光伏最佳倾角通常不是建筑光伏的最佳倾角

光伏电站设计时,为实现年总辐射量最大,通常按照一定角度倾斜放置光伏组件,此时光伏组件与地面水平线的夹角即为最佳安装倾角。同时,为避免相互遮挡,前后排光伏阵列需保持一定的间隔。最佳倾角意味着高辐射接收量,但也意味着占地面积较大,这种安装方式对于屋顶和立面资源有限的建筑来说并非是最佳方案。

建筑光伏设计时,不同的光伏组件安装倾角,不但年度发电总量不同,而且每个月的发电量分布也不同。我国位于北半球,夏季太阳高度角较高,因此水平面太阳辐射强度高,竖直面太阳辐射强度低;冬季太阳高度角较低,因此水平面太阳辐射强度低,竖直面太阳辐射强度高。以北京和广州为例,当光伏组件水平安装、南向最佳倾斜角安装和南向竖直安装时,光伏组件逐月发电量如图 5.1 和图 5.2 所示。考虑到我国南方地区夏季空调负荷较大,北方地区冬季采暖负荷较大,可以因地制

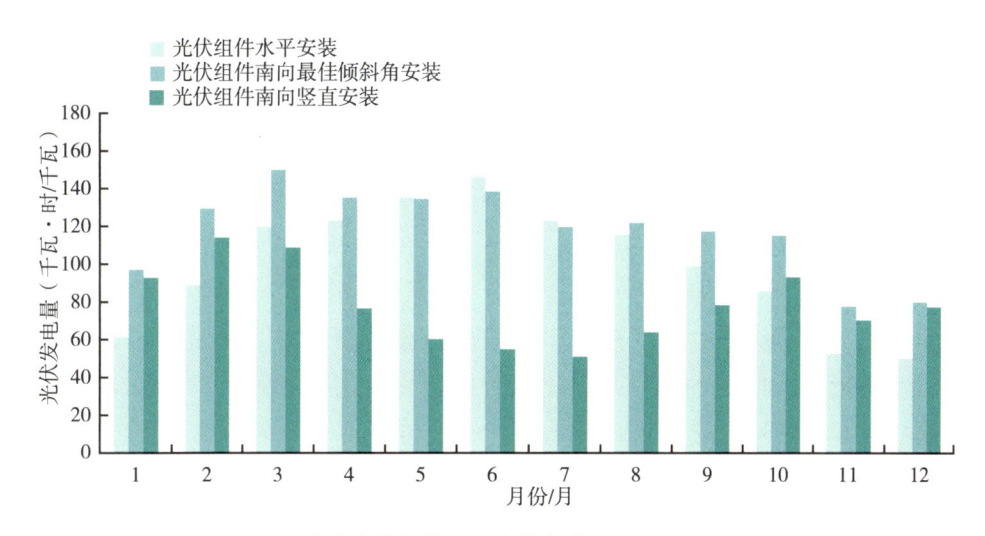

图 5.1 北京光伏组件不同安装方式下逐月发电量对比

资料来源：T/CABEE 030—2022《民用建筑直流配电设计标准》。

宜根据负荷需求采用不同的安装方式，在尽可能实现光伏系统全年发电量最大的同时兼顾考虑光伏系统每月发电量与负荷需求的匹配性。

虽然光伏组件以最佳倾斜角安装时单位功率的发电量最高，但考虑到组件间距，以最佳倾角安装时单位屋顶面积发电量比采用较小倾角安装光伏组件时的单位屋顶面积发电量低，建筑屋顶资源不能最大化利用。因此，当屋顶面积比较紧缺、对初投资不敏感、对光伏发电量占比有要求时，可以采用水平安装光伏组件，最大化利用占地面积，从而实现单位占地面积光伏发电量最大；当屋顶面积充裕并且对投资性价比要求高时，可以采用最佳倾斜角安装光伏组件，虽然单位

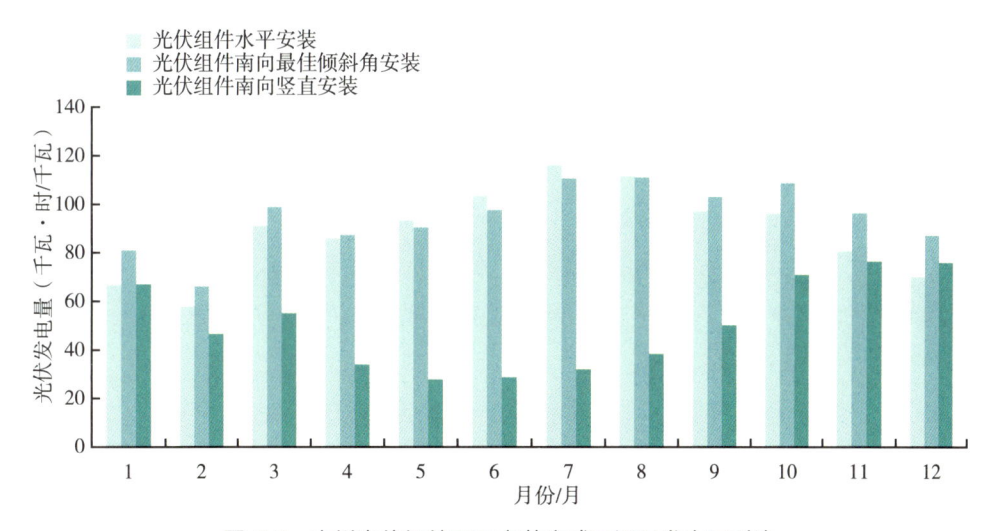

图 5.2 广州光伏组件不同安装方式下逐月发电量对比

资料来源：T/CABEE 030—2022《民用建筑直流配电设计标准》。

屋顶面积光伏发电量较低，但是单位面积光伏组件的发电量比其他安装方式要高，投资收益最大。

此外，建筑光伏设计需同步考虑美观性。在实际项目中，还可以选择以介于最佳倾斜角和水平之间的某个角度进行安装，以追求包括光伏系统初投资和屋顶租金在内的综合效益最大化。

5.2.2　太阳能光伏光热系统不适宜作为建筑光伏利用的选择

建筑表面对太阳能的利用，除光伏外还有光热，在过去很长一段时间内，太阳能光热曾是建筑中主要的太阳能利用方式。随着光伏组件效率的快速提升和成本的持续下降，光伏进入"平价"时代，开始在建筑中大规模应用。此外，太阳能光伏光热一体化综合利用方式，将光伏电池与太阳能集热技术结合，在太阳能转化为电能的同时，吸热板背面的排管中的流体将累积在光伏板表面的热量带走加以利用，同时产生电、热两种能量收益，如图 5.3 所示。

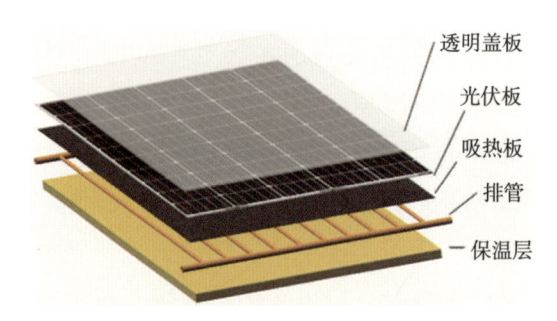

图 5.3　太阳能光伏光热系统（PVT）结构示意图

太阳能热利用在工程应用中存在诸多问题，与单一的建筑光伏相比，太阳能光伏光热一体化综合利用系统有以下三方面的问题：

1）成本高。PVT 系统较单一光伏系统增加了热回收环节，导致系统初投资增加。

2）需要专业运维。热回收环节中水系统或其他介质流体循环以实现热量的收集与输送，需要专业人员运行维护，如夏季过热、冬季防冻等，由此增加相关物业管理，运维成本随之增加。

3）传统热循环系统的问题依然存在，如系统热损比高、运维难度大等。

太阳能光伏发电系统简单高效，运行维护要求较热利用系统低。对于投资方和运行方而言，如果没有明显的经济效益，难以促进其增加设计和管理投入，进而从源头影响了建筑光伏系统的设计和运行。

5.2.3 建筑光伏的综合效益

除产生电量外，在建筑上安装光伏系统还有额外优势。在不安装光伏的情况下，照射在建筑表面的太阳辐射被吸收后全部转化为热量，然后通过导热形式进入室内。这部分热量在冬季能够减少部分热负荷，但在夏季会增加建筑冷负荷。安装光伏后，照射在建筑表面的太阳辐射一部分转化为电量，使进入室内的热量减少，建筑冷负荷降低，有助于提高建筑顶层和西晒房间的舒适度，节省空调系统制冷能耗。另外，如果将光伏组件与墙体之间通道内的热量收集起来，还可以作为热源直接或间接供建筑使用，进一步起到建筑节能的作用。

现代建筑大量采用玻璃幕墙作为外围护结构，玻璃相对于墙体传热系数高，大量热量通过玻璃进入室内，增大了建筑空调制冷能耗。为了减少透射进入室内的热量，玻璃幕墙往往采用涂膜玻璃或镀膜玻璃，形成大量反光。玻璃幕墙造成的光污染不但容易对邻近的建筑和人员造成影响，而且会严重破坏生态环境。采用半透明光伏幕墙可解决玻璃幕墙的问题。首先，半透明光伏幕墙吸收率高，能有效减少反射光和透射光，降低光污染；其次，半透明光伏幕墙具有良好的节能性能；最后，半透明光伏窗能有效改善室内热舒适和眩光。为了进一步减少进入室内的热量，半透明光伏玻璃还可以与真空玻璃结合，形成真空光伏玻璃，提高隔热性能。模拟计算发现，相对于中空窗，真空光伏幕墙在严寒地区能够减少64%的热损失，在炎热地区能够减少58%的得热。

5.2.4 新材料技术为建筑光伏应用带来广阔空间

太阳能光伏经过几十年的技术进步与快速迭代，主要分为三代：第一代光伏电池以单晶硅和多晶硅为主导，该类型光伏电池是最常见的一种，并且已经得到了广泛应用，各项技术比较成熟，性能也很稳定；第二代光伏电池常见材料有碲化镉（CdTe）、硫化镉（CdS）、铜铟镓硒（CIGS）以及非晶硅电池等，这些材料与第一代光伏电池相比，材料用量少，但光电转化率只有晶体硅的一半；第三代光伏电池主要包括硫化铜锌锡光伏电池（CZTS）、染料敏化光伏电池、有机光伏电池、钙钛矿光伏电池、聚合物光伏电池以及量子点光伏电池等。

如今市场上不同类型的光伏组件已能够实现既满足光伏建筑一体化与建筑立面美观性需求，也满足发电效率的功能性要求。最新研究显示，暨南大学新能源技术研究院麦耀华教授团队在近几年，以钙钛矿材料为光吸收层的电池技术受到广泛关注，钙钛矿电池被业界认为是代替传统硅电池的最理想材料，或将为未来建筑光伏的应用带来广阔的空间。

光伏发电等可再生能源利用技术已在各类公共建筑中得到了很好的利用，尽管一些高层、超高层建筑很难通过自身光伏利用解决其用能问题，但很多体形系数小的公共建筑，例如交通建筑中的航站楼、高铁客站等具有大面积屋顶、建筑层数少、敷设光伏性价比高的先天优势。雄安高铁站和北京世界园艺博览会中国馆等新落成建筑已为光伏建筑一体化技术提供了很好的示范，如图 5.4 所示。截至 2022 年年底，我国分布式光伏发电累计并网容量约 1.58 亿千瓦。"十四五"期间，全国新增建筑光伏装机容量规划目标在 0.5 亿千瓦以上。有研究统计表明，我国城乡可用的建筑屋顶折合水平表面面积为 412 亿平方米，可安装光伏发电容量 28 亿千瓦。目前建筑光伏发电效率仅 15%～22%，未来应有一定比例的建筑外表面为光伏新材料技术的发展留白。随着建筑光伏技术的发展，安全标准规范逐渐完善，建筑光伏产品逐渐成熟，建筑光伏技术将会有更加广阔的市场。预计未来更多建筑中都会将光伏利用最大化，充分利用宝贵的建筑外部面积资源，使建筑光伏成为我国未来大规模发展光伏发电的主要方向。

（a）雄安高铁站　　　　　　　　　　（b）北京世界园艺博览会中国馆

图 5.4　公共建筑光伏一体化设计案例

5.3　建筑光伏的接入与消纳

如何对建筑光伏利用模式进行统一的量化评价，主要针对两个问题展开，一是对光伏发电曲线与建筑用电曲线之间的不匹配关系进行刻画；二是对建筑光伏利用模式进行了分类，不同模式对储能提出了不同的要求。

5.3.1　光伏发电与建筑用电的匹配关系

为了进行分布式光伏发电与建筑用电曲线匹配特征的刻画，我们收集了我国不同气候区、不同类型的典型建筑全年逐小时用电数据，并将每小时用电功率除以年最大用电功率进行归一化，如图 5.5 所示。具体来说，建筑用电呈现与日内作息明显相关的变化规律，并受周内人流波动、季节变化等因素影响。

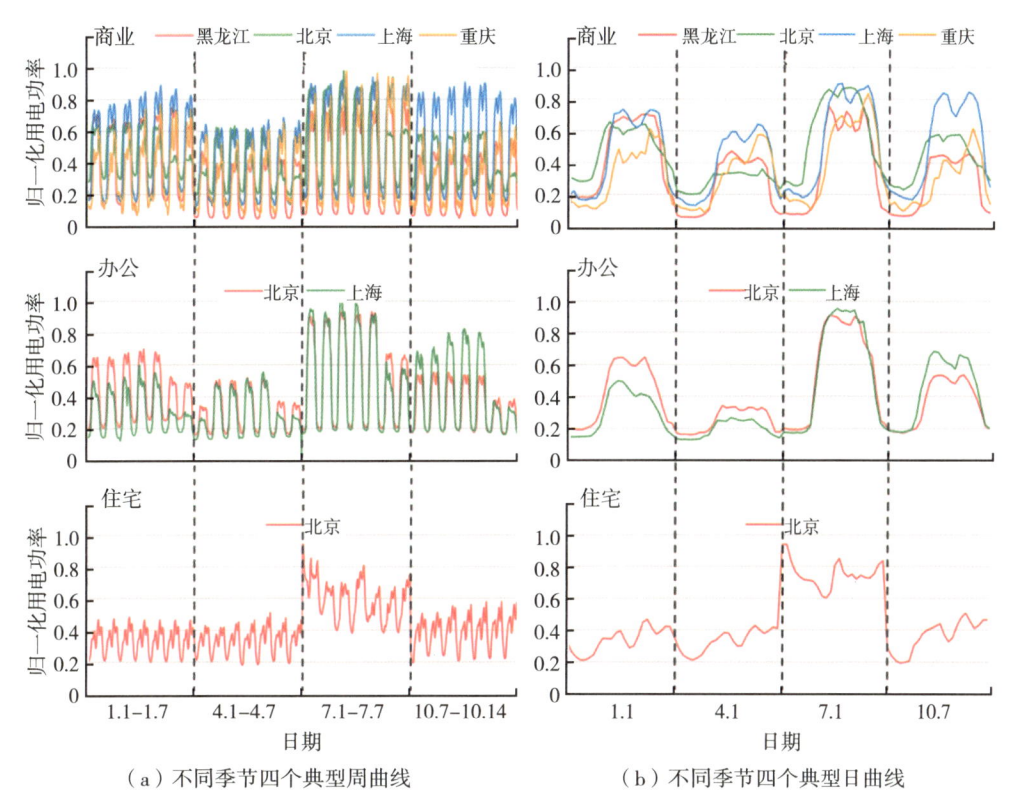

(a) 不同季节四个典型周曲线

(b) 不同季节四个典型日曲线

图 5.5　典型建筑逐小时用电曲线

注：归一化用电功率为用电功率与其最大值的比值。

图 5.6 展示了典型建筑的全年用电功率延时曲线和峰值功率等效利用小时数。绝大多数建筑的用电峰值出现时间较少，大于 95% 的峰值时间仅占全年的 1% 以下。将建筑内的最大用电功率作为基准，可以计算出建筑的峰值功率等效利用小时数。对于大多数商业建筑，这一数值通常集中在 2000~3500 小时，并且商业建筑的等效利用小时数略大于办公建筑。因此，从建筑实际用电特征来看，建筑侧配电容量的充分利用仍存在一定的优化空间。

光伏发电有其固有的间歇性和周期性，在探讨建筑用电特征的基础上，可以进一步研究光伏发电与建筑用电间的匹配性。率先将建筑用电与光伏发电除以各自年平均值进行标准化，随后将建筑用电与光伏发电作差，得到不保障的用电部分，最终对不保障用电进行滑动平均分解，可以得到日不匹配系数、周不匹配系数与季节不匹配系数，三者和为总不匹配系数。若总不匹配系数等于零，则表示

(a) 不同气候区商业建筑

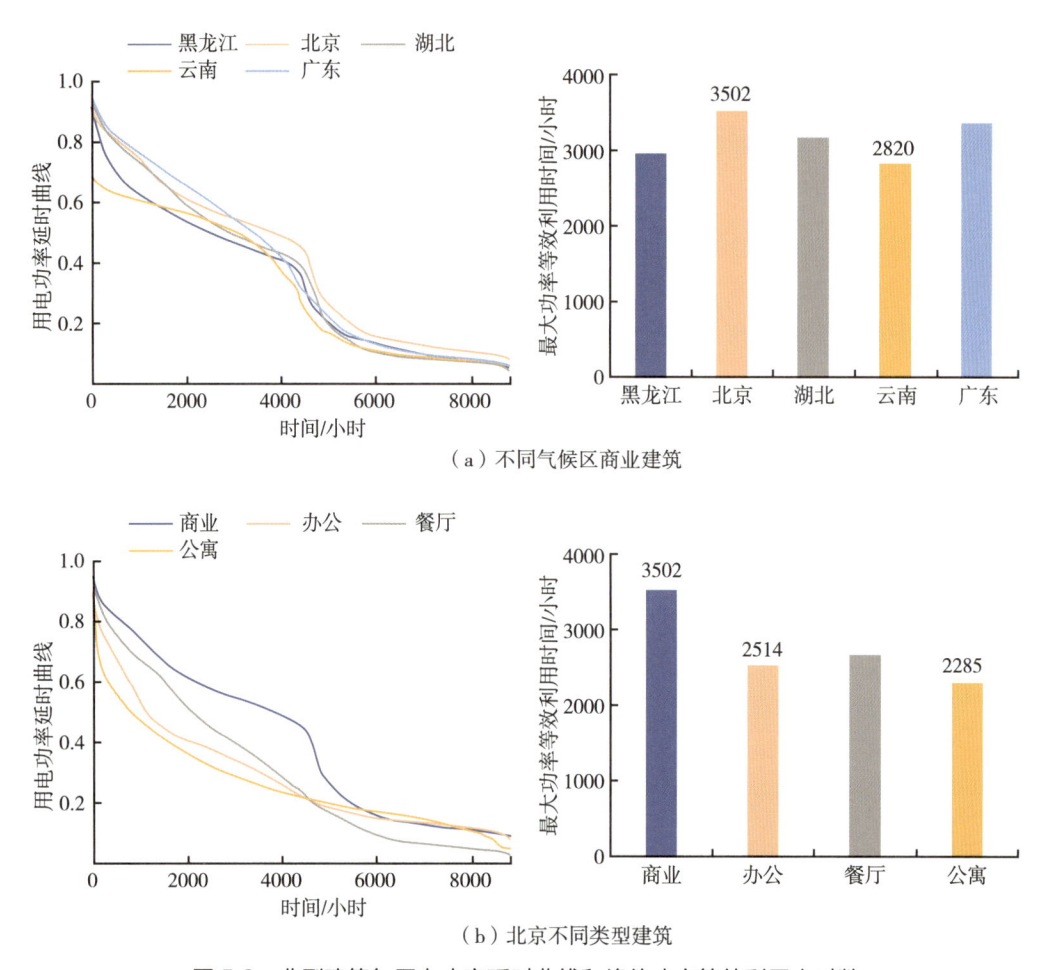

(b) 北京不同类型建筑

图 5.6 典型建筑年用电功率延时曲线和峰值功率等效利用小时数

建筑用电与光伏发电曲线在形状上完全匹配。

图 5.7 给出了不同气候区商业建筑以及北京不同类型建筑分布式光伏发电与建筑用电间不匹配系数的计算结果。由于光伏发电存在日内的间歇性，不同类型建筑的不匹配系数中均以日不匹配为主导，周不匹配和季节不匹配占比较小。如图 5.7（a）不同气候区商业建筑的总不匹配系数接近，不同时间尺度不匹配系数成分的占比略有差异。分析其中原因，如图 5.5 不同气候区商业建筑日内用电模式接近，日间用电多且常在正午、傍晚出现峰值，因此不同气候区日不匹配系数接近，而不匹配系数以日不匹配占主导，导致了不同气候区商业建筑的总不匹配系数接近。如图 5.7（b），同一气候区的不同类型建筑中，办公、商业等日间用电为主的建筑不匹配系数相对较小，而公寓以夜间用电为主不匹配系数最大。因此，结合滑动平均的不匹配系数拆分方法刻画了光伏发电与建筑用电间的不匹配关系，揭示了两者的不匹配一般以日不匹配为主导，这部分不匹配关系可以通过

(a) 不同气候区商业建筑   (b) 北京不同类型建筑

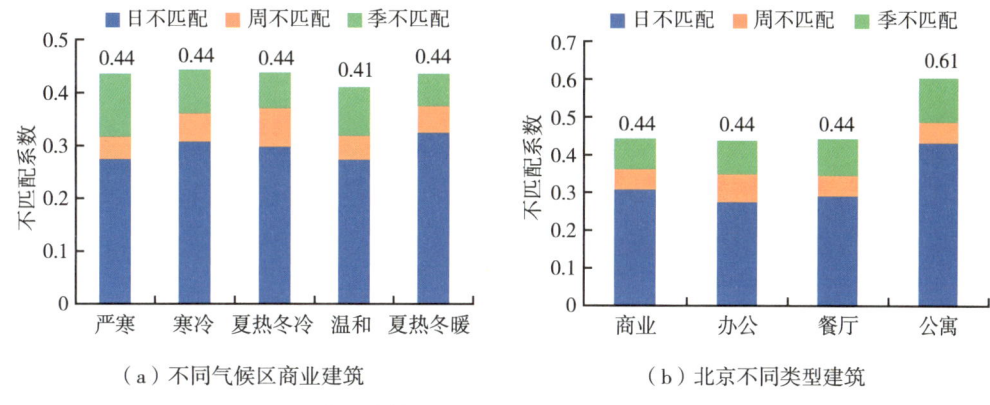

图 5.7 典型建筑不同时间尺度不匹配系数计算结果

建筑的灵活性调节和短周期的储能有效解决，而季节不匹配需要依靠外部的电网或者其他更长周期的储能方式应对。

此外，分布式光伏发电与建筑用电除了曲线形状的不匹配性，还存在规模的不匹配性，即年发电总量与年用电总量可能存在差异。可以进一步采用光伏自消纳率、自保障率，综合刻画光伏发电与建筑用电的匹配性关系。其中，自消纳率为光伏发电中被建筑消纳的部分与总光伏发电量的比值，自保障率为光伏发电中被建筑消纳的部分占建筑总用电的比例。

一般而言，光伏容量较小的系统往往能够实现较高的自消纳率，然而此时光伏系统在保障负荷方面的贡献较小。另外，光伏容量过大的系统可以带来较高的自保障率，但本地发电的大部分无法被自身消纳，过剩发电会对电网造成冲击或者导致弃光行为。因此，仅仅考虑自消纳率或者自保障率不足以全面反映光伏发电与负荷之间匹配程度，一般需要同时考虑这两个技术性评价指标。

5.3.2 分布式光伏消纳模式分类

基于光伏发电与建筑用电间匹配关系，结合储能或者建筑柔性调节，可以对建筑的光伏消纳模式进行分类。对于大多数建筑，其在没有储能的情况下光伏自消纳率、光伏自保障率一般均不为1，属于与电网双向互动的"有进有出"型模式。增加储能或柔性调节后，并不改变建筑的发电用电比，光伏消纳状态点将沿着正比例函数线移动，如图 5.8 可以使建筑与电网实现单向交互或者成为孤岛型建筑。

以能耗强度大、楼层多的城市建筑为代表，当发电用电比小于 1 时，增加储能可以让净消纳型建筑成为"只进不出"型建筑，见图 5.9，其中储能需求为实际储能容量除以建筑年平均用电功率得到的标准化储能容量，左侧蓝色线段为

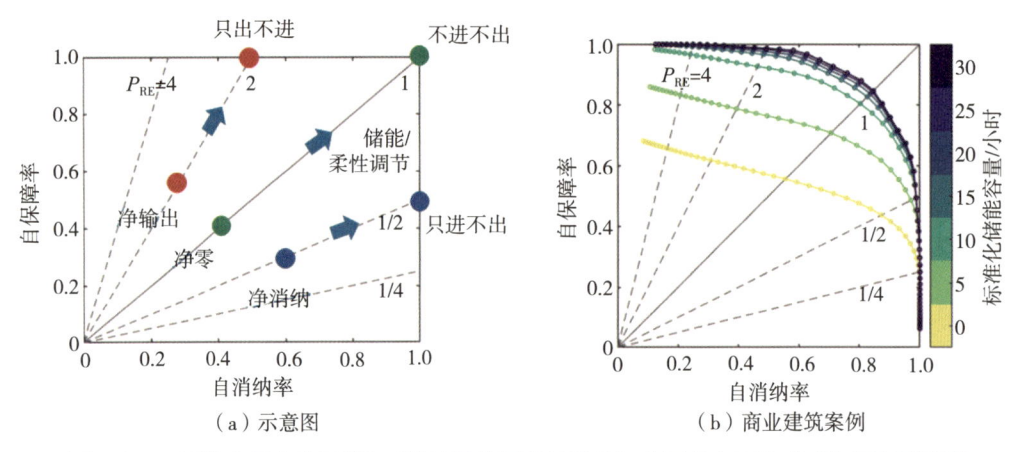

图5.8 不同发电用电比下增加储能/柔性调节使建筑与电网单向互动或成为孤岛型建筑

100%等自消纳率线，右侧蓝色线段为100%等自保障率线。当发电用电比小于1时，净消纳建筑成为"只进不出"建筑所需的标准化储能容量与发电用电比成正比。如图5.10北京某办公建筑，分布式光伏年发电量123万千瓦·时，建筑年用电量250万千瓦·时，其60辆电动车年用电量13.8万千瓦·时。由于光伏发电量占建筑用电量的比例仅46.6%，且受作息影响办公建筑用电与光伏发电较为匹配，即使是周末用电量下降也可消纳一定量光伏，因此不配置储能时该建筑自消纳率也较高，达到86.3%；配置1000千瓦·时蓄电池（用平均用电功率进行标准化为3.3小时），以消纳光伏为目标制定储能策略，自消纳率将提升到91.3%。

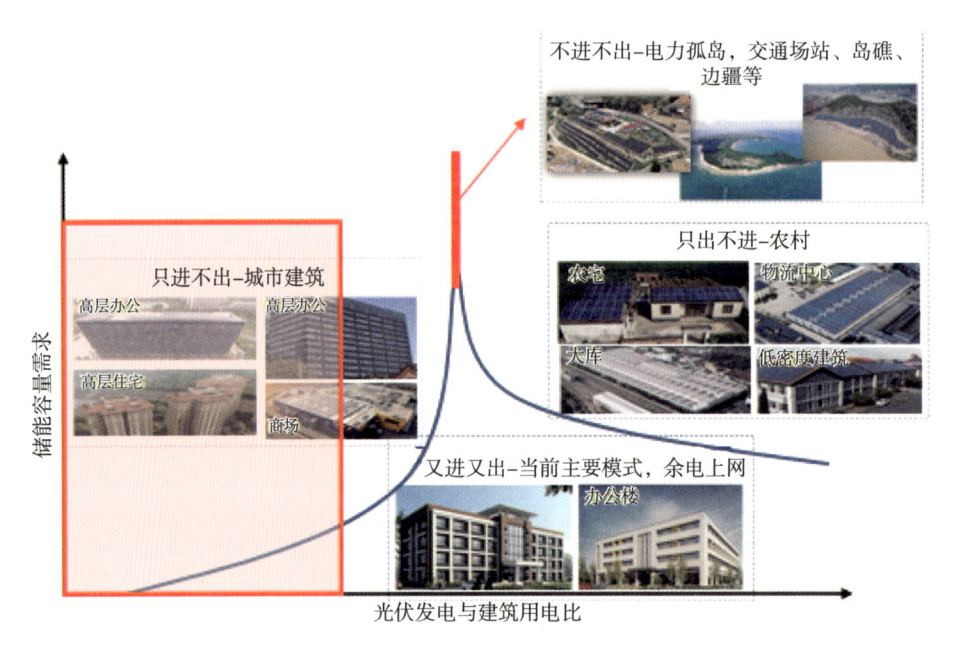

图5.9 增加储能/柔性调节使净消纳建筑成为"只进不出"型建筑

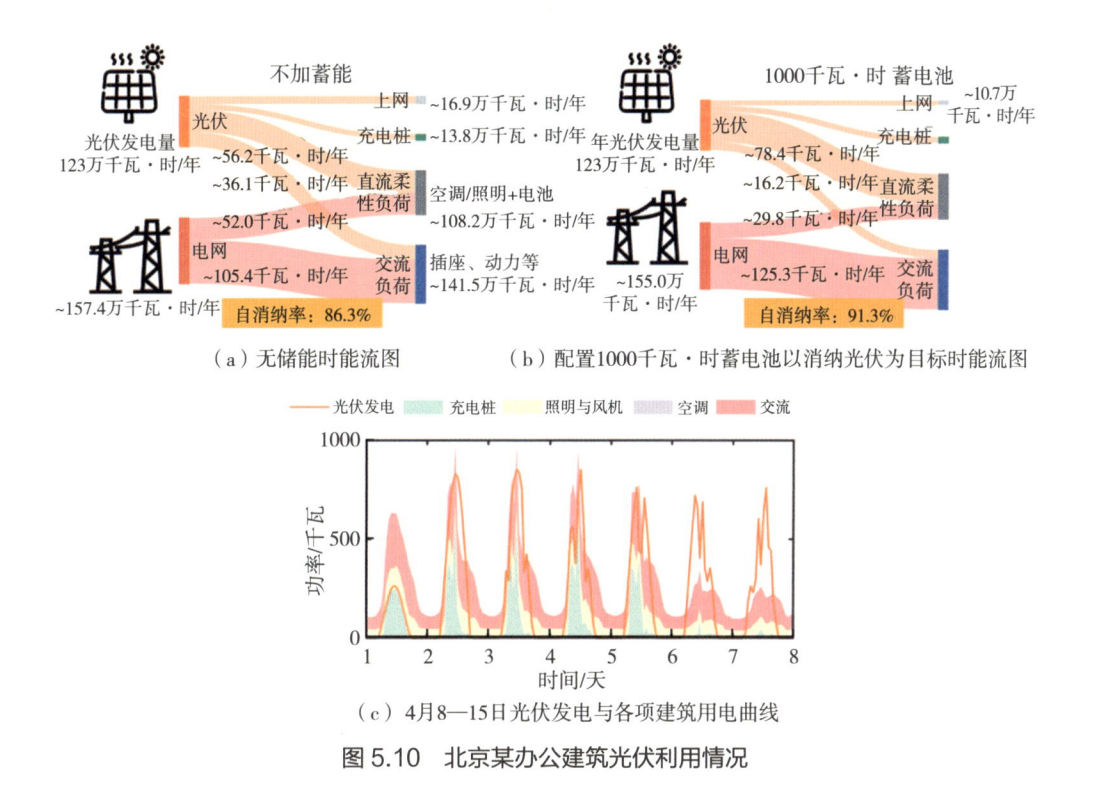

(a) 无储能时能流图　　(b) 配置1000千瓦·时蓄电池以消纳光伏为目标时能流图

(c) 4月8—15日光伏发电与各项建筑用电曲线

图 5.10　北京某办公建筑光伏利用情况

以能耗强度低、楼层少的建筑为代表，当发电用电比大于1时，增加储能可以使净输出型建筑转变为"只出不进"型建筑，成为向外界稳定输出电力的分布式电源。如图 5.11 所示，当发电用电比大于1时，若光伏发电量增加建筑实现"只出不进"所需的储能容量略有降低，但是降低到一定程度后变化速度放缓。光伏发电与建筑用电比极大时同样需要一定量的储能才能实现"只出不进"，因

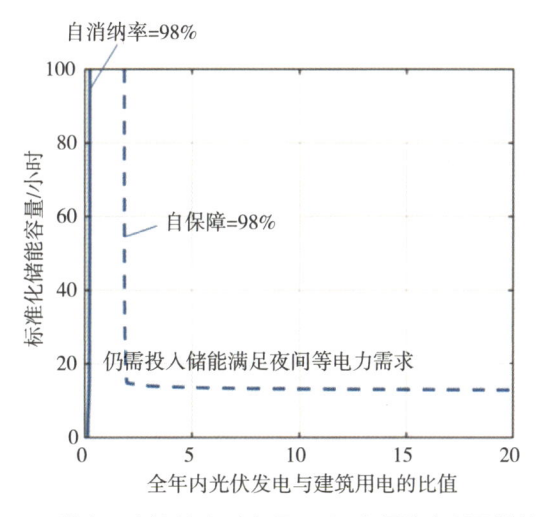

图 5.11　发电用电比较大时实现 98% 自保障率所需储能容量

为光伏发电存在间歇性，光伏发电量较多时仍需投入储能满足夜间等时段的电力需求。

当涉及孤岛型建筑时，其通常依靠独立的电力系统来满足自身电力需求，其储能需求也相对较高。要保障孤岛型建筑正常运行，需要克服光伏发电与建筑用电间的季节不匹配问题，这需要配置容量较大的长周期储能。如图5.12，年用电量为1840万千瓦·时的海南某建筑要构建孤岛型电力系统，需要约20万千瓦·时储能容量，所需储能容量巨大。在实际应用中，需要根据不同情况和需求，采用灵活的用电方式和选择合适的储能技术来满足孤岛型建筑的电力需求，以保证建筑在合理的成本投入下能够获得可靠的电力供应。

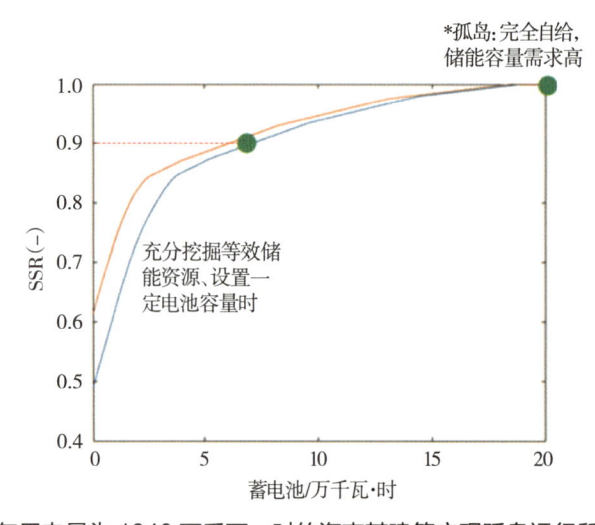

图5.12 年用电量为1840万千瓦·时的海南某建筑实现孤岛运行所需储能容量

5.4 建筑负荷灵活调节资源

5.4.1 建筑负荷的调节能力

我国未来的新型电力系统中，风电、光电提供约9万亿千瓦·时/年的电量，通过水电和抽水蓄能的协同调节，可以消纳其中的2.5万亿千瓦·时/年，剩余6.5万亿千瓦·时/年需要其他的调控资源。这6.5万亿千瓦·时/年的风电、光电包括农村屋顶光伏及零散空地的风电，约2.5万亿千瓦·时/年；城市周边集中风电、光电（包括海上风电）和屋顶光伏约4万亿千瓦·时/年。

农村如果建成屋顶光伏村级直流微网，除全部实现电气化满足自身生活、生产和交通用能，每年还可以按照电网需求侧要求而调整的1.0万亿～1.5万亿千瓦·时电力输出上网。依靠农村用电负载上占很大比例的各类车辆蓄电池、农业生产的需求侧响应用电模式以及农村直流微网配置的分布式蓄电装置，这 1.0 万亿～ 1.5 万亿千瓦·时 / 年电力可以按照电网指定时段上网用于电力调峰。

如果城镇的 300 亿平方米居住建筑和 100 亿平方米办公及其他功能建筑改造为"光储直柔"配电，并且通过周边停车场与 2 亿辆电动汽车连接，则每年可消纳自身和外界的风电、光电 3 万亿千瓦·时，可以完成风电、光电剩余部分的 75% 的消纳任务。剩余 1.0 万亿千瓦·时 / 年的风电、光电可通过集中的空气储能、化学储能和制氢等方式进行一周或更长的储存周期来调整和消纳，以应对连阴天、静风天等，保证电力的可靠供应。

5.4.2 建筑负荷调节的来源

建筑用电柔性是通过调节用户侧解决发电负荷和用电负荷不匹配问题的一种能力。建筑用电柔性来自三个方面（图 5.13）。一是建筑用电设备，在保障生产生活基本质量的前提下，通过优化设备的运行时序和运行功率，实现用电规律调节；二是储能设施，投资建设储能电池、蓄冷水箱、蓄冰槽、蓄热装置等，直接

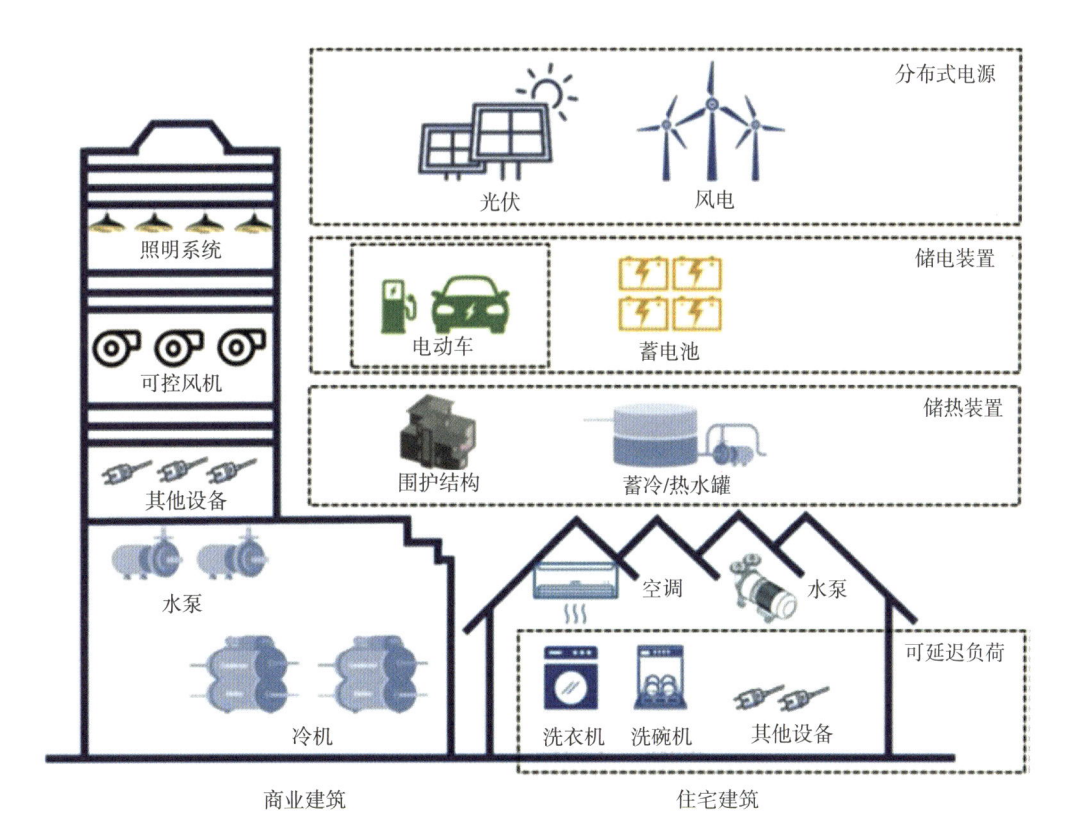

图 5.13 建筑中的可调节设备

或间接地实现电力的存储；三是电动车，通过智能充电桩连接电动车电池和建筑配电系统，在满足车辆使用需求的基础上，挖掘冗余的电池容量，使停车场中电动车发挥"移动充电宝"的作用。

商业建筑空调负荷占运行负荷的 50% 左右，其调节性能显而易见。事实上，住宅建筑调节的潜力也十分可观，功率较大的电器包括电热水器、电暖气、柜式空调等，功率范围为 2～5 千瓦；挂式空调、电磁炉与电烤箱等厨房电器功率范围主要在 1～2 千瓦，其他生活小家电功率主要在 1 千瓦以内，如图 5.14 所示。这些负荷都是很好的可时移、可比例调节和可中断的负荷，能够发挥重要的调节作用。此外，新兴的充电桩负荷不断进入楼宇，与建筑能源管理系统融为一体，提高了建筑变配电设施满负荷利用小时数，并能够起到 1+1＞2 的调节作用。

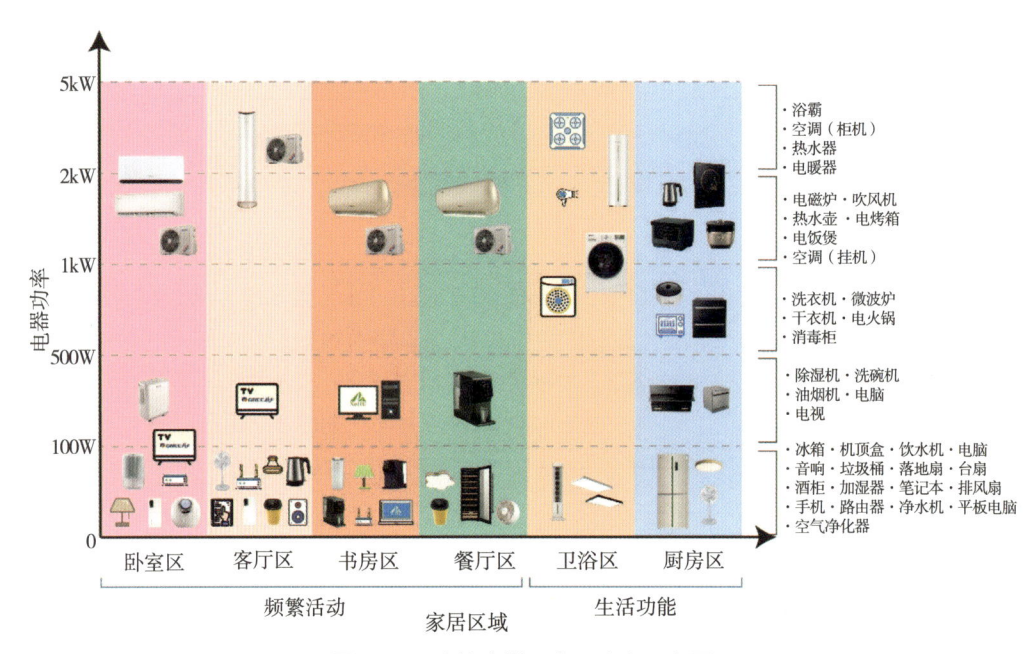

图 5.14 建筑中常用电器功率示意图

资料来源：格力电器。

5.4.2.1 用电设备的柔性

建筑中有丰富的可调节设备，或是可以转移用电负荷，或是可以削减用电负荷。例如，暖通空调就是典型的可调节负荷，建筑围护结构、冷水系统都具有一定的蓄冷和蓄热能力，短时间的关闭空调或调整空调输出功率并不会显著影响室内环境温度，因此通过控制空调启停、改变变频空调的压缩机频率、改变中央空调空调箱运行风量、放开室内温度的控制精度等方式都可以在不影响或少影响用户舒适度的情况下实现负荷柔性控制。照明系统从技术上也可以实现在用电高峰时段适当降低室内照度等级,从而降低照明功率的效果,但是人对灯光变化比较敏感,需要充分考虑人的舒适度,分时分区制定精细化的调控策略。智能设备如洗衣机、洗碗机等,在非急用的情况下,可以通过节能模式降低负荷,也可以延迟启动避开高峰。此外,还有很多自带电池的移动设备也可以作为可中断负荷来调控。过去用电设备的调节手段主要为满足多样化的使用需求,现在基于智能化管理调度,利用用电设备的柔性改变建筑的负荷形态,实现电力调峰和可再生能源消纳。

5.4.2.2 储能设施的柔性

储能电池是直接储存电力的设备,它既可以作为建筑或者设备的备用电源,在电力供给故障时为建筑或者设备提供短暂的电力供给,还可以结合峰谷电价在低电价时段储存电力,在高电价时段释放电力,从而实现削峰填谷。在不少建筑中已采用的冰蓄冷、水蓄冷等蓄能装置可以间接储存电力,即把用电低谷时期的电力通过暖通空调系统转化为冷热量储存起来,在用电高峰时期释放储存的能量以减少原本暖通空调在该时段需要消耗的电力。各种储能形式调节能力如图5.15所示。储能设施的柔性是单纯的能量转移,对用户舒适性没有影响。从趋势上

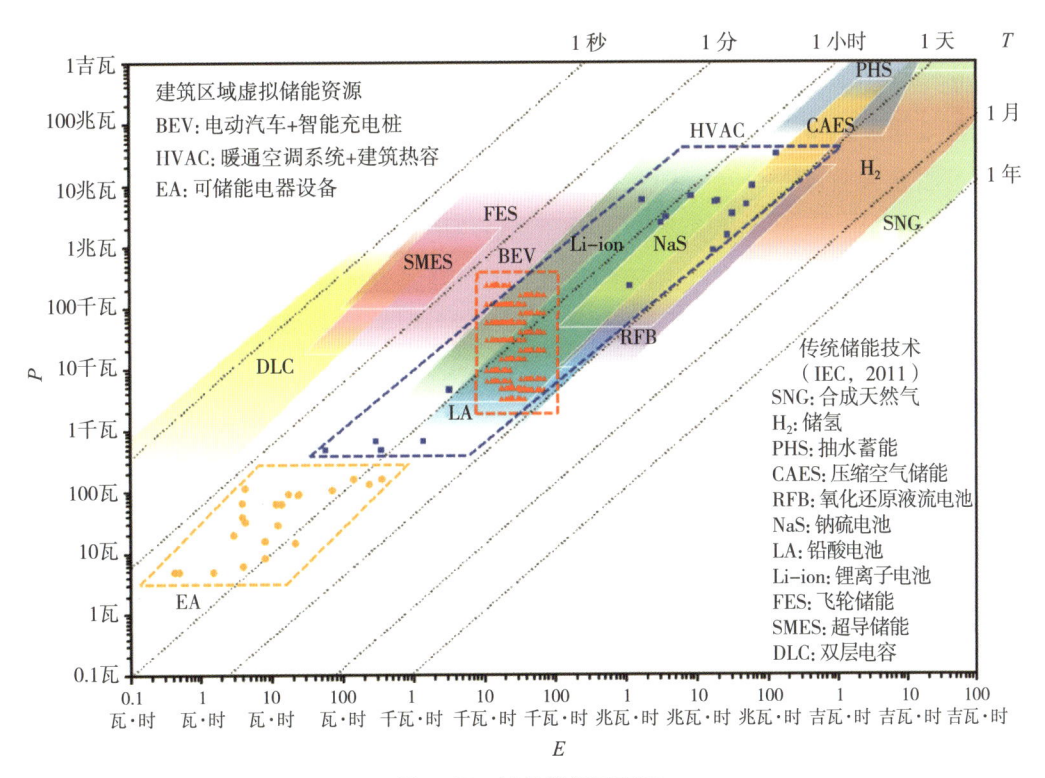

图 5.15 等效储能示意图

资料来源:刘效辰,等. 建筑区域广义储能资源的刻画与设计方法[J]. 中国电机工程学报已录用。

看，储能成本和调峰收益分别呈下降和上升趋势。在成本方面，2022年国家发展改革委、国家能源局发布的《"十四五"新型储能发展实施方案》提出到2025年电化学电池系统成本降低30%以上的发展目标。在收益方面，2021年国家发展改革委发布《关于进一步完善分时电价机制的通知》，提出要拉大峰谷电价，多省市陆续执行，如深圳市普通工商业用户的峰谷电价分别为1.3553元/千瓦·时和0.289元/千瓦·时，峰谷价差达1.0663元/千瓦·时。以系统成本1500元/千瓦·时、循环寿命超过3000次、效率超过85%的磷酸铁锂电池为例，度电储能成本约为0.56元/千瓦·时，在当前的峰谷价差下已经可以盈利。未来，随着电池成本的进一步降低、峰谷价差的进一步拉大，建筑中配置储能的经济价值会越来越好。

5.4.2.3 电动车的柔性

为适应能源结构的低碳转型、减少城市汽车大气污染物排放，新能源汽车是未来的重要发展趋势。虽然目前新能源汽车保有量只有几百万辆，但是增长速度迅速，预计未来电动车保有量会超过3亿辆。与此同时，电池技术的发展使得电动车电池在满足行驶需求之外还有大量的冗余容量。按照500千米续航里程和3000次循环计算，可以行驶150万千米，已经远远超出了普通私家车全生命期内的行驶里程需求，电动私家车的使用场景主要是城市内通勤，而且电动私家车80%的时间是停在住宅、办公、商业建筑周边的停车场，基本一周一充就能满足其出行要求，电池容量对于日行驶需求是冗余的。在充电桩设施健全后，电动车完全可以实现有序充电和双向充放电，一辆电动车可以满足200～300平方米办公建筑一天的用电量，很多建筑是按照100平方米配置一个车位，这也就意味着车位停满电动车的情况下，如果电动车释放1/3或1/2电量即可满足大楼一天离网运行。电动车与建筑用电负荷协同，利用冗余电池容量和循环次数将为建筑提供很大的柔性调节能力。

5.5 直流配电是新能源高效消纳与负荷调控的关键技术

5.5.1 建筑直流配电技术发展趋势

以前交流配电的主要优势是：可通过变压器改变电压；可提供旋转磁场直接驱动异步电机；有过零点，易于保护和灭弧。随着电力电子技术的快速发展，现在直流系统已经能够很好地解决这三点：DC/DC高效变换装置日趋成熟；异步电机目前向直流驱动的EC同步电机转换；电力电子开关已可以有效解决开关、保护和灭弧问题。直流配电已广泛应用于飞机、地铁、舰船、通信、数据中心等多个场景。

第5章 建筑零碳电力系统

与此同时，建筑终端用电设备和建筑光伏、储能等分布式电源正在直流化。照明装置、IT 设备，其内部为直流驱动；空调、冰箱等白色家电现在的发展方向是变频器驱动同步电机，其内部也是直流驱动；电梯、风机、水泵等建筑中大功率装置目前的高效节能发展方向也是直流驱动的变频控制；分布式建筑光伏和电化学储能也是直流电。上述这些变化使得建筑低压直流配电逐步得到了行业的关注。

Web of Science 的检索记录表明，关于直流建筑发表论文中超过 90% 是在 2006 年以后发表的。截至 2022 年年底，直流建筑相关的 SCI 期刊论文和综述论文已超过 960 篇，总被引频次超过 1.9 万次。从趋势上看，直流建筑主体文章的发表数量和被引频次正在逐年提升，表明其所受的关注度也在逐年提升。同时，与直流建筑密切相关的领域、直流微网相关的论文数量已累计超过 2300 篇，被引频次超过 5.5 万次；建筑需求侧响应相关的论文也已累计超过 2800 篇，被引频次超过 5.0 万次（图 5.16）。直流建筑正在逐渐成为建筑领域和电气领域的研究新热点，并且还将持续受到国际科研机构和学者的高度关注。

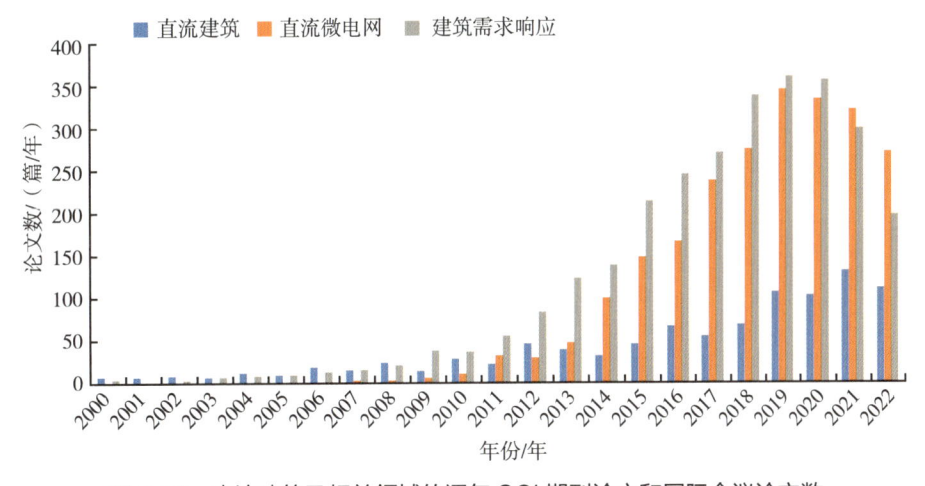

图 5.16 直流建筑及相关领域的逐年 SCI 期刊论文和国际会议论文数

基于关键词的共现分析，直流建筑相关论文中共现频次最高的是微网和直流电网，这是因为直流建筑与直流微网在核心技术方面的共性，甚至可以说直流建筑就是建筑尺度的直流微网。分布式系统、可再生能源、储能、柔性负荷等作为直流建筑的重要集成对象，也都是直流建筑研究领域的高频关键词。

2006 年以后，随着可再生能源和智能电网技术的快速发展，直流建筑逐渐受到科研界的关注。直流系统在建筑中的应用前期研究主要目的是在摸清直流系统在建筑中应用的可行性，探索直流建筑系统架构、电压等级、接地保护等方面。

2007年，美国弗吉尼亚理工大学的"可持续建筑（Sustainable Building Initiative，SBI）"研究计划提出采用DC380伏和DC24伏两个电压等级的直流母线为未来住宅和楼宇提供电力。2011年，美国北卡罗来纳大学进一步研究了包含有400伏直流母线和120伏交流母线的交直流混合供电系统，并提出了智能能量路由器概念。荷兰和日本等国家也针对住宅建筑提出了不同形态的直流系统，例如日本大阪大学2006年提出了一种双极±170伏直流微电网系统，在直流母线上通过DC/DC变换器接入超级电容器、光伏电池等分布式电源，直流母线通过单相逆变器接入单相交流负载。整体来说，借鉴舰船、航空等专用直流系统的经验，前期研究基本上证明了直流在建筑中应用具备可行性，通过减少交直流转化环节能够提升供电系统效率4%～8%，特别是在接入光伏、风电、储能和电动汽车等直流电源或负载的情况下，直流系统更具备控制优势。同时也发现了直流系统的一些固有缺陷，例如灭弧问题、接地保护问题以及直流电器欠缺等发展障碍。

随着对建筑直流系统的认识逐渐深入，研究范围逐步由配电向建筑用电转变，不仅是通过直流减小转换环节的能耗损失，更关注建筑用电电器的配合和智能化发展。美国EMerge Alliance非营利组织为了应对建筑内部空间用途或功能变化的需求、建筑内设备装置快速变化的需求、分布式可再生能源在建筑中广泛应用的需求，着重从提高居住者舒适度、降低运营成本、有效控制建筑环境方面开发了商业建筑中低压直流配电标准，其中针对占用空间的标准规定了24伏电压，以最终分配给照明设备和其他低功率设备。日本三菱、夏普、索尼、松下等大型家电生产企业先后开发了适宜住宅使用的"住宅能源管理系统"，将直流配电设备小型化、功能集成化，例如2009年日本三菱汽车公司展示了混合动力汽车与住宅供电一体化的概念性系统，混合动力汽车的蓄电池可以作为住宅蓄电单元使用，紧急情况下甚至可以利用汽车的发动机向住宅供电。夏普、TDK等公司提出了"直流生态住宅"概念，并且开发了直流空调、电视机、冰箱等一系列家电产品。这些针对建筑应用场景需求的研究和开发进一步推动了直流系统在建筑中的应用，近年新出现的碳化硅（SiC）和氮化镓（GaN）半导体器件将传统的硅半导体器件的功耗大幅度降低约2/3，进一步推动了直流建筑的发展（图5.17）。

我国针对建筑"光储直柔"技术及配套设备已开展了十余年的研发与工程实践，形成了扎实的工作基础。2011年中美清洁能源联合研究中心建筑节能联盟合作项目立项直流建筑研究，研究了直流电气系统的电压等级及用电负荷、储能、保护与防护、控制与监测系统等技术难题，研究开发了自适应适配器、模块化变换器等设备，解决了直流电气系统的理论、架构模型、配套设备等障碍。"十三五"重点

第5章 建筑零碳电力系统

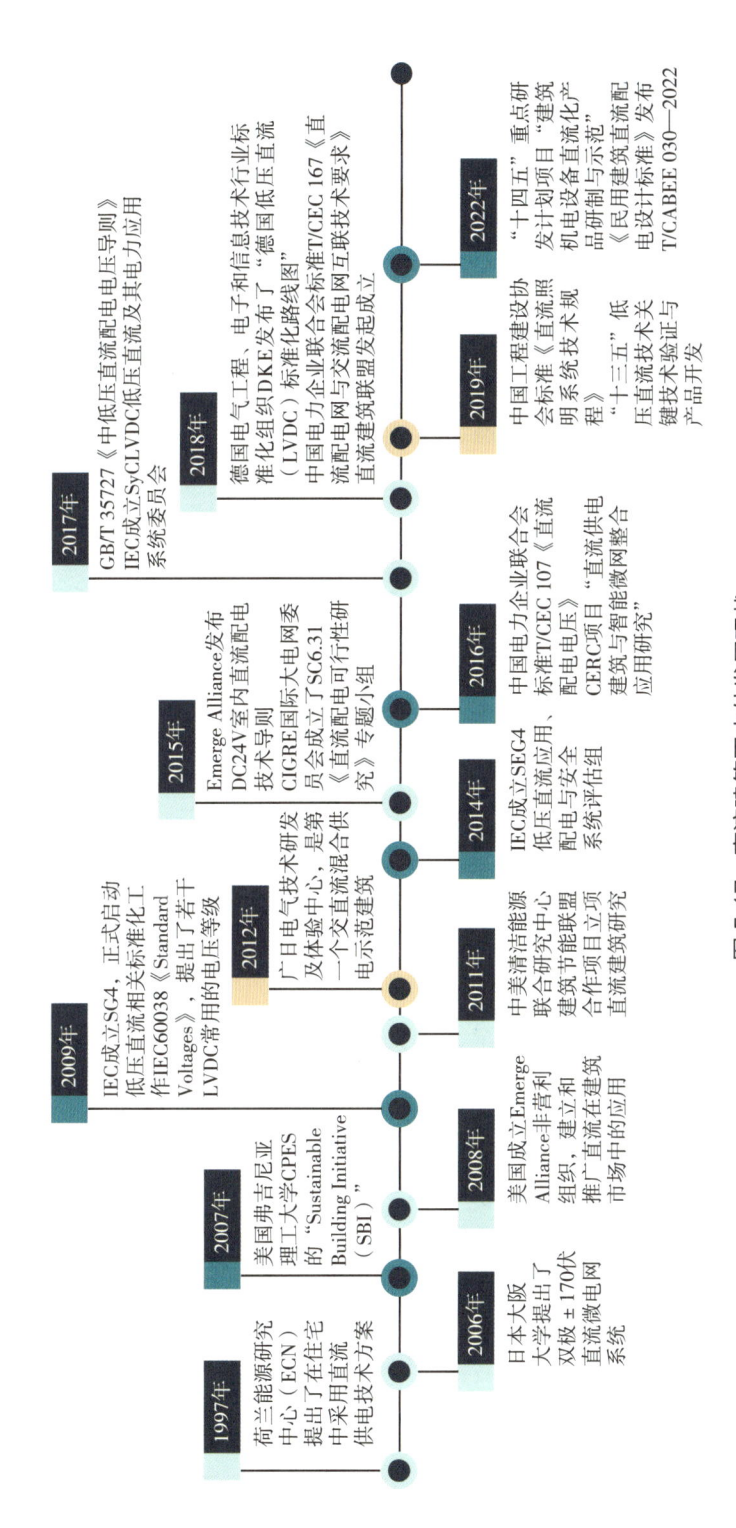

图 5.17 直流建筑国内外发展现状

时间轴内容：

1997年：荷兰能源研究中心（ECN）提出了在住宅中采用直流供电技术的应用

2006年：日本大阪大学提出了双极±170伏直流微电网系统

2007年：美国弗吉尼亚理工大学CPES的"Sustainable Building Initiative（SBI）"

2008年：美国成立Emerge Alliance非营利组织，建立和推广直流在建筑市场中的应用

2009年：IEC成立SC4，正式启动低压直流相关标准化工作IEC60038《Standard Voltages》，提出了若干级LVDC常用的电压等级

2011年：中美清洁能源联合研究中心建筑节能联盟合作项目立项直流建筑研究

2012年：广日电气技术研发及体验中心，是第一个交直流混合供电示范建筑

2014年：IEC成立SEG4低压直流应用、配电与安全系统评估组

2015年：Emerge Alliance发布DC24V室内直流配电技术导则 CIGRE国际大电网委员会成立了SC6.31《直流配电可行性研究》专题小组

2016年：中国电力企业联合会标准T/CEC 107《直流配电电压》CERC项目"直流供电建筑与智能微网整合应用研究"

2017年：GB/T 35727《中低压直流配电电压导则》IEC成立SyCLVDC低压直流及其电力应用系统委员会

2018年：德国电气工程、电子和信息技术行业标准化组织DKE发布了"德国低压直流（LVDC）标准化路线图" 中国电力企业联合会交流配电网与直流配电网互联技术要求T/CEC 167《直流配电网互联技术要求》直流建筑产业联盟发起成立

2019年：中国工程建设协会标准《直流照明系统技术规程》"十三五"低压直流技术关键技术验证与产品开发

2022年："十四五"重点研发计划项目"建筑机电设备直流化产品研制与示范"《民用建筑直流配电设计标准》发布 T/CABEE 030—2022

研发计划"低压直流技术关键技术验证与产品开发（2019YFE0100300-16）"、国际基金研究项目"民用建筑低压直流配电工程设计标准研编及行业推广"等研发与实践，积累了宝贵的工程设计和建设的经验，推动中国在民用建筑领域的直流配电技术应用达到国际领先水平。

在直流设备和系统研发的基础上，各类建筑直流系统的示范项目也先后建成。据不完全统计，各国实际运行的直流建筑项目已建成90余个，其中国内已投入运行的项目20余个，建筑类型涵盖了办公、校园、住宅和厂房等多个种类。

5.5.2 建筑直流配电技术特征

直流配电具有形式简单、易控制、传输高效、便于光伏、储能等分布式电源灵活接入等特点。在建筑"光储直柔"系统中，直流配电是连接建筑光伏、建筑储能、用电负荷和城市电网的桥梁，如图5.18，是实现柔性用电的技术路径。建筑直流配电系统并非简单地将交流电源转化成直流电形式，其核心具备以下特征。

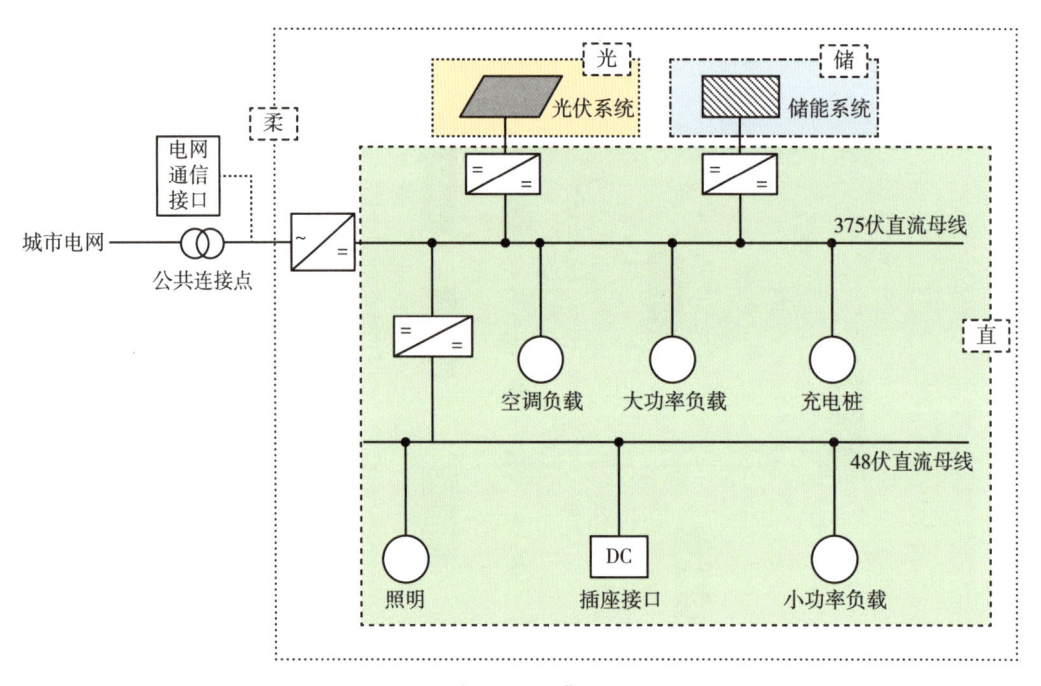

图5.18 "光储直柔"系统拓扑

资料来源：T/CABEE 030—2022《民用建筑直流配电设计标准》。

5.5.2.1 运行高效，实现可再生能源就地消纳

建筑光伏和建筑储能是未来新型电力系统的发展趋势，采用直流配电可以取消光伏和储能的直交变换环节，降低转化损失，提高系统利用效率。同时，建筑

中的直流负荷比例也越来越高，直流配电可以取消用电设备的交直变换环节，提高用电侧的能源效率。很多直流配电案例的能效定量分析表明，采用直流配电系统后能效提升幅度在 5%～10%，建筑光伏和建筑储能比例越高效果越显著。

5.5.2.2 自适应柔性调节，无需集中统一调度

用电设备自身根据电力供应侧变化进行调整和适应的能力即为柔性。在直流系统中，利用直流母线电压带较宽的特性，终端用电设备可根据母线电压的变化及时做出自适应功率调节，无需额外的通信就能够很好地适应可再生能源自身的波动以及电网的调峰需求。例如，当太阳辐射充足、光伏输出电量高的时刻，直接接入直流母线，就可以使得母线电压升高，而与其连接的各个用电终端如果可以根据母线电压自行加大其用电功率，就可以实现协调控制，而无需统一的调度调节。反之，当光伏电力减弱时，母线电压会下降，也就使得各个用电终端自行降低其用电功率。这样，母线电压自然就随直流配网的电源与负载之间的平衡状况而变化，实现用电终端的"自律"性调节。

5.5.2.3 安全可靠，电能质量显著提升

由于照明、电机变频、电子设备等多数终端是直流驱动，直流配电可以避免交直流多次转换，省掉转换能耗，降低转换装置成本。未来，大量由电力电子非线性器件带来的大量高频谐波将是对电力的主要污染并影响电力质量，采用直流配电有利于消除高频谐波，保证供电质量，避免各类干扰。在没有大功率负载的区域实现特低压直流配电，可进一步提高系统安全性。

5.5.2.4 系统简洁，用户使用更加便捷

直流母线电压是衡量系统功率平衡与控制的唯一标准，系统内不存在交流系统里的频率稳定、无功功率等问题。无论是直流电源还是直流负荷，并入直流配网时只要考虑电压一个参数，无须考虑同步问题，大大降低了设备的并网难度，做到即插即用。此外，用户终端采用特低电压直流配电，通过 USB Type-C 接口，电脑、手机等小功率设备无需额外的电源适配器即可接入，减少了用户需要携带各种电源适配器的不便。

国内已经开展了近百项建筑直流配电的示范项目，调研"光储直柔"建筑案例中，88% 的建筑采用了直流空调、直流照明，71% 的建筑采用了直流监测展示设备（大功率展示屏、服务器等）及其他小功率直流设备（直流办公设备、冰箱、饮水机、电风扇、无线充电器等），65% 的建筑采用了其他大功率直流设备（微波炉、电磁炉、烧水壶等），59% 的建筑采用了直流充电桩，12% 的建筑采用了直流生产线设备（主要是工业园区厂房建筑），如图 5.19。从负载直流化的产业支撑角度来看，建筑中的照明、空调、充电桩等率先接入了直流配电系统，这

三类负荷从用电功率和用电量两个维度看都超过了总用电功率和总用电量的50%，能够很好地发挥柔性调节作用。

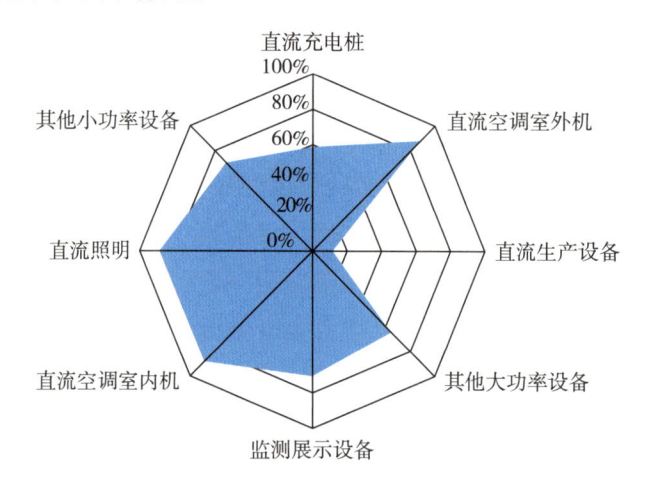

图 5.19 建筑直流用电设备类型分布

随着直流用电设备相关产业的建立与完善，直流配电的优势逐步显现。国家"十四五"建筑机电设备直流化产品研制与示范项目进一步推动了用电设备的直流化、柔性化，推动了直流用电设备由"1"到"100"的丰富与完善，从根本上解决了"先有鸡还是先有蛋"的问题，为建筑直流配电技术和"光储直柔"技术的应用提供了有效保障。

以零碳为目标的新型电力系统的建设是电力系统的大革命，已有的适合于现有电力系统的政策机制不可能完全适合新的电力系统，试图在现有的电力系统政策机制下找到新系统下协调用户和电网平衡关系的方法必然困难重重。必须根据变化的情况设计新的政策机制，才能推动电力革命的进一步深入进行。在这样的背景下，通过电力动态碳责任因子有可能冲破困境。对于城市建筑，可以通过碳责任的核算明确计量得到定量的碳减排量，从而通过碳交易获得经济收益，通过具体的减碳量说明其对社会的贡献，并考核其系统的优劣。对于农村建筑，通过光伏电力收益可以回收投资，获得足够的经济回报。在这样的政策机制下，才有可能全面地推广"光储直柔"建筑配电系统，充分发挥建筑作为能源系统的生产、储存、调节和消纳的新角色，助力新型电力系统的建设。

5.6 建筑电力交互

建筑电力交互是以电网指令为约束条件，通过建筑整体用电柔性实现需求侧与供给侧的动态平衡。"光储直柔"建筑的"柔性"有多大，也就是其对电力供需平衡的调节潜力有多大？对建立以零碳电力为基础的新型电力系统可以起多大作用？这是本节重点讨论的两个问题。

5.6.1 "光储直柔"配电系统调控原理

"光储直柔"系统包括其与交流外网的接口 AC/DC、与光伏电池的接口 DC/DC_P、与蓄电池的接口 DC/DC_B、与充电桩的接口 DC/DC_C，以及与其他用电终端的接口 DC/DC_T。这些接口都是带有可编程控制器的智能变流器。

5.6.1.1 交流外网的接口 AC/DC

如图 5.20 所示，外界调度系统通过通信给定此时要求的从外电网进入的交流电功率设定值 P_{Os}，AC/DC 按照恒定输出电压控制直流母线电压 V_D。当测量出实际输入的交流功率 P_O 不等于 P_{Os} 时，根据二者的差修正直流母线电压 V_D。当实测的 P_O 高于功率设定值 P_{Os} 时，降低直流母线电压以减少 P_O；当实测的 P_O 低于设定值 P_{Os} 时，提高直流母线电压以提高 P_O。当调整的 V_D 达到直流母线电压上限 V_{max} 时，维持电压在 V_{max}，此时输入功率将小于要求的输入功率设定值 P_{Os}。这时由于负载太小，无法消纳过多的外来电力，只能违约。当然，如果违约要付出的代价高于少消耗电力节省的电费，也可以调整光伏接口 DC/DC_P，通过弃光减少所接纳的光电，而 AC/DC 仍然按照要求的取电功率 P_{Os} 控制。当调整的 V_D 已达直流电压母线的下限 V_{min}，而输入功率 P_O 仍大于要求的设定值 P_{Os} 时，就只能维持直流母线电压于 V_{min} 以保证正常的电力供应需求。当经过 AC/DC 的输入功率为零时（外网要求或外网供电故障），AC/DC 失去对直流母线电压的控制权，此时母线所连接的其他变流器仍按照原来的方式工作。如果光伏、蓄电池及电动汽车电池的功率能够满足用电终端功率，直流母线电压将在 $V_{max} \sim V_{min}$ 浮动。当光伏输出功率过高时，光伏控制器将通过弃光把母线电压维持在 V_{max}；当光伏不足时，母线电压会不断下降；当母线电压下降到 V_{min} 时，蓄电池控制器 DC/DC_B 承担起母线电压控制权，维持电压在 V_{min}，直到电池电量释放完毕。

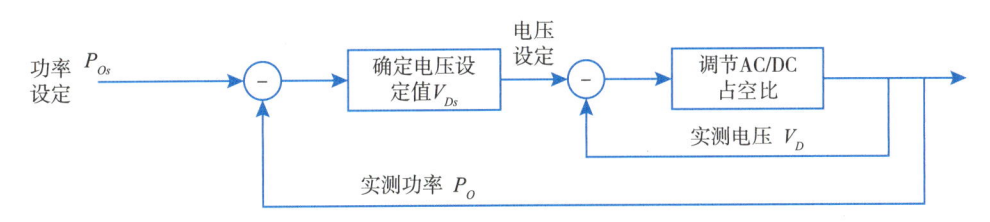

图 5.20 交流外网接口处的 AC/DC 调控方式示意图

5.6.1.2 光伏电池的接口 DC/DC$_P$

可完全采用目前的光伏电池调控接口。其原理是不断地改变 DC/DC 的升/降压比以改变输入直流母线的电流,最终使其从光伏电池接收最大的功率。同时,DC/DC$_P$ 还要检测母线电压,当发现母线电压 V_D 高于 V_{max} 时,改为按照电压设定值 V_{max} 控制输出电压的模式,光伏电力过高时弃光。当发现已无法维持 V_{max} 时,就放弃母线电压的控制权,返回按照最大接收功率模式调控。

5.6.1.3 蓄电池的接口 DC/DC$_B$

基本原理是通过监测直流母线的电压,确定充/放电功率。考虑到直流母线的沿程压降,由于蓄电池组可能在任何位置连接,所以要设置一个电压死区,只有母线电压高于电压死区上限才开始充电,低于电压死区下限才开始放电。在实际运行中,按照上述简单逻辑调控,也有可能在需要蓄电以满足消纳电网电量的需求时电池已经充满;在需要蓄电池放电,以满足用电末端需求时,电池已无电可放。为了避免出现上述问题,可以采用人工智能(AI)的方式通过连续监测直流母线电压变化,掌握建筑全天电力供需关系的变化。识别出可能出现需要加大蓄电功率(母线出现高电压)和需要加大放电功率(母线出现低电压)的时间段,从而对全天的充/放电策略进行优化,在需要大功率充电之前留出足够的充电容量,在需要大功率放电之前充满足够的电量。

5.6.1.4 充电桩接口 DC/DC$_C$

作为智能充电桩,其与目前传统的充电桩的最大区别就是由电力系统的供需关系决定充/放电与否和充/放电电流,而不是由电动汽车中的电源管理系统决定。与前面所讨论的蓄电池接口控制逻辑的区别是,在判断直流母线电压高低的同时,还要考虑所连接的各电动汽车电池的电量,优先保证电量偏低的车先充电。智能充电桩要先获取所连接的电动汽车电池参数,包括允许的最大和最小充电电流和电池当前的荷电状态(SOC)。不同的电量百分比对应不同的开始充电的直流母线电压设定值,电池电量百分比越高,开始充电的直流母线电压设定值越高。只有测出直流母线电压 V_D 高于这一可开始充电的直流母线电压设定值时,充电桩才开始充电,其充电电流随电压 V_D 变化,V_D 越高充电电流越大。对于允许放电的汽车,开始放电的直流母线电压设定值由电池的相对电量决定,相对电量越大,则开始放电的直流母线电压设定值越高。这就意味着,当直流母线电压不是太低的时候,只有相对电量很高的汽车电池向直流母线放电;只有测出直流母线电压很低时,更多的汽车电池才参与通过放电向建筑提供电力的行动。无论充电还是放电,电流都要随母线电压变化而变化,充电时电压越高充电电流越大,放电时电压越低放电电流越大。

5.6.1.5 建筑内用电电器

根据其调节性能和调节方式可分为平移延时型、变功率型、可切断负载三种类型。

平移延时型设备包括蓄热水箱、空调冰/水蓄冷系统、电冰箱、冷柜、洗衣机、排污泵等以及自身带有蓄电池的可充电电子电器设备。使用人工智能技术通过学习直流母线一天内的电压变化规律，识别一天内需要多用电和尽可能避免用电的时间段，以及所连接设备需要的连续运行时长及开停时间比，从而在一天内做出优化规划，避开在电力紧缺时段运行，尽可能调整到在电力过剩时段用电。

变功率型设备包括可通过变频或其他方式进行功率调节的用电设备，如分体空调机、多联机式空调机、风机、水泵、变频扶梯电梯等。这些设备自身都带有控制调节，可通过变频或其他方式改变用电功率。在"光储直柔"系统中，可测量直流母线电压，根据电压高低决定对运行功率的修正系数。直流母线电压高，则修正系数就高，可高达1.1，表明要在控制器输出的调节指令基础上进一步加大输出，以增大用电功率10%；直流母线电压低，则修正系数就低，可降低转速或通过其他手段降低实际的用电功率。

可切断型负载设备则在母线电压降低到预设值后切断，以降低系统用电功率。

这三种类型的用电终端都可以各自设置一个调节旋钮，使用者可在0～1选择。0表示该设备不参与调节，无论直流母线电压如何变化，完全按照正常要求运行；1表示该设备参与深度调节，按照上面的方法，根据母线电压的变化改变运行状态。0～1之间则表示不同的参与调节程度。每个用电设备由生产厂家通过修改产品的控制策略并改变直流接口产生适合"光储直柔"系统使用的用电设备，每台设备又可随时由直接使用者通过调节旋钮改变其可参与的调节深度，以满足各自和各个不同场合的需要。上面对控制策略的描述仅仅是简单的原则和原理，每个产品的控制策略细节与产品本身的调节特点有关，需要生产企业单独研究开发，其性能的差别又可以成为同类产品的竞争点。好的调控策略既不影响产品本身的功能与使用效果，又具备较大的灵活调节用电功率的性能，从而可以增大系统柔性或者在同样的系统柔性下减少对蓄电池容量的需求，这也是调控策略优化可以获取的经济效益。

5.6.2 建筑配电系统与电网的协同

"光储直柔"系统内部各个发电、用电和蓄电环节都是根据母线电压的变化而自行调控，不需要依靠通信的统一决策。系统是通过其交流入口的 AC/DC 根据要求的输入功率设定值 P_{Os} 调节直流母线电压来实现输入功率的调整。根据情况，从交流网输入的功率设定值 P_{Os} 有以下两种方式。

（1）根据预定的分时电价，尽可能避开电价高峰期用电，尽可能使用低谷电力

在 AC/DC 控制中设定高中低电价的时段，每天晚上根据全天的用电状况估计第二天用电量，根据自身的最大用电功率，对各时段的用电功率做出规划，尽可能在低谷时段从交流网获取全天的用电量，不足时再从次低谷时段补充。按照这一规划，得到第二天每个时刻取电功率的设定值 P_{Os}。第二天按照 P_{Os} 曲线严格控制从外电网的取电功率 P_O。这样可以在目前的分时电价政策下使"光储直柔"系统获得最大的经济收益。

（2）按照动态碳排放责任因子调节

动态碳排放责任因子不同于绿电证书。绿电证书是从电源侧角度出发，衡量"发得绿不绿"。动态碳排放责任因子是在平衡性、一致性、灵敏性、普适性等原则下提供源荷实时互动信号、指令，引导单个/海量用户柔性响应，发展新的用户侧与供给侧互动模式，本质上是"用得绿不绿"。建筑在低排放或零排放时用电，这样的建筑本身就是零碳建筑，对于电网不断接入新能源、减少火电调节也具有重要的作用，换言之，建筑与电力将携手实现零碳，这是全社会实现零碳系统成本最低的方式。随着碳市场的建立与完善，碳的价值逐步实现商业化，建筑柔性调节将得到价值回报。

第6章 建筑零碳热力系统

未来我国建筑热力需求约200亿吉焦，目前这些热量仍依赖于燃煤和燃气等传统能源，导致大量碳排放。采用电动热泵从低温热源处提取热量并提升至所需的温度以供热，是一种高效的能源利用方式，但需要解决用什么作为低温热源这个关键问题。自然环境类的低温热源密度低、品位低、资源占用大，适合分散使用，以满足生活热水和长江流域建筑采暖等方面的低密度用热需求。对于高密度的北方城镇建筑采暖和非流程工业生产用热需求则应以电厂、工业、数据中心、变压器等余热为低温热源，以北方城镇高覆盖率的热网为基础，构建多热源、多用户协同的余热资源共享系统，并利用跨季节储热解决余热供需的时间不匹配，利用长输供热技术解决空间不匹配，利用热量变换技术解决温度品位不匹配，充分回收利用各类低品位余热资源满足供热需求，从而建成零碳热力系统。

6.1 未来建筑和工业对热量的需求

未来对热量的需求主要来自建筑和工业，其中建筑用热需求主要包括北方地区城镇采暖、长江流域城镇采暖、农村采暖、生活热水以及医院、宾馆等特殊建筑蒸汽。此外，工业生产也需要大量的热量，主要以热水和蒸汽的形式供应。这些热量目前大都由化石能源燃料的锅炉以及燃煤热电联产供给，消耗大量化石能源并产生巨大的碳排放。用零碳的供热方式替代化石能源来满足这些用热需求就成为建设零碳热力系统的核心任务。

6.1.1 北方城镇供暖需求

北方城镇建筑供暖是指采取集中供暖方式的省、自治区和直辖市的冬季供暖，包括各种形式的集中供暖和分散供暖，涵盖北京、天津、河北、山西、内蒙古、辽宁、吉林、黑龙江、山东、河南、陕西（秦岭以北）、甘肃、青海、宁夏、新疆的全部城镇地区，以及四川的一部分。据估算，截至2020年年底，北方供暖面积已经达到156.3亿平方米，约需要热量59.5亿吉焦。供暖热源结构如图6.1所示。北方城镇供热热源仍以燃煤为主，燃煤热电联产和燃煤锅炉房分别占比37%和20%。

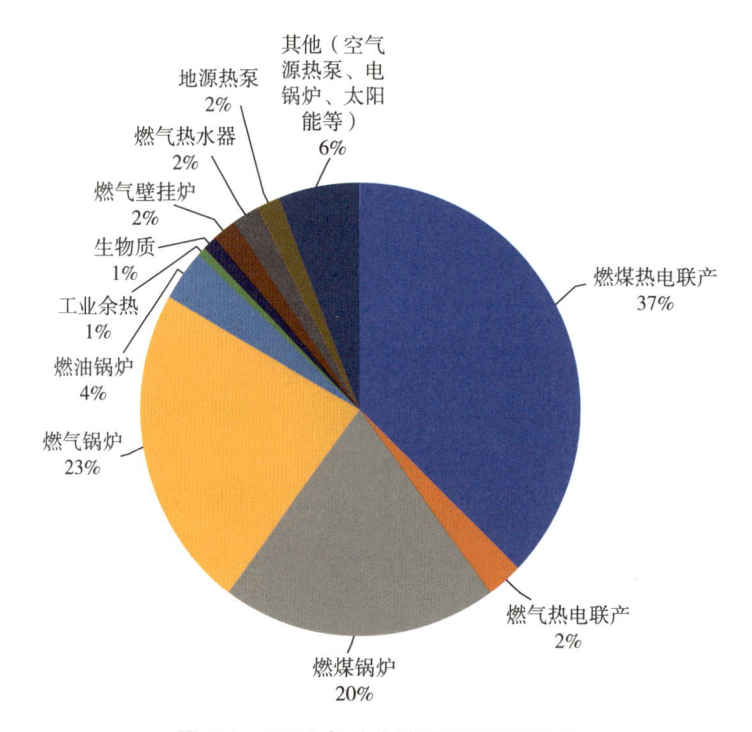

图6.1 2020年北方城镇供暖热源结构

供热能耗方面，我国持续推动建筑节能改造，降低建筑耗热量，截至2020年年底，北方供暖地区"十三五"期间共完成既有居住建筑节能改造面积3.39亿平方米。北方供暖地区城镇居住建筑中，一步节能及以下面积占比36.1%，二步节能建筑占比14.3%，三步节能及四步节能等级面积占比分别为38.5%和11.1%（图6.2）。

综合考虑我国既有建筑节能改造情况，基于热负荷现状水平可以对未来双碳目标节点下的供热供暖需热量进行预估。到2050年北方城镇供暖面积发展至218亿平方米，并完成对现状所有非节能建筑的改造，此时北方建筑耗热量需求如表6.1所示。

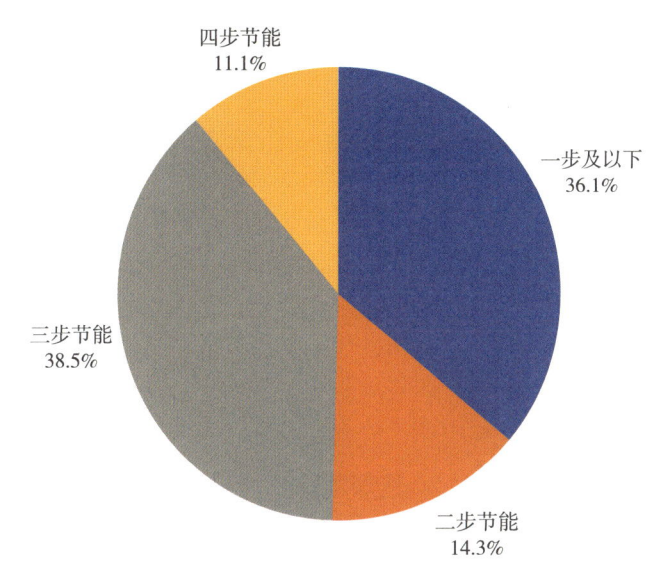

图 6.2　北方供暖地区城镇不同节能标准的建筑面积占比

表 6.1　2035 年和 2050 年北方建筑耗热量预测结果

地区	2035 年 供热面积/亿平方米	2035 年 耗热量/万吉焦	2050 年 供热面积/亿平方米	2050 年 耗热量/万吉焦
北京	11.7	22139	12.0	22172
天津	7.2	14731	7.2	14205
河北	26.1	47907	30.7	54718
山西	13.6	31674	14.4	32769
内蒙古	10.1	29448	9.7	27519
辽宁	16.1	42462	13.8	35743
吉林	8.5	27197	8.8	27630
黑龙江	11.8	40953	11.8	40145
山东	38.4	68114	37.4	64187
河南	30.7	51363	37.0	59587
陕西	13.4	22954	14.3	23514
甘肃	6.9	16252	8.3	19014
青海	1.8	5052	2.2	5972
宁夏	2.4	6166	2.9	7230
新疆	6.0	19699	7.3	23112
合计	204.7	446114	217.7	457516

从单位面积供暖能耗来看，2050年建筑供暖单位面积耗热量预计可达到每平方米0.21吉焦，考虑总计15%的一、二次网损失以及过量供热，热源侧单位面积供暖耗热量需求为每平方米0.25吉焦，相比现状水平可节能34.5%，供暖热需求降低至54亿吉焦。

6.1.2 长江流域建筑供暖

我国长江流域横贯东中西、连接南北方，包括云南、贵州、四川、重庆、湖南、湖北、江西、江苏、浙江、上海、安徽，集聚人口占全国的42%、地区生产总值占全国的45%、民用建筑面积占全国的48%。根据中华人民共和国成立初期制定的秦岭淮河供暖线，长江流域冬季没有市政集中供暖，并且早期该地区围护结构隔热保温性能不受重视，因此冬季室内状况相比于集中供暖的北方地区普遍较差。从气候区看，长江流域绝大部分地区处于夏热冬冷地区，冬季室外气象条件多呈阴冷潮湿的特征，大部分地区最冷月平均气温在0～5℃，最高的也只有8℃左右，而非供暖房间的室内温度也仅比室外温度高2～5℃。冬季绝大部分时间室内温度低于卫生学要求的12℃的下限，远远偏离环境热舒适的要求。因此，随着社会经济的快速发展，该地区居民对提高冬季室内舒适水平的需求逐渐增长，长江流域地区供暖问题成为一个重要民生问题。

目前长江流域有采暖需求的建筑面积约277亿平方米，未来该面积将增加到350亿平方米，根据测算，该地区建筑每平方米平均需热量为0.06吉焦，未来总共需要的热量为21亿吉焦。

6.1.3 农村供暖需求

"双碳"背景下，农村用能方式将面临大的变革，建设农村新型能源系统，将农村从能源消费者变为能源的生产和消费者，利用农村丰富的太阳能和生物质能等可再生能源，不仅可以满足农村自身的电器、采暖、炊事、农机具等方面的用能需求，还可以向城市输送零碳能源，促进城镇能源系统碳中和目标的实现。结合农村新型能源系统，农村采暖需求将主要采用电热泵、蓄热电直热、生物质燃料锅炉等形式满足。

6.1.4 生活热水和特殊建筑用蒸汽

生活热水需求主要在住宅、学校、医院、酒店等建筑中。城镇用生活热水按供热方式分为集中供热和分散供热两种类型。目前我国住宅大部分采用分散生活热水系统，采用集中生活热水系统的占比较小。集中生活热水系统热源形式主要为燃煤锅炉、燃气锅炉和热泵；分散生活热水系统热源形式主要为电热水器、燃气热水器、太阳能热水器。学校、医院和酒店等公共建筑的生活热水，热源主要有燃气锅炉、太阳能热水系统、溴化锂直燃机、空气源热泵、电热水器等。根据实际调查结果，我国居民人均用生活热水量每天不到20升，以20升为基础对未来需求进行预测，由此得到生活热水类年用热量为8.5亿吉焦。

此外，医院和酒店需要蒸汽用于消毒、洗衣房、食堂等，大部分采用燃气蒸汽锅炉供应，仅有北方小部分医院和酒店使用市政蒸汽，热泵供蒸汽很少有应用。2020年，上述建筑特殊功能用汽消耗燃气量为22亿标准立方米。考虑未来用能的增长，这部分特殊建筑用蒸汽的用热量年需求为1.5亿吉焦。

综上所述，生活热水和特殊建筑用蒸汽的总热量年需求为10吉焦。

6.1.5 工业生产用热

目前的工业行业分类中，根据不同需求有不同的分类方式，如依据产品用途划分为轻工业和重工业，依据生产方式划分为离散工业和连续工业等。为了更准确地反映工业用热和余热的现状，依据不同行业的工艺非电用能特点的不同，将工业分为两类，一类是流程工业：化石能源作为燃料甚至是原料参与工业过程的生产，这类行业用能对温度需求极高，并且有着丰富的余热资源；另一类是非流程工业：化石燃料主要用于生产蒸汽、高温热水等，作为工艺所需热源，这类行业有大量的中低温用热需求。

流程工业消耗了大量的化石能源，这些化石能源不仅作为燃料给生产过程提供热量，有些还作为原料参与生产，不能只单独考虑用热需求。流程工业在生产过程中还产生了大量的余热，基本能满足自身的用热需求，并向外输出余热。因此，本节仅考虑非流程工业的用热需求。

根据《中国能源统计年鉴》，对非流程工业用热现状进行分析：2020年非流程工业共消耗约80亿吉焦热量，折合标准煤约2.78亿吨，产生了约7.1亿吨碳排放。这些用热需求主要集中在部分化学原料和化学制品制造业，纺织业，造纸和纸制品业，农副食品加工业，食品制造业，化学纤维制造业，医药制造业，酒、饮料和精制茶制造业，橡胶和塑料制品业，这9个行业用热需求占比约79%，产生碳排放约5.9亿吨。

参考不同发达国家的状况，并结合我国未来对制造业强国的定位，以确定2050年行业增加值结构，以及单位增加值能耗。同时梳理行业关键的化石能源替代措施，基于可行性分析规划未来的推广率，并最终得到不同情景下的行业用能。最终估算结果为2050年非流程工业150℃以上用热需求约60亿吉焦，150℃以下的用热需求约76亿吉焦。

6.1.6 小结

未来北方城镇集中供热年需要的热量为54亿吉焦，长江流域建筑供暖年需要的热量为21亿吉焦，生活热水和特殊建筑蒸汽用年热量为10亿吉焦，非流程工业150℃以上用热年需求约60亿吉焦，150℃以下的用热年需求约76亿吉焦。综上所述，我国未来建筑和工业总的用热年需求为221亿吉焦。

6.2 热泵实现热量的零碳供应

6.2.1 零碳供热方式

如何实现上述221亿吉焦热量的零碳供应，是实现零碳热力系统的关键难题。

若全部由电力直接产热的方式供应，共需要6.1万亿千瓦·时的电力，接近2015年我国全年的用电量，其中1/3的电力仅在采暖季使用。我国未来零碳电力系统面临的主要矛盾是可再生能源电力与用电需求的季节性不匹配，冬季电力存在较大缺口，夏季也有较小的缺口，而春秋季的可再生能源电力过剩。满足冬季电力缺口最经济的方式是保留一部分火力发电厂用于季节性调峰，所以实质上电直热在冬季所消耗电力都来自火力发电厂，不是零碳的供热方式。

若采用生物质能满足上述供热需求，每年需要生物质燃料约10亿吨标准煤，这已经超出了我国所拥有的生物质资源总量。工业生产的某些工艺过程必须要化石能源燃料或化石能源原料，这部分工业生产过程的脱碳需要依靠生物质完成替代。因此，生物质应该优先应用于工业生产过程的零碳替代，而非用于供热。

采用电力驱动的热泵制取热量满足上述用热需求可能是最优途径。电动热泵从低温热源处提取热量并提升至所需的温度供热，是一种高效的能源利用方式，其基本原理如图6.3所示。热泵消耗W的电力，并从温度为T_0的低温热源提取Q_0的热量，并将温度升高至所需的温度T，并释放出Q_0+W的热量。可以看到，热泵制取的热量总是大于所消耗电力，热泵制取的热量Q与所消耗电力W的比值即为热泵的性能系数（COP）。根据低温热源与高温热源的温度，电热泵的性能系数一般在1.5～10。对于冬季供暖，电热泵消耗的电力来自火力发电厂，发电效率在30%～40%，此时，电热泵的性能系数需要大于2.5，制取的热量才多于直接燃烧获取的热量，实现比直接燃烧取热节能。在未来零碳电力系统中，春秋季风光等可再生能源电力过剩，用热泵消耗这部分电力供热只要性能系数大于1就能实现节能。因此，对于全年都存在稳定用热需求的生活热水、工业用热等，电热泵的性能系数大于1.5就实现了节能。电热泵供热与直接使用电加热相比，可以节省30%～90%的电力消耗。

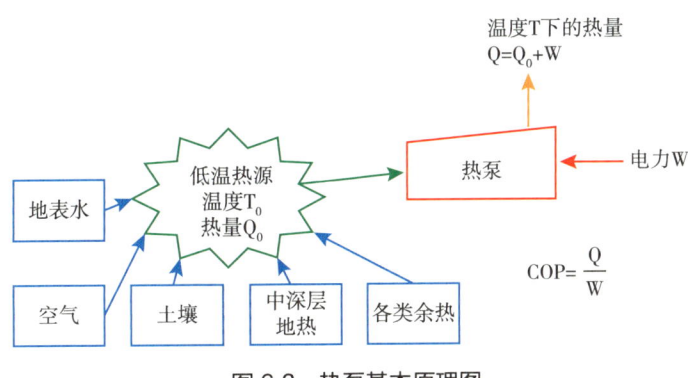

图6.3 热泵基本原理图

利用热泵供热还需要回答低温热源从何处获取这个问题。答案是从自然环境中获取低温热源，包括室外空气、地表水、地下土壤等，但大规模利用均存在局限性。

空气源热泵通过室外机从周边空气取热，对于高密度的建筑区，可以放置室外机的空间有限，多项研究对集中放置的热泵室外机温度场分布进行了模拟和实测，发现放置在中间的室外机出风口温度比放置在周边的室外机出风口温度显著降低，降幅可达10℃以上，使得空气源热泵的能效比降低至2以下。

对于土壤源热泵，埋管间距在5米左右、埋深120米左右的地埋管取热量约为3.6千瓦，即每占地1平方米的地埋管能提供的热量为144瓦。考虑密集区的容积率为2.5（包括道路和绿地），则区域内50%的地下空间将被地埋管占用，这将严重妨碍未来城市地下空间的开发利用。随着城镇化快速发展，城市地下空间的利用可以缓解城市地面的压力，包括地下交通、地下停车场、地下商业、地下公园等。若在城市密集区大规模采用土壤源热泵，将大量占用地下100米范围内的空间资源，严重阻碍城市地下空间的开发，因此不应成为未来零碳供热的主流方式。

中深层地热有取热温度高、系统能效比高的优点，但这种取热方式是利用2000米左右深度的取热管沿径向从周边土壤取热，而埋管取热区域内的热量补充则只能从轴向获得，补热量相比于取热量可以忽略不计。因此，中深层地热实际上是持续地从取热管周边的土壤、岩石中提取自身的热量，在城市密集区高密度采集热量，将会使土壤温度每年下降 0.2～0.5 开，并且得不到恢复，长期使用将导致土壤温度下降，进而影响地质结构和生态环境。

综上所述，以自然环境为低温热源的电热泵供热方式仅适合应用在相对低密度的建筑和一些热量需求量不大的工业生产中，不能在高密度用热领域作为热泵的低温热源。

我国有非常丰富的电厂、工业、数据中心等集中排放的低品位余热，全面回收利用这些低品位余热，也有可能为建筑和其他非流程工业提供所需要的热量。

6.2.2 余热资源潜力

（1）工业余热

流程工业消耗了大量的化石能源，生产过程中也产生了大量的余热。对于流程工业的未来发展而言，钢铁、有色建材随着经济的发展、产业结构的调整以及人均存量的变化，未来能耗会逐渐下降，同时余热量也会进一步降低。根据对未来上述主要工业产品产量的预测，估计 2060 年流程工业余热资源共计约 50 亿吉焦。

（2）数据中心余热

数据中心指用于对数据和信息进行存储、管理和传播的大型专用建筑，其内部的服务器、存储器、交换机等信息产业设备在长期、连续运行过程中将所消耗的电力 100% 地转化为热能，而设备的正常运行又对热环境温度、湿度、空气质量提出了较高要求，因此数据中心往往配备了大型、高效的冷却系统以实现环境控制，进而也产生了大量余热。据预测，未来我国各类大型数据中心用电量将超过 3000 亿千瓦·时/年，这些电力都转换为低品位热量排放，折合约 10 亿吉焦/年。

（3）变压器余热

变压器在运行过程中由于功率损耗而产生热量。为保障变压器在热平衡状态下安全、长期运行，变压器会采取有效的散热措施，进而产生余热。

我国未来用电量预计增长到 14 亿千瓦·时，彼时全国 35 千伏以上交流工程变压器余热量约 4 亿吉焦。

（4）调峰火电余热

电厂余热回收利用效率和经济性具有突出优势，通过汽轮机抽汽、抬高排汽背压、局部增设热泵等方式，可以有效回收汽轮机冷端余热。

根据电力系统的供需平衡分析，未来碳中和下的电源结构中，火电厂作为季节性调峰电源，需要装机容量约为 5 亿千瓦，年发电小时数约 1700 小时，相应的余热排放量接近 50 亿吉焦。这些火电厂余热可以作为未来的重要零碳热源，充分加以回收利用。

（5）核电余热

未来核电装机容量将达到 2 亿千瓦，年发电小时数高达 7500 小时以上，全年余热排放量超过 70 亿吉焦。这些余热如果直接排放，会对周边环境产生热污染。回收这些余热，可以满足大量工业用热和北方城镇供暖的需求，并保护环境。目前我国规划核电站基本上分布于沿海，而沿海地区又是我国人口分布最密集、建筑密度最高的区域，因此利用这些核电余热供热可以弥补该地区零碳热源短缺问题，同时缓解对近海生态的热污染。核电供热近两年在我国的山东海阳、辽宁红沿河等核电厂已经开始小规模实施，并正在有计划地大规模推广。

（6）季节性弃风光供热

由于可再生能源发电量的季节性变化与用电负荷的季节性变化的不一致性，在春秋两季有一定的弃风弃光电量。根据测算，我国未来风电、光电年总量将达到 9 万亿千瓦·时，约 5% 的弃风光电，即弃电量 4500 亿千瓦·时。根据测算，这部分电力直接转换为热量，并通过跨季节储热进行调蓄，为建筑采暖和工业生产提供热量，是最经济的利用方式。未来每年弃风、弃光电力可提供的热量达 16 亿吉焦。

（7）小结

到 2060 年，核电和火电余热共计 120 亿吉焦；流程工业预计有约 50 亿吉焦的余热量；数据中心余热量 10 亿吉焦；电力系统变压器余热量约 4 亿吉焦；季节性弃风光电转化的热量 16 亿吉焦。上述可利用的总余热资源合计约 200 亿吉焦，回收其中约 70% 的热量，就完全可以满足建筑用热和非流程工业 150℃ 以下的用热需求。这些余热量的温度范围在 30～100℃，较高温度的余热可以直接用于供热，较低温度的余热通过合理地利用热泵可以得到高效回收利用。

6.2.3 各类用热的零碳供给方式

前面讨论了采用分散式的电热泵可以从自然环境类低温热源中取热，从集中的余热热源回收热量，可以满足高密度用热需求。本节将分析各类用热应采用何种零碳供热方式。

（1）生活热水和特殊建筑用蒸汽的供给方式

当前制备生活热水的主要方式为电热水器、燃气热水器、太阳能热水器。未来"双碳"目标下，生活热水的制取应该电气化，并且采用效率更高的电动热泵来制取生活热水降低电力的用量。从经济性上看，制取生活热水用电热泵的成本大约为50元/吉焦，燃气热水器的成本大约为100元/吉焦，电热泵制取生活热水的成本仅为燃气热水器的一半。

生活热水的使用具有间歇性和集中性的特征，其瞬时负荷较高，但持续时间短。因此，用电热泵制取生活热水应搭配蓄热水箱，使热泵可以间歇运行，甚至根据电网供需平衡的要求，在电网电力过剩的时候运行制取生活热水并储存起来，实现电负荷的需求侧调节。

另外，从供应方式上看，目前我国的生活热水供应方式以分散式为主，仅在部分公共建筑和极少数的高档住宅建筑中采用集中供生活热水的方式。通过对7个集中供生活热水小区与分散供生活热水小区对比，集中生活热水系统有效热利用率均低于分散生活热水系统，主要原因是输送管网散热量巨大，尤其是二次管网的散热量，占总能耗的35%～56%。未来采用电热泵制取生活热水，若采用集中供应的方式，为了保证送至用户末端的生活热水温度满足要求，热泵制取的热水温度要考虑沿程温降和楼前换热，热泵出水温度要高于所需的温度，也会进一步导致热泵能效比下降。因此，生活热水应采用分散供应的方式。

医院和酒店的特殊用蒸汽需求目前以燃气锅炉为主，少部分采用市政蒸汽。"双碳"背景下，应采用电热蒸汽发生器用电力来制取蒸汽，实现特殊用蒸汽的电气化，进而实现建筑直接排放清零。此外，也可以采用电动热泵制取高温水闪蒸，再经过水蒸气压缩机，将蒸汽压缩至所需的参数，以满足蒸汽供应需求。

（2）长江流域建筑零碳供热方式

长江流域地区除生活热水用热需求外，存在较为突出的采暖需求。这部分建筑主要需要依托零碳电力来实现零碳供热。在推进这些地区供热用能电气化的同时，必须坚持高效用电的能源利用模式，以实现零碳电力资源约束下的碳中和目标。

从能耗的角度看，大规模集中供暖系统的输送能耗高、热量损失大、不利于行为节能等弊端在北方供暖系统运行中已充分显现。长江流域冬季室内外温差较小，寒冷时间较短，需要供暖的时间2～3个月，若采用北方地区"全时间、全空间"集中供暖方式，不仅带来巨大的能源压力，还会导致大量的能源浪费和环境污染。此外，由于除供暖期外的近10个月内设备、运营人员都要闲置，供热管网设备利用率很低，运行维护成本相对变高，经济性差。该地区居民还普遍有全天开窗通风的习惯，使用集中供暖方式将造成供热热量的大量损失，也将大幅增加居民供暖费用支出。

因此，长江流域城镇供暖宜采取"部分空间、部分时间"的供暖策略，利用清洁能源驱动、分散式为主的方式供暖，包括空气源热泵、燃气壁挂炉、电热供暖等。采用分散式热源和末端对住户或房间进行供热，具有建设规模小、周期短、投资较低的特点，其运行方式可由用户自己管理，根据实际需求进行启停控制，灵活方便。采用热泵供热可以实现高效的电-热转换，并且该地区气候条件相对较好，最冷月平均温度一般都在0℃以上，没有结霜等问题，空气源热泵的季节制热性能系数可高于3.0。因此长江流域建筑零碳应该采用以自然环境为低温热源的电动热泵为主的零碳供暖方式。

（3）工业生产的零碳热源

采用电直热蒸汽锅炉来制取高温蒸汽，或者用锅炉燃烧化石燃料或生物质燃料获得高温蒸汽，锅炉燃烧产生的二氧化碳排放通过二氧化碳捕集与封存技术捕捉并封存，从而实现这部分热量的零碳化。对于大型化工厂的高温热量需求，则可以采用高温气冷堆来供应。高温气冷堆具有小型化、模块化的特征，并且堆体固有安全，其全年长时间稳定运行提供热量与化工厂稳定生产需求热量的特征相匹配，使得高温气冷堆具有优秀的经济性。用高温气冷堆代替锅炉，可以有效减少化工厂生产用热相关碳排放。

对于150℃以下的工业用热需求，应充分回收各类电厂、工厂、数据中心等方面的余热，并汇集到城市集中热网中，将热量输送至工业热用户。对于工业生产不同温度热水的需求，温度较低的可以直接与热网水换热，温度较高的则利用热泵来提升温度，对于不同压力的蒸汽需求，首先利用热泵产生低压的蒸汽，再通过水蒸气压缩机将压力提升，满足工业生产的需求。

（4）北方城镇零碳供暖

我国有全世界覆盖率最高的集中供热管网，北方90%以上的城镇均有集中热网覆盖。采用集中供热方式充分利用现有热网，可以将各类余热高效经济地输送至用户，满足80%以上的城镇供暖需求。对于热网难以覆盖的地区，可以应用空气源热泵、地源热泵、生物质锅炉、电直热等分散供暖方式，承担剩下约20%建筑的供热需求。

（5）余热资源共享系统

作为余热源的电厂、工厂等与城市热用户不在一起的情况下，需要用热网将集中的余热热量输送到各个热用户。如图6.4所示，未来多个不同的余热热源、不同类型的热用户都将连接到统一的城市热网上，并建设大型跨季节储热，平衡热量的供需关系。

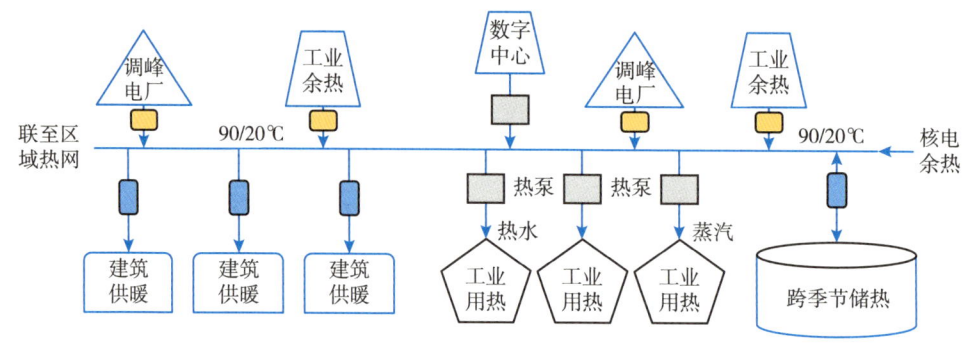

图 6.4 多热源、多用户的跨区域供热网

对于上述集中供热系统来说，降低热网的回水温度是非常重要的任务。降低热网回水温度可以增大热网供回水温差，提高热网的输送能力；较低的回水温度还可以提高回收余热供热系统的能效比，例如，将热网回水温度降低至20℃，可以使电厂余热利用的等效效能系数（COP）提升至7～10。降低热网回水温度可以扩大跨季节储热的温差，提高储热密度，进而降低储热成本。降低热网回水温度最有效的方法是热力站采取吸收式换热机组替代传统换热器，利用一次网和二次网的温差作为驱动，降低一次网回水温度至低于二次网回水温度。进一步降低回水温度还可以采取与电动热泵相结合的方式。对于新建社区推广安装楼宇式吸收式换热机组。针对热力站不具备吸收式换热安装空间的情况，可结合中继能源站的集中降温工艺，即集中与分散降温相结合。通过上述系列方法，最终将返回热源的热网回水温度降低至20℃及以下。

（6）小结

我国未来建筑和工业用热需求及其供给方式如下：

1）长江流域建筑冬季供暖为21亿吉焦，是低密度热需求，主要利用分散的空气源电动热泵供热。

2）生活热水和特殊建筑用蒸汽为10亿吉焦，属于分散的热需求，采用热泵热水器、电热水器、电热蒸汽发生器和电动热泵加水蒸气压缩机的方式来供给。

3）非流程工业150℃以上的热量需求为60亿吉焦，属于高密度热量需求，且需求的温度品位较高，不适宜用热泵制取，可采用电直热蒸汽锅炉、化石燃料或生物质燃料锅炉以及高温气冷堆供应；非流程工业150℃以下的热量需求为76亿吉焦，属于高密度热量需求，采用高温热泵从热网中提取热量，以及在高温热泵后串联蒸汽压缩机或蒸汽喷射器进一步提高蒸汽的压力及冷凝温度，满足不同工艺对蒸汽参数的需求。

4）北方城镇建筑冬季集中供热采暖热量为54亿吉焦，属于城市高密度热量需求，以集中供暖为主（占比80%）、分散供暖为辅（20%热网不可及的建筑）的方式解决。

5）建设余热资源共享系统，将各余热源和城市热用户连接到同一张热网上，利用热泵将余热和热需求调节到统一的热网参数，并降低热网的回水温度，实现余热充分高效回收、输送和利用。

上述用热需求中，北方城镇建筑供暖和非流程工业150℃以下用热属于高密度热量需求，共130亿吉焦，可以利用目前已建成的集中供热系统回收各类低品位余热，再通过热泵将其整合至要求的热参数，满足热量需求。

6.3 余热资源共享系统的三大关键技术

构建余热资源共享系统，关键要解决三个问题：一是余热的产生和用热需求之间存在的时间不匹配问题；二是余热源与热用户在地理位置上的不匹配问题；三是排放的余热与供热需求之间存在的温度不匹配问题。

6.3.1 大规模跨季节储热

充分开发利用低品位余热资源最大的困难是余热的产出时间与用热侧需要的时间不匹配。例如核电和调峰火电是为了发电需要，全年都有余热产出，而北方建筑仅在冬季才需要大量热量；弃风、弃光电力仅在春天出现，而这时往往是热量需要量最少的季节。此外，工厂受生产工艺及市场需求影响，其生产过程产生的余热也随时间存在较大波动。因为热需求与余热的产生在时间上不匹配的问题，所以余热资源得不到有效利用。破解上述问题的关键就是建设大规模跨季节储热系统，通过大规模储热系统使产热过程与用热过程在时间上解耦，彻底解决二者时间上不匹配的问题。

（1）大型跨季节储热技术

跨季节储热在我国和欧洲均有研究与应用。大规模跨季节储热包括水体储热、地埋管储热、地下含水层储热和相变储热等方式。地埋管储热、地下含水层储热和相变储热系统所储存的所有热量的储热和放热过程都要通过导热实现，而在与存/取热介质进行换热的过程中必然产生大量的火积耗散。跨季节水体储热系统是通过不同温度的水置换，而在储热、放热时不需要介质内部的导热的储热方式；与此同时，通过合理控制跨季节水体内部高、低温水的掺混而减小斜温层，使得跨季节水体储热体内的传热过程仅发生在高低温水的分界面上，最终实现跨季节水体储热系统的火积耗散远小于其他几种储热方式。同时，水体储热还具有成本低、储能密度高的优势，因此是跨季节储热的最佳方式。

水体储热在欧洲国家已经得到了少量的应用。表 6.2 为欧洲目前已建成的部分储热水池。这些储热项目主要是针对太阳能热利用，在非采暖季收集和储存太阳能产生热水，冬季用于供暖。

表 6.2 欧洲部分跨季节储热水池项目

国家	地点	体积/立方米	储/放热温度/℃	建设成本/（元/吉焦）	单位库容成本/（元/立方米）
德国	奥格斯堡	6500	—	—	—
德国	施泰因福特	1500	90/30	—	—
德国	艾格斯泰因	4500	60/30	—	—
丹麦	马斯塔尔 1 号	10000	50/25	7740	810
丹麦	多宁隆德	60000	86/12	970	305
丹麦	马斯塔尔 2 号	75000	50/25	2400	253
丹麦	托夫特伦德	85000	90/20	1040	304
丹麦	格拉姆	120000	90/20	730	214
丹麦	孚彦斯	200000	90/40	785	164
瑞典	兰博霍夫	10000	65/10	2090	481

我国已开展跨季节储热技术上的理论研究与工程应用研究，但大规模的跨季节水体储热示范工程或实验工程仍较少。中小规模水体储热方面，中国科学院电工研究所在张家口黄帝城小镇建立的包含 2 个 1 万立方米和 2 个 3000 立方米储热水体的太阳能跨季节储热示范平台，以及在北京延庆区 2 个 500 立方米储热水体开展了关于承重浮顶技术和逆温层盐池的研究；现有示范工程还包括位于西藏自治区的 1.5 万立方米储热水体。

（2）以储热实现低成本储能

在"双碳"背景下，建立新型电力系统所面临的最大难题就是可再生能源发电与用电负荷之间不匹配，解决该问题必须依靠储能，而包括电池储能、抽水蓄能、储氢等目前主要的储能方式储存成本都非常高。如果所储存的能量最终的应用方式是中温热量，那么成本最低的方式就是储热。

大规模水体储热的投资与其他储能方式相比要低得多。根据调研的跨季节储热实际工程的造价，当储热体容积达到 10 万立方米级别时，其造价可以控制在 200 元 / 立方米以内。储热温差取 70 开尔文，单位储热量的投资仅为 3 元 / 千瓦·时。即使考虑电热泵回收低品位余热供热系统的 COP=5，折算单位储电量的投资约为 15 元 / 千瓦·时，仍远低于电池的造价。

（3）跨季节储热的收益

跨季节储热是未来"双碳"目标下供热实现碳中和所必需的关键环节，发展跨季节储热可以获得以下收益。

1）跨季节储热可有效储存各类低品位余热，使零碳余热热源可以得到充分的回收利用。图 6.5 为全年的余热资源量与供热需求曲线，余热资源的产生在全年范围内相对稳定，而建筑采暖仅在冬季用热，因此余热供需在时间上存在不匹配。为保障供热安全，余热供热能力应超过供热负荷，因而导致余热供暖面积小，且大量的余热无法得到回收利用而白白浪费。如图 6.6，在建设大规模跨季节储热后，相当于有了一个热量仓库，可以随时将不同品位的余热储存在其中，并随时通过换热器提取所需热量。此时，只要全年的余热热量大于全年的用热需求即可，也就使得全年的低品位余热都可以得到充分的回收利用，余热利用率提高 3～5 倍。

2）跨季节储热使余热回收和输送系统的年利用小时数大幅增加，提高供热系统的经济性。目前余热回收和输送系统的年利用小时数一般不到 3000 小时，投资回收期长。诸如水热同产系统，通过海水淡化来制备热淡水的装置投资巨大，即使为其搭配调峰热源，让其在采暖季满负荷运行，其年利用小时数也仅在 3000 小时左右。设置跨季节储热后，余热回收和输送装置可以在全年稳定运行，年利用小时数可以达到 7000 小时以上，从而大幅降低系统的设备折旧成本，提高余热

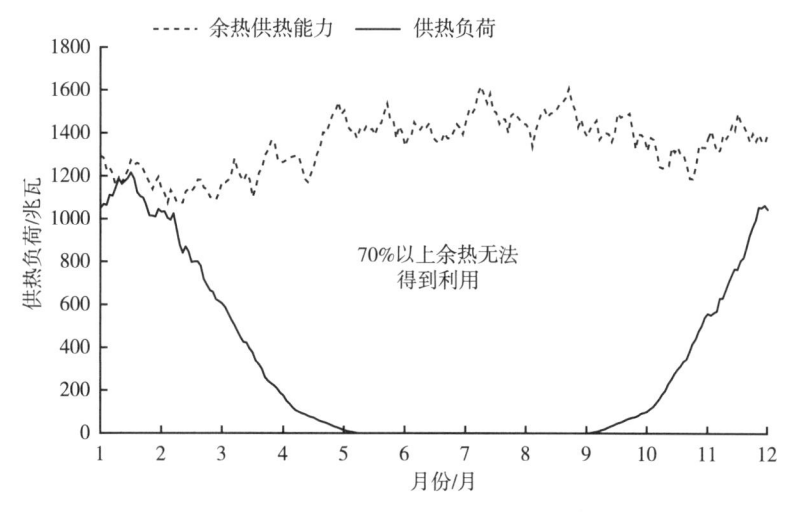

图 6.5 跨季节储热余热与供热负荷变化曲线

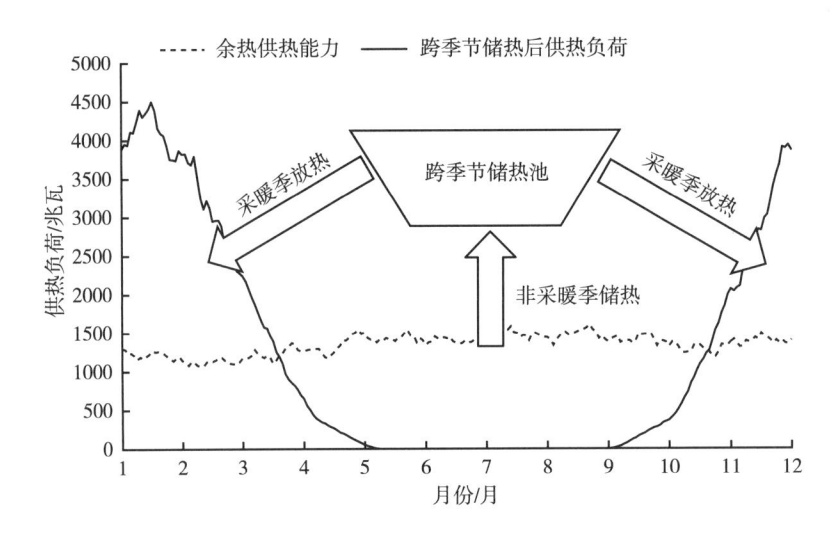

图 6.6 跨季节储热使余热得到充分利用

供热系统的经济性。

3）跨季节储热系统可以降低供热碳排放，提高供热安全性。目前为了使热电联产等高投资、低运行费的热源具有较好的经济性，都采用调峰锅炉作为调峰热源，这就不能避免调峰锅炉使用的化石燃料。当系统具有跨季节储能装置后，完全可以根据热负荷的变化随时改变从储热池中取热量，从而灵活调节供热热量，使得当时的热源状态最小程度地影响供热系统。同时，由于跨季节储热常备大量热量，当某个热源临时出现故障无法供热时，就可以由跨季节储热装置提供热量，从而大大提高供热可靠性。

4）跨季节储热系统可利用电热泵或电热锅炉消耗春秋季过剩的风电、光电，使这些原本会弃掉的电力发挥作用。根据未来碳中和下电源供需平衡分析可知，风光电力在春秋季出现过剩，特别是春季会产生大量弃风弃光电力，全年弃风弃光电量接近 10%。通过跨季节储热库，可以在出现弃风弃光时利用电动热泵从储热库内中温段或低温段提取热量，转换为储热库的高温热量（95℃），释放到高温段；也可以直接通过电锅炉加热中温段至高温段。这样既回收利用了弃风弃光的电力，还减少了储热水库由于一些掺混现象导致的耗散，提高储热系统的火积效率。

5）跨季节储热系统中存有大量的低温储水，这些低温储水对于各余热源来说是一个稳定的冷却源，跨季节储热系统中存有大量的低温储水，这些低温储水对于各余热源来说是一个稳定的冷却源；因此对全年持续提供余热的工业过程和发电厂而言，通过利用储热水库中的冷水保证其生产过程的有效冷却需求量，可以少设置甚至不再设置冷却系统。

6.3.2 热量长距离输送技术

长输供热在过去长期没有规模化发展的一个重要原因是热网输送能力不足，在传统小温差、大流量运行模式下，热网长距离输送一定热量所消耗的泵功太大，导致供热成本过高。通过前述的大温差换热技术，将热网回水温度降低至20℃左右，大幅增加了供回水的温差，热网的输送能力提升50%以上，从而大幅降低了热量输送成本，使热量长距离输送成为可能。

热网的经济输送距离与管径正相关，即管径越大，单位热量的输送成本越低，热网的经济输送距离也就越远。首先，管径越大，输送单位热量的管道的投资就越小。其次，管径越大，相同输送距离下单位输热量的泵耗越小。在既定的保温条件下，相对热损（即绝对热损与供热量之比）与管径、供热温差均成反比。因此，管径越大，单位热量的输送成本越低。图6.7为每10千米长输管网的输热成本（元/吉焦）随着热网管径增加的变化情况，从图上可以看出，管径1.6米的单位输热成本仅为管径为1米的单位输热成本的一半。

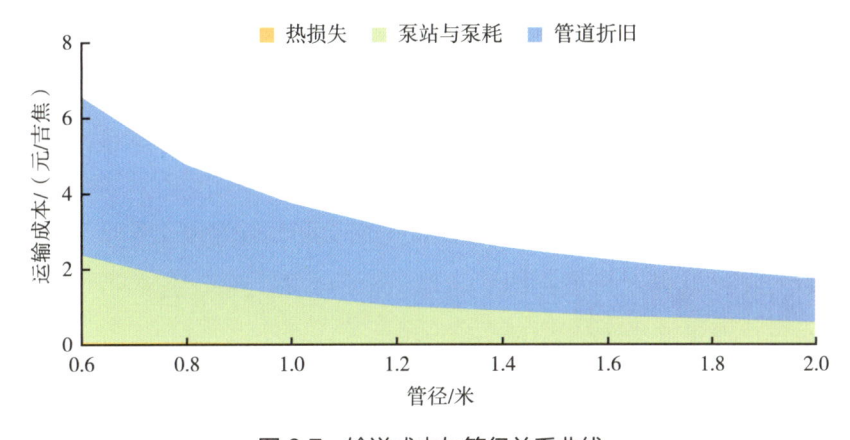

图 6.7 输送成本与管径关系曲线

热网管径大小是由供热规模决定的，也就是说长距离供热系统适用于大热源，例如大型火力发电厂和工业企业。同时也需要有大用户消纳这些热量，例如大规模城市采暖，集中的工业用热需求等。

此外，提升热量长距离输送技术的经济性还可以从以下两方面着手。一是通过各种表面处理技术实现管道减阻，以降低泵耗。管道内衬涂层是减阻的主要手段，可将粗糙度从目前的0.1毫米量级降至0.01毫米量级，对于大口径管道而言阻力可减少30%以上。二是加强管道保温，杜绝各种漏热热桥，以降低热损。保温成败的关键在于：材料本身要有足够低的导热系数并耐高温，以及保温材料要具备长期稳定性，需要有高强度保护壳以抵御各种应力和机械损伤，并防止外界的雨水、地下水渗入保温层造成保温性能失效，同时也要避免管道漏水从内侧渗入。

此外，传统集中供热管网供热距离一般不超过20千米。大温差长输供热技术突破了传统热网的输送距离限制，供热距离通常超过20千米，将供热范围大大拓展。长输热网多采用 $DN1200$ 以上大口径管道，供热面积通常在1500万平方米以上。管道直径的增大（$DN1200$ 以上）、输送距离的延长（20千米以上）、供热温度的提升（120～130℃）以及汽化点升高所带来的运行压力提升，使得长输供热水力系统复杂度大幅增加。长输供热水力系统因其长距离特征往往需要设置多级泵站也进一步增加了系统的复杂度。泵站扬程和位置的合理选择，以及定压、稳压、泄压等安全防护设备的合理布置，可以有效利用水击波的叠加（这里指正负水击波的叠加）和衰减效应，将事故水击的影响降至最小，此为被动防护。主动防护可以发挥光电信号传播速度远快于水击波速的特点，通过自动控制程序在水击波到达之前预先执行主动防护动作，如泵阀联动，提前消除水击可能造成的危害。

基于以上这些复杂的水力问题，长输供热工程在实施前必须开展全面的动态水力计算，分析各种可能工况的水力特性，基于水力计算结果来设计被动或主动水力防护措施，避免出现超压、汽化等水力事故，确保系统全工况运行安全。

6.3.3 热量变换技术

未来的集中供热热网有统一的供回水温度，城市热网供水温度在90℃左右，热网回水温度降至20℃。各类热源、余热热源与大网连接，各类用热用户与大网连接都要依靠各种热量变换技术。

源侧与大热网之间、大热网与末端之间可能处在同一温度水平，且源侧平均温度高于大热网的平均温度，大热网的平均温度高于末端用户的平均温度，但是源侧、大热网和末端用户的循环温差不匹配，需要进行温差的变换。或者源侧平均温度低于大热网的平均温度，或者大热网平均温度低于末端用户的平均温度，此时需要用到热泵。由此，在热源、跨区域供热网、末端之间需要以下5类热量变换技术，以实现各类余热热源向建筑、各类工业用户、跨季节储热装置之间的供热。

1）热源平均温度高于大热网的平均温度+换热温差，但存在热源侧小循环温差和大热网大循环温差问题，此时利用第二类吸收式换热器（图6.8）实现热量变换。

2）大热网的平均温度低于末端用户的平均温度+换热温差，但存在大热网大循环温差和末端用户小循环温差问题，此时利用第一类吸收式换热器（图6.9）实现热量变换。

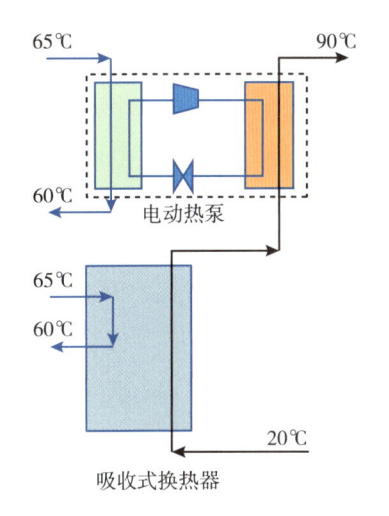

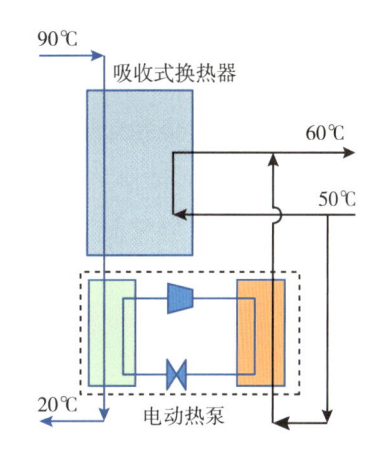

图 6.8　第二类吸收式换热器与热泵相结合　　图 6.9　第一类吸收式换热器与热泵相结合

3）热源平均温度低于大热网的平均温度＋换热温差，此时需要利用热泵（图 6.10）进行热量的品位提升。

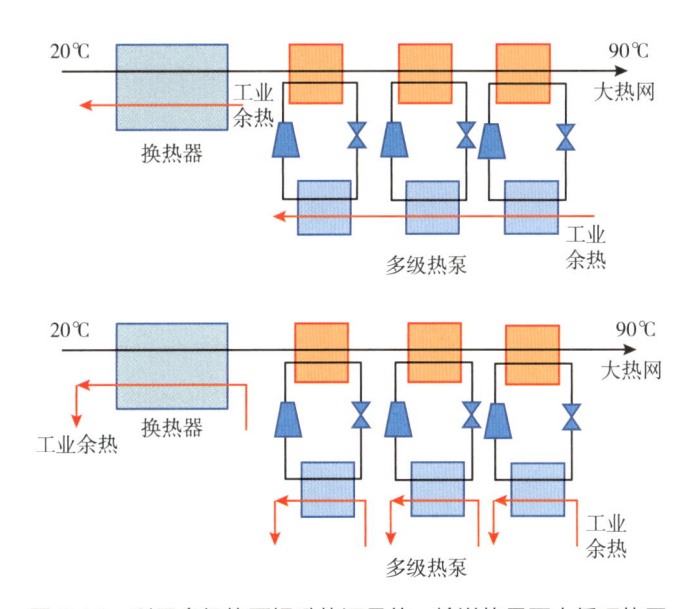

图 6.10　利用多级热泵提升热源品位，输送热量至大循环热网

4）大热网平均温度低于工业用户的平均温度＋换热温差，此时需要利用热泵进行热量的品位提升，采用如图 6.11 所示的热量变换流程。

5）在热源、大热网与末端用户之间既存在循环温差不匹配问题，又存在品位不匹配问题，此时需要吸收式换热器与热泵相结合进行热量变换。

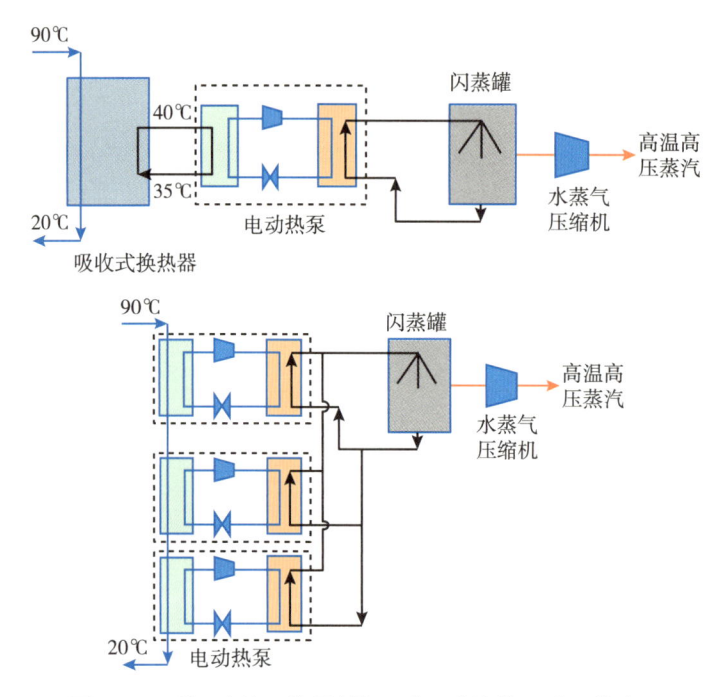

图 6.11 利用大热网热量制备工业用蒸汽的两种系统流程

通过上述5类热量变换技术，实现将不同品位的热源变换至统一的热网，不同需求的热用户从统一的热网提取热量并变换至所需温度品位，解决了余热源、热网、储热装置和热用户温度参数不匹配的问题。

6.3.4 利用余热海水淡化，实现水热同产、水热同送
（1）技术介绍

我国北方沿海地区水资源短缺问题突出，通过海水淡化生产淡水是适于沿海地区的一种获得淡水资源的方式。海水淡化主要有膜法和热法两类，目前我国海水淡化主要采用膜法制备，但制取的水中氯离子等含量偏高，水质较差。热法海水淡化采用多级闪蒸或多效蒸馏工艺，生产的热淡水纯度高，热量则通过冷却排入海水中。因此，热法海水淡化需要消耗大量的热量，生产成本高，应用相对较少。

采用水热同产技术，利用沿海核电厂、火电厂和工业生产排放的低品位余热，通过热法海水淡化直接制备热淡水（如95℃）。由于淡水为热量的载体，如果可以实现有效回收排出的浓海水的余热，就可以使整个系统输入热量的90%以上都进入输送的淡水中，实现水热同产、水热同送。只有不到10%的热量通过浓海水排入大海，此时若输入热量算作淡水被加热的投入的话，水热同产过程实现了近似"零能耗"制水。水热同产设备的投资要低于常规热法海水淡化设备，因

此实现了低成本的产水产热。

热淡水再经过单根管道将热量和淡水同时输送到城市负荷区，并通过基于热泵的水热分离技术，将热量从热淡水中提取出来，用于加热城市热网水。长途输送过来的热淡水通过水热分离，温度降低到 20℃ 以下后，经过矿化调质后送入自来水厂或城市给水网络中。这样的水热同送技术，利用单根管就实现了淡水与热量的同时供应，替代了常规的三管系统——双管供热 + 单管输送淡水，使输配系统成本大幅下降。与燃气锅炉供热相比，在输送自来水不计算成本的前提下，经济供热距离达到了 300 千米，足以覆盖沿海地区的城市，并能进一步向更深的内陆地区辐射。

上述利用余热实况水热同产同送的系统，其原理是利用单根管道水热同送和在城市附近水热分离的技术构成了利用沿海余热水热同产同送的系统，其原理如图 6.12 所示。

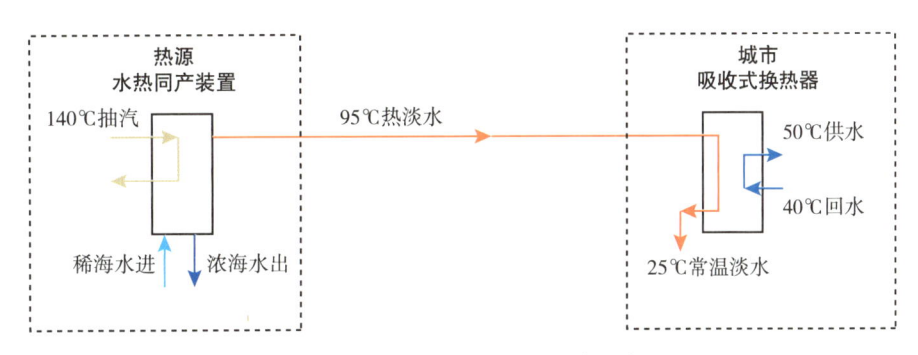

图 6.12　水热同产、同送、分离示意图

该技术为世界首创，目前已经建成海阳核电厂水热同产同送示范工程，并成功运行。

（2）海阳核电小型示范项目

1）项目概况。

清华大学与山东核电有限公司等单位于 2021 年合作完成了"水热同产同送"示范工程，旨在通过小规模示范工程项目的建设和运营，模拟未来水热同产同送在大规模应用下的情况，验证技术的可行性，为未来大范围推广应用积累经验。

该示范工程首次将清华大学提出的完整的水热同产同送技术应用于实际工程，如图 6.13 所示。本示范工程主要分三个环节：源侧为水热同产设备（安置在海阳核电厂内），以蒸汽为驱动能源进行海水淡化，同时产生 95℃ 高温淡水；水热同送系统将高温淡水通过单根管道输送到 9 千米外的末端（专家村）；在专家村，通过水热分离设备提取热量，用于承担专家村接待中心采暖热负荷及泳池热负荷，降温后的淡水满足专家村部分生活用水需求。

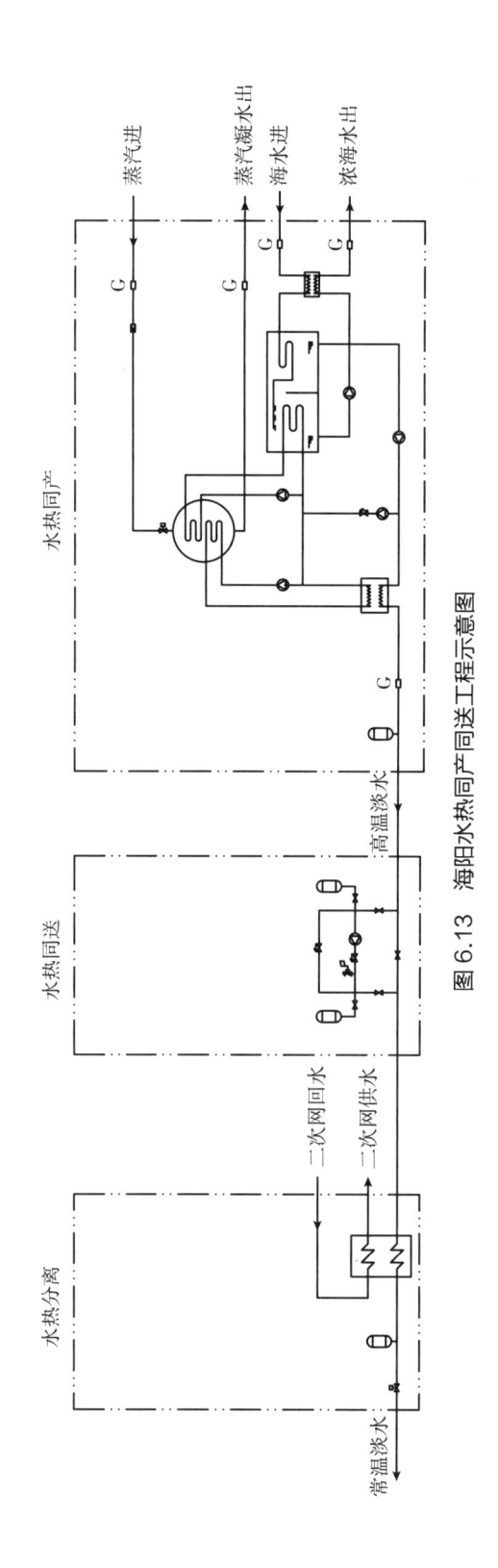

图 6.13 海阳水热同产同送工程示意图

2）运行情况。

海阳核电水热同产机组是多效蒸馏水热同产机组和多级闪蒸水热同产机组两台机组的组合体。原海水从总入口管进入后分为两路，分别进入两台机组，从两台机组流出的浓海水汇合后流出机组。两台机组各自产生的热淡水，在各自热水泵驱动下，在出口汇合后送入水热同送管路。

两台机组稳定产生热淡水 7 吨 / 小时，淡水温度约 97℃，经过 9 千米单管输送至专家村进行水热分离，分离后的淡水温度降至 25℃。系统所生产淡水的水质显著优于《生活饮用水卫生标准》（GB 5749—2006），供热效率接近 90%。

该示范工程证明了水热同产同送技术是可行的，为该技术的进一步深化研究和大规模工程应用迈出了坚实的关键一步。

6.4 零碳供热的实施步骤

根据我国能源转型和低碳发展的目标，在不影响建筑采暖、工业生产用热的前提下，遵循"先立后破"的理念，提出了三个发展阶段，逐步实现由目前的化石能源热源向零碳热源的转型。

第一阶段：2030 年之前，持续推动建筑节能改造，提高建筑围护结构保温性能，降低建筑耗热量；全面推动降低热网回水温度的工作，低成本回收现状热源处的低品位余热，满足新增建筑的供热负荷；开发工业余热热源，发展分散式空气源热泵、土壤源热泵等新能源供热方式，替代集中式燃煤锅炉和燃气锅炉，减少燃气消耗和碳排放。

第二阶段：2030—2040 年，进一步推动大温差改造，实现回水温度降低至 20℃的目标；建成几项示范性核电余热长输供热工程，利用核电余热长距离输送热量，为工业生产供热，以替代工厂原来的燃煤/燃气锅炉和小型热电联产设备；建成 2～3 个大型跨季节储热示范工程，提高供热系统的灵活性和可靠性，并替代供热领域各种规模的燃气锅炉。

第三阶段：2040 年以后，随着火电厂的逐步关停，通过建设大型跨季节储热设施，使原来的一个热源可以起到 2～3 个热源的作用，并降低供热系统的运行成本；全面回收各类工业全年的余热，满足城镇供暖和非流程工业等方面的用热需求；利用跨季节储热以热量的形式回收风光电春季的弃风弃光电力，增加可再生能源的利用率。

经过上述三个发展阶段，最终建成基于低品位余热的集中供热系统，实现城镇供暖和部分非流程工业用热的零碳目标。

第 7 章 农村新型能源系统

我国农民的生产和生活主要依赖化石能源的燃烧,能源结构亟待转变。我国农村的资源特征是拥有丰富的生物质资源和巨大的光伏装机潜力,未来农村应该从一个能源消费者转变为能源的生产者。如何有效利用农村的生物质资源和光伏资源是一个值得探讨的问题。因为生物质资源的不合理利用甚至会释放更严重的温室气体,而传统的农村光伏系统直接将光伏电力逆变上网,不仅侵占了有限的变压器资源,还给电网的调度带来了很大的麻烦。所以,如何利用农村的资源优势,推动农村能源系统的全面电气化和脱碳化是本章要讨论的内容。

7.1 农村能源资源现状

2021 年,我国 30 个省(自治区、直辖市)年农村生活用能总量约为 3.11 亿吨标准煤,包括 1.6 亿吨煤炭、0.9 万吨液化石油气,2623 亿千瓦·时电,55 亿立方米天然气。农村地区的散煤用量占全国非工业散煤的 90% 以上,是减煤减碳的重点之一[1]。散煤燃烧和生物质散烧用能给农村地区带来了严重的环境污染,也给农民的身体健康造成威胁。农村的清洁低碳发展一直滞后于城镇,不利于消除城乡差别实现均衡发展,也极大地制约了农村的整体可持续发展。另外,国家投入了大量财政支持在农村地区推行"煤改气"、"煤改电"、清洁取暖等政策,国家投入了大量财政支持,尽管对解决农村用能的清洁化、提升区域环境质量、改善农村生活条件起到了积极的作用,但大规模"煤改气"既加剧了我国天然气的供需矛盾,又增加了农村的用能负担,同时也不利于我国的低碳发展。尽管我国农村地区已经脱离绝对贫困,但目前城乡发展的不均衡问题将是我国建设现代化强国、实现"双碳"目标必须破解的瓶颈之一。

我国发展太阳能光伏的主要制约已经从安装成本和接入成本转为安装空间

---

[1] 国家统计局. http://www.stats.gov.cn/

和消纳方式，农村屋顶空间是重要的可再生能源资源。卫星图像识别分析结果表明，我国农村地区屋顶面积达 273 亿平方米，可安装光伏 19.7 亿千瓦，预计年发电量近 3 万亿千瓦·时，是农村实现全面电气化后生产生活用电量的 3 倍以上。因此，农村应该全面建立以分布式光伏为基础的新型能源系统，彻底取消农村散煤、天然气、燃油等化石燃料的使用，也不再使用各类生物质能源（秸秆、枝条、牲畜粪便），完全靠光伏发电全面满足农村地区的生活用能（包括炊事、采暖）、生产用能和交通用能。

在农村地区发展以分布式光伏为基础的农村新型能源系统，不仅可以实现农村地区的清洁、低碳、低成本能源系统，实现新能源系统建设中的"农村包围城市"，更重要的是可以缓解可再生电力的调节与消纳矛盾，将成为我国新型电力系统建设的突破口。

7.2 以屋顶光伏为基础的新型能源系统

未来的农村新型能源系统，目标是建立由屋顶光伏发电支持农村的生产、生活、交通用能，逐步替代常规的煤、柴油、天然气、生物质直接燃烧等，从而实现农村清洁低碳用能，彻底解决固废问题。农村的生物质资源相对于电力，更容易储存、运输，所以应该将其商品化，通过市场流通进入低碳能源市场，发挥其零碳燃料的作用。

7.2.1 农村"光储直柔"新型能源系统的技术方案

农村屋顶光伏系统发电、户内经济型储能、直流用能、与电网柔性互动的"光储直柔"系统如图 7.1，该系统包括家庭单元和公共单元。家庭单元包括：在每户屋顶可以安装峰值总功率 10～20 千瓦或以上的光伏，户内为直流配电，连接各类电器及蓄电池和家用直流充电桩等。家用电器主要有照明、电视、电脑、电炊具、电热水器及电采暖装置，这些装置可以在现有交流设备上经简单改造即可实现直流化。依靠峰值功率 10～20 千瓦的光伏板，每户全年发电量 1 万～2 万千瓦·时，可满足一户农村居民的全部生活用电，包括北方地区 20～60 平方米房间的冬季采暖，南方地区的采暖及各类交通工具和生产工具的充电。在春、夏、秋季还剩余的电力，可用于村内农业生产和农副产品生产加工用能，同时在一天中的合适时段上网。户内蓄电池可以满足夜间的照明和家用电器的用电量。在连阴天时，可依靠蓄电池和电动车电池的储电，满足基本的照明和家电用电需求。农户屋顶光伏电力在满足室内用电需求以及充电设备的需求后，再有序向村级母线送入多余电力。

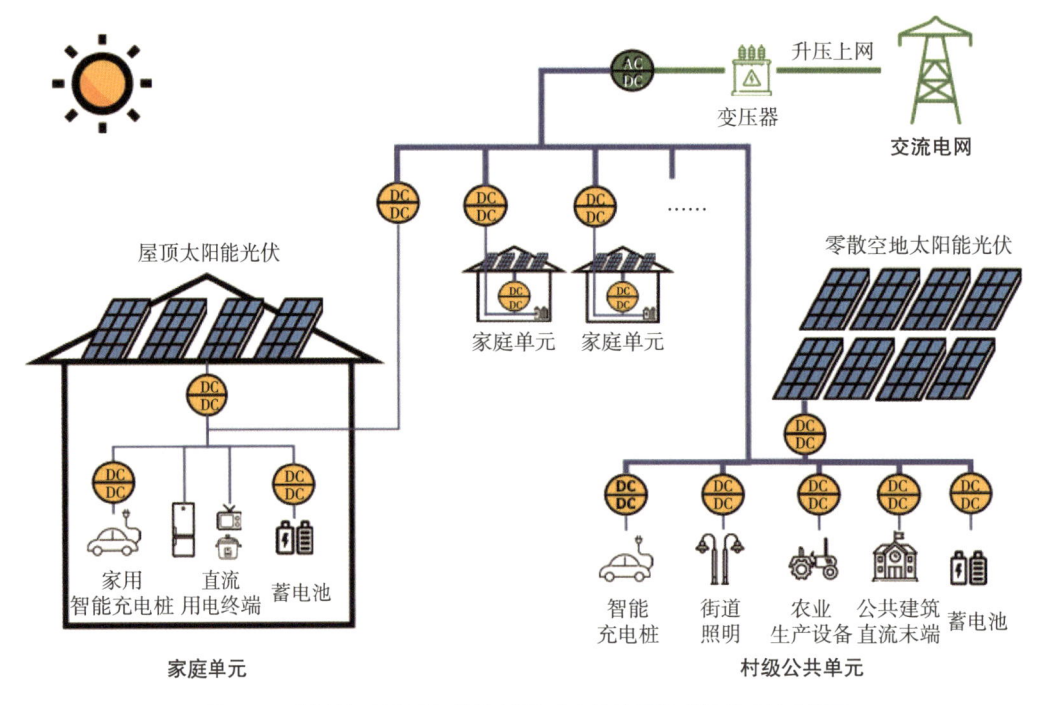

图 7.1　农村基于屋顶光伏的村级"光储直柔"微网系统示意图

对于约 100 户构成的一个村，户内直流微网通过户间 DC/DC（直流变到直流）变流器接入村的直流母线，该直流母线连接各户的直流微网，还与公共单元相连接。公共单元主要包括公共闲置空间安装的光伏、村内公共建筑的直流微网、公用直流充电桩，以及各类生产用电设施（泵、农副产品加工设备等）。村级直流微网连接各户微网，并与公共发电单元、公共蓄电单元连接，为公共区域夜间照明和各种公共设施供电，并经过逆变器转为交流电，通过变压器升压接入外电网。村级直流微网可实现户间电量的相互补充，并提供公共设施及生产设施的用能。各户的剩余电量通过村级直流微网和公用蓄电池统一调配后，可在电网要求的时段内售电上网，成为电力系统的额外经济收入。各户及公共的蓄电池和各类电动车、电动农机的蓄电池的储电能力可接近村级直流微网接入的光伏电池一天的发电总量，经过这样的整合之后，光伏电力就由不可调控的波动性电源转变成可调可控的优质电源，既满足无阳光时段的用电需求，又可根据电网要求在指定的时间段送电上网。目前这种系统已经开展村级示范，之后将在县域推广实施。

未来全面推广电气化农机，有可能使每户拥有 60 千瓦·时以上的储电能力（各类移动农机和车辆的电池），这就为调蓄每户屋顶光伏的电力提供了充足的储能资源，既可以协调发电与各种用电之间在时间上的不匹配，还可以协调剩余电力峰值功率与配电网变压器容量,以及剩余电力供应与电网需求之间的矛盾,从而实现一个配电台区或一个村庄电力的"只出不进",也就是只通过农网向大电网输出电力,而在任何时刻都不从电网获取电力,使一个村庄成为一个柔性发电厂。

对农民来说,屋顶光伏将成为其新的经济来源之一;对电力系统来说,农网将从长期依靠财政补贴的包袱转变为可对电网起一定支撑作用的新型电源。这需要从每户、每个台区变压器以下的供电区、每个村庄的电力系统结构设计、安全分析、运行调度等多方面进行全面研究、创新和工程尝试与示范。

7.2.2 屋顶光伏系统的经济性分析

对典型屋顶光伏系统的成本和收益进行分析,以单户建成峰值功率20千瓦光伏的系统为例,分析按照设备的成本价格估算,硬件初投资约10万元,具体造价如表7.1所示。从成本构成中可以看到,光伏板和光伏支架占系统投资的一半左右,DC/DC转换器件占总投资的34%,除此以外还有工程材料、调控计量等投资。户内投资部分不考虑任何初投资补贴,由农民自主低息贷款并拥有产权,在本分析中考虑2%的光伏低息贷款,采用等额还本付息方式还款。若村委会或者农户投资系统,农户可实现免费用电,还可将余电在合适时间送电上网,通过上网售电收入来偿还投资本息。假设年平均发电小时数为1200小时,那么单户的总年发电量可达到2.4万千瓦·时,考虑生产生活和交通总用电量为1万千瓦·时,仍余1.4万千瓦·时可送电上网。因为屋顶光伏系统上网电量具备调蓄属性,因此不需要考虑弃光。通过蓄电在指定的时间段上网,上网售电电价可以提高到0.55元/千瓦·时,每年售电收入可达7700元,仅靠售电费用可以在15年内收回安装成本。该系统由农民自己运营管理,不考虑额外的运营费用,还可以促进农民通过需求侧响应的模式来用电,以最大化地发挥各项用电设备和电池的调蓄能力。按照这种模式,假如农户只承担户内电力系统的投资,台区系统的改造费用由电网公司或者村委会承担,则户内部分15年可收回投资。近年来,光伏组件以及装换器的成本仍在下降,同时国家和地方对于农村光伏、储能、清洁取暖等项目均有补贴,假如农户能全部享受这些政策补贴,平均每户可以减少约2万元投资,则回收期可进一步降低。事实上,随着光伏板和相关器件的技术进步和规模化生产应用,户均投资数额在未来也有进一步降低的空间。

表 7.1 农户峰值功率 20 千瓦屋顶光伏系统的成本估算

主要组件	容量	单价	费用/元	费用占比/%
光伏板	20 千瓦	1.6 元/瓦	32000	30
光伏支架	20 千瓦	0.75 元/瓦	15000	14
DC/DC 转换器件*	45 千瓦	0.8 元/瓦	36000	34
安全防漏电设备	1 套	6000 元/套	6000	6
铅酸电池	9 千瓦·时	1 元/瓦·时	9000	9
调控计量	1 套	1000 元/套	1000	1
工程材料等	1 套	6000 元/套	6000	6
户内投资总计			105000	

*DC/DC 转换器件的组成包括户内用电设备 DC/DC 转换器件（10 千瓦）、采暖设备 DC/DC 转换器件（10 千瓦）、蓄电池 DC/DC 转换器件（5 千瓦）、充电桩 DC/DC 转换器件（5 千瓦）和与村级网互联的 DC/DC 转换器件（15 千瓦），共计容量为 45 千瓦。表中数据仅供参考。

7.2.3 农村零碳新型能源系统的推广模式

把屋顶光伏的开发作为农村以全面电气化为目标的新能源革命的基础，需要优先解决农村生活、生产和交通的能源需求，替换目前农村的燃煤、燃油、燃气和秸秆直接燃烧。农民因为生产内容不同，拥有不同的机械化和运输设备。这些农机设备全面电气化，所拥有的电池资源将高于城市居民。采用标准模块化电池的换电方式，每户可拥有 60 千瓦·时的储能资源。由于大多数农业机械使用率并不高，这些电池平时可以放置在每户的电池柜中，成为分布式储能资源。依靠屋顶光伏和 60 千瓦·时蓄电池，可以满足各种生活用能需求，如炊事、采暖、生活热水、照明和家电。即使出现 3 天连阴天，只要预先规划储电，也能保证各种用电需要。20 千瓦的光伏发电的 1/4 即可满足农户生活用电需求，剩余 3/4 则用于部分生产和上网售电。60 千瓦·时的蓄电能力完全可以满足夜间照明、生活娱乐等必需的电力供应，而生产用电（如浇灌、农副产品加工等）则可以实行需求侧响应方式，根据电力供应状况组织生产。这样最终剩余的 1/2 到 2/3 的电力（平均每户 1.2 万～1.6 万千瓦·时/年）可以利用现有的农网系统上网输电，成为农民新的经济收入。如果每户平均的配网容量为 5 千瓦，则每年上网输电 2500～3000 小时，是光伏直接发电上网时间的两倍。利用 60 千瓦·时的蓄电池资源，可以选择用电负荷高峰期而不是光伏发电时段送电，这就使得农村光伏也能参与大电网的调节，使光伏由"垃圾电"转变为可调控电源。在这种情况下，农网的目标应该是实现"只发不收",成为分布式发电厂。设计合适的融资方式、管理运行方式、调控方式、建设方式能将农村屋顶资源充分利用,全面解决农村能源问题。

国家相关部委推出整县屋顶光伏计划,掀起开发农村屋顶光伏的热潮。很多企业将其看作是开发新的空间资源,把屋顶理解为可安装光伏的"空地",到农村租用屋顶,安装光伏,所发电力全额上网,也就是传统的直接逆变上网模式。这种方式的光伏发电与农户无关,既不能解决农村能源问题,也不能有效利用农村的储电和灵活用电资源,房屋业主还容易与光伏的管理者产生各种纠纷。按照每户可以安装 20 千瓦光伏分析,目前的农网户均容量为 5～6 千瓦,仅能接受不到 1/4 的屋顶光伏。这就使得一方面农村的储能和灵活用电资源得不到开发应用,另一方面由于缺少储能资源使得屋顶空间资源也仅能开发一小部分。因此,这种由企业租用农户屋顶光伏的模式不可取。

为了全面推进农村新型能源系统的建设,在技术体系方面,应发展"产消调蓄一体"模式的农村屋顶光伏系统,以台站作为单元,展开整村级的电力系统改造和屋顶光伏系统安装。对每一个直流微网台站,实现电量"只出不进";当一个高压台站下的多个低压台站均实现了直流改造以后,即可实现上一级高压台站的电量"只出不进";对于未实施直流改造的村级电网,则仍然实施原模式,电量"只进不出",如图 7.2。这样可以实现每个台站的电流单向流动,避免电量无

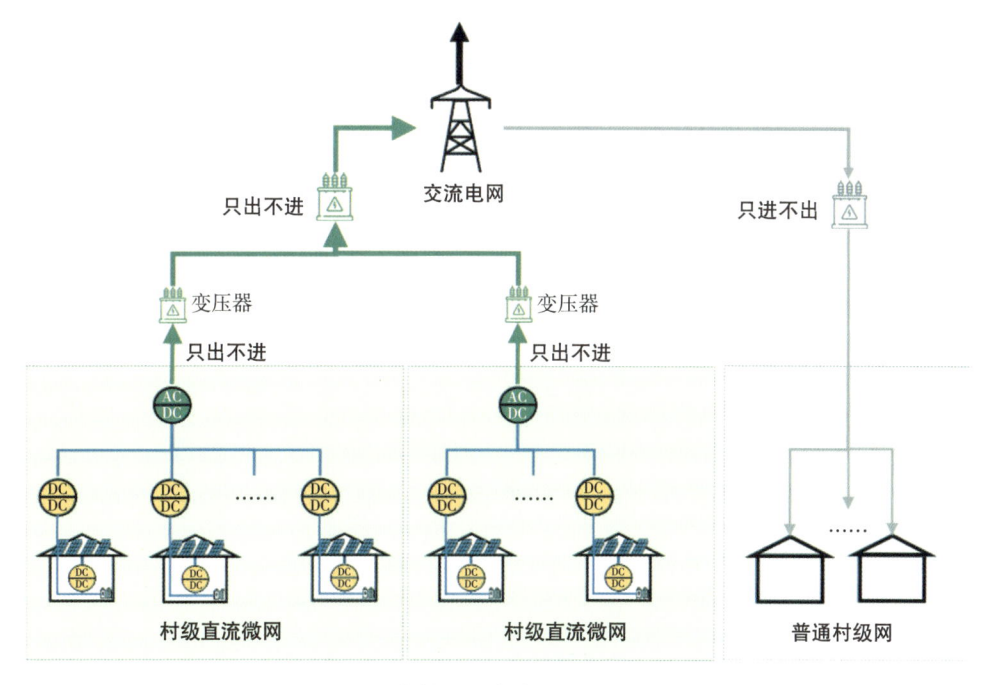

图 7.2 农村屋顶光伏系统推广示意图

序上下网的潮流变化和对电网造成冲击。

农村光伏目前在市场中应用的商业模式有三种：一是大型能源公司投资，租用农户屋顶，合同关系和结算手续均较为简单，缺点是农户参与度低、收益比例也少，后期企业的运行维护成本高，投资方基本上是具有低成本融资优势的大型企业；二是集体企业投资，农户入股，这种模式一定程度上和村干部的组织能力和村集体经济的基础条件有关；三是农户个人投资，自发自用余电上网，此模式的社会整体成本最低，和农村今后的全电气化发展方向最为吻合，是"光储直柔"技术的较为适宜的应用场景。

农村"光储直柔"系统最终期望达到电力的"只出不进、寓电于农"。"只出不进"是指以整村来看，全年任何时刻的用电都由村内光伏发电满足，多余电量还能够对外输出。"寓电于农"是指村民是村内所有能源设施的资产持有者。农户院内部分引导农民自行投资，资金来源可为低息甚至免息的绿色金融贷款；村内公共部分由村集体企业投资，村集体企业发展成为清洁能源综合运营商，负责当地农村散煤治理项目的投资和运营，以及发展分布式可再生能源维护及服务、生物质成型燃料加工等乡村能源站等清洁能源开发工作。采用政府购买服务与用户缴费相结合的方式，保证相关项目的投资收益，政府协助相关项目争取政策性绿色贷款。对应农村地区"光储直柔""只出不进、寓电于农"的商业模式，针对性地提出以下三项关键政策机制建议：

一是以村为单位，将农户屋顶、院子周边、农业设施、林地荒地具备铺设光伏的资源统一规划，参照脱贫攻坚的工作方式，"建档立卡、一村一策"，将电动农机具、电动车、农户采暖以及家电升级等需求综合考虑，采用"光储直柔"方式，分期分批统一建设。与光伏协同发展，"光储直柔"系统将成为电动车辆和电动农机在农村推广的重要推动力。建议村委会配合提供建设充电桩的相关材料，保障慢充桩的建设。同时将公共快充桩纳入农村基础设施范畴，由中央或地方财政直接拨款建设。

二是加快分布式发电交易平台建设，使投资安装光伏的农户可以"隔墙售电"。和城市地区建筑类型多样、用电计量计费复杂的情形不同，农户每家天然具备产销一体的属性，可以使"光储直柔"系统的后期运维成本最低。"隔墙售电"可彻底破解当前农村地区户用光伏系统中"农户袖手旁观、企业运维不起"的困境。

三是加速支持一批带商业模式的整村建设"光储直柔"能源系统的试点，总结形成可复制可推广的经验，以点带面，多领域多层次推动"零碳乡村"发展。

7.3 农村生物质能源的商品化

在未来低碳能源中,电力将是主要的形式。对于仍然需要燃料的工业、交通用能,生物质能源将是理想的零碳燃料,农村正是生物质能源的生产基地。根据清华大学建筑节能研究中心基于《第二次全国污染源普查公报》、第 8 次森林资源清查等统计数据的估算,2017 年我国农村可产出的生物质能源为 6.37 亿吨标准煤,其中包括农业秸秆 4.5 亿吨(折合 2.50 亿吨标准煤)、林业枝条 2.4 亿吨(折合 1.73 亿吨标准煤)、畜禽粪便 38.1 亿吨(折合 2.14 亿吨标准煤)。

我国以农作物秸秆为主要代表的生物质资源总量丰富,但长期得不到充分利用。生物质与煤、天然气等化石能源以及风能、太阳能等可再生能源不同的是,其大部分来源于农业秸秆和林业废弃物。粮食是民生之本,保障粮食生产就必然会产生大量的秸秆。如果对秸秆放任不管或者采用如散烧等不合理的消纳方式,则对环境产生负面影响;如果对秸秆合理消纳,将会成为能源结构中的重要一环,对于减少碳排放、缓解气候变暖具有重要意义。以秸秆资源为例,秸秆还田方式是我国目前主要的消纳方式之一,通过秸秆还田方式消纳的秸秆资源占可收集资源总量的 27%,其他消纳方式还有饲料化、燃料化、基料化、原料化利用及散烧。不管对秸秆等生物质资源采取何种消纳措施,只要不是燃烧,都会产生一定量的甲烷和一氧化氮排放,这两种气体的温室气体效应分别为二氧化碳的 28 倍和 265 倍,因而也会造成不同程度的温室效应。例如对水稻秸秆,还田方式、秸秆成型燃料燃烧、秸秆野外焚烧、发酵制沼气、做牲畜饲料和自然弃置的等效温室气体效应分别为 1135 克二氧化碳当量/千克生物质、13.5 克二氧化碳当量/千克生物质、136 克二氧化碳当量/千克生物质、109 克二氧化碳当量/千克生物质、558 克二氧化碳当量/千克生物质和 24 克二氧化碳当量/千克生物质。因此,将生物质压缩成型并清洁高效燃烧,产生的温室气体效应最小,是最低碳的消纳方式。

我国生物质能源长期不能得到充分利用的一个重要原因就是强调"优先自用",没能实现有效的商品化。通过商品化流通可以使生物质能源加工成为农民新的收入来源,把加工成型的生物质作为低碳燃料进入商品能源市场,农民就会有积极性来收集、加工生物质,并将其作为一项重要的收入来源。农村屋顶光伏系统正好可以给生物质加工提供充足的廉价能源,大幅降低加工成本。以生物质颗粒压缩为例,在我国典型的产粮区,1 千克粮食的收入约为 2 元,1 千克粮食约产生 1.5 千克秸秆,可加工成 0.7~1.0 千克的生物质压缩颗粒,按照目前压缩颗粒的产品市场价格(约 1 元/千克),那么生物质收入为 0.7~1.0 元,也就是说,对于农民来说,每千克粮食收入增加了 30%~50%。

目前生物质的能源利用主要有 3 类成熟的加工技术。第一类是压缩颗粒，主要适用于玉米秸秆、果树枝条等，目前已有成熟的生物质压缩成型技术和装置。现在已经开发出各类使用压缩颗粒的燃烧器、炉具、锅炉。压缩颗粒的燃烧效率可以从秸秆散烧时的不到 10% 提高到接近 40%。除氮氧化合物外，其他各类燃烧器排放水平指标也已经接近天然气的排放标准。第二类是块型燃料，主要适用于麦秸、稻草等，可用于大中型发电和工业锅炉。第三类是规模化制造沼气，再分离出二氧化碳，成为优质生物燃气，同时副产品沼渣沼液也是优质的有机肥料。在我国产粮区、林区有大量生物质资源，可全部收集加工成生物质颗粒燃料、生物质压块燃料或生物质燃气，进入商品市场流通。生物质燃料加工过程需要消耗大量电力，也可以依靠屋顶光伏系统提供。产粮户通过销售电力和燃料可使收入增加 50% 以上。

按照以上方案，建立农村新型能源系统，依靠屋顶和部分零散土地空间的光伏，即可解决农村全部用能问题，彻底告别燃煤、燃油、燃气和柴火，再无灰渣垃圾。农村全面实现电气化，可以在一定程度上改变生产和生活方式，通过能源革命带动农村现代化。同时，屋顶光伏发电的上网售电和利用光伏能源加工的商品化生物质能源，可使农民增收 50% 左右，大幅提升了农民的收入水平和生活水平。

因此，为了全面建成农村零碳新型能源系统，需要开展的核心技术研发包括农村直流微网结构和安全保障、农村家用电器的直流化、农机电气化和"油改电"、农村小型蓄能、农村用电系统的柔性灵活用电，以及分散型的生物质加工设备和集中式大型生物质燃气制备装置。

7.4 全面建立农村新型能源系统的重要意义

7.4.1 助力构建低碳能源系统

农村建成以屋顶光伏为基础的新型能源系统，不仅对改变我国农村经济和环境状况，早日建成现代化新农村有重要意义，也对我国的新型电力系统建设，尽早实现电力系统碳中和有至关重要的作用。

全面推广农村屋顶光伏，可满足全国 85% 的农区林区能源需求，全部发电量为未来我国实现零碳的新型电力系统中需要完成的太阳能光伏发电任务的 60%，因此是我国建设新型电力系统重大工程的重要组成部分。农村屋顶光伏发电除满足农村生产生活和交通用能外，还为电网提供容量约 8 亿千瓦，电量为 1 万亿千瓦·时/年的可调电源，相当于为电力系统额外提供了目前电力总量 1/8 的零碳电源，使水电、火电这些宝贵的调峰容量资源和核电这一宝贵的电源资源所面对的需要调节的风电、光电容量大大减少，可缓解缺少可调容量的困境，实现电力系统的灵活和稳定。因此，尽早尽快发展农村以屋顶光伏为基础的新型能源系统，不仅对改变我国农村经济和环境状态，早日建成现代化新农村有重要意义，也对我国的新型电力系统建设，尽早实现电力零碳也有至关重要的作用。

建立新型的电力系统，将是现有电力系统的革命性变化。电源将由集中式电源转为集中与分布相结合的电源；电网将由目前的单向受电电网转为双向有源电网；系统的稳定性将由依靠电源侧的转动惯量和同步容量转为较多地依靠负载侧的分布式蓄电；系统的安全性则由目前的冗余备用转为分布式电源和蓄电；电力的供需关系由目前的"源随荷变"转为"源荷协同"及至"荷随源变"；电力成本也由目前不同时段的2～3倍之差转变为不同时段5倍以上的差别。这些变化既涉及电力系统基本理论相关的基础研究，也涉及大量从基础元件设备到系统的改造和相关研发；既涉及电力政策、定价机制的调整，更涉及用电方式的适应和新的用电文化的建立。这样的巨大变化要求是在保证用电安全，保证社会稳定和经济持续发展的前提下进行，这就成为难以解决的困难和不得不应对的挑战。这种变化需要从供电系统对当地社会和经济发展影响较小的区域开始尝试，农村就正好成为尝试这一转变，建立新型电力系统的突破口。

7.4.2 解决"三农"问题，实现乡村振兴

在农村地区发展以屋顶光伏为基础的农村新型能源系统，还可以推动农村地区的电气化和社会现代化进程，实现农村地区的清洁、低碳、低成本的能源供应。随着农村的全面电气化改造，推动各类农机具和交通工具的全面电气化，可全面替代目前的燃煤、燃油、燃气和秸秆，彻底消除大气污染，成为继清洁取暖之后的又一"保卫蓝天"行动。

建成完全依靠电力、完全自立自主的新型能源系统，对提升当地农村的社会发展水平和农民的生活水平也将起到重要作用。发展"产消一体"的农村屋顶光伏系统，还将带动光伏、蓄电池、电力电子器件、直流配电与保护器件、电动汽车和电动农机具产品等相关产业，可以产生显著的环境效益、经济效益和社会效益。随着我国经济社会的发展，国内生产总值中食物原料相关支出将低于10%，这将导致农业人口劳动收入低于全国平均水平的1/2。通过建立新型农村能源系统，把生物质资源和光伏发电资源商品化，输出零碳燃料，可使农民收入增加50%，同时通过发展旅游业等第三产业，将农村的生态环境资源转化为旅游相关收入，可再增加相当于产粮收入的50%，即可实现农民收入翻番，实现农民收入与全国平均水平持平，助力实现乡村振兴和共同富裕。

7.5 政策建议

我国农村地区面临着能源、环境、经济发展的多重问题,"双碳"战略给解决"三农"问题提供了新的发展契机,应该把发展农村"光储直柔"和生物质商品化为基础的新型农村能源系统作为解决"三农"问题、实现乡村振兴的重点工作,这也是我国建成新型分布式电力系统,实现能源系统低碳目标的突破口和着力点。为了实现这一战略,提出以下政策建议。

7.5.1 确定把以发展"产消调蓄一体"模式的"光储直柔"系统作为建设农村新型能源系统,实现农村"双碳"目标的主要方向,进行顶层设计与规划

发展路径方面,建议把以发展"光储直柔"新型能源系统作为农村解决"三农"问题、实现乡村振兴的重点工作,协调各相关部门形成工作联动机制,对相关工作进行顶层设计与整体规划布局。

整合目前与农村能源有关的各项工程和政策,集中财政资源政策机制,全面支持建立农村新型能源系统建设,包括:清洁取暖工程以光伏为基础的电气化解决方案;农电扩容工程以有效采集农村屋顶光伏剩余电力为目标;家电下乡工程按照农村全面电气化的特点、调整下乡内容;将农机机械化进一步升级为农机电气化工程,使电动农机具同时成为农村电力系统最重要的储能设施;禁止秸秆焚烧,全面推广生物质能源的商品化,建设燃料市场。

7.5.2 开展"产消调蓄一体"模式的新型屋顶光伏示范

建议发展"产消调蓄一体"模式的农村屋顶光伏系统,避免大量分布式光电无序上网对电网的安全稳定运行产生冲击。建议开展试点示范,"十四五"期间在全国不同地区的农村建成300~500个"光储直柔"新型屋顶光伏示范村,摸索技术、政策、融资、管理等方面的经验,从2025年开始,每年财政投入1000亿元,完成1万个村的整村改造,力争到2050年前后全面完成农村的新能源系统建设。

7.5.3 加速农村各类农机具和交通工具的全面电气化

大幅度提高农村用电量和各种用电设施的储电容量,是实现建设农村新能源系统的关键。为此,需加快各类电动农机具和交通工具电气化工作,推动相关新产品的研发和推广,调整对农业装备的补贴政策,将目前对农林生产机械化方面的各项支持政策转为支持"油改电"。把农林业装备电气化任务纳入我国农林业

装备发展规划中。

采用标准化模块电池，农机和车辆采用换电模式，可以使蓄电池充分发挥作用。由于各户的标准化模块蓄电池成为系统的关键，建议国家给予专项财政补贴，解决 50% 的电车购买费用，从而全面推动农村新能源系统的建设和农机电气化的推广。

7.5.4 开发农村生物质作为未来零碳燃料

尽早推出政策鼓励农民将农业秸秆和各类废弃物加工成不同形式的生物质燃料，进入能源市场。在农村发展生物质成型燃料加工厂、生物天然气等作为能源基础设施，不仅可以统一高效加工生物质资源，同时也能有效消纳多余的光伏电力，实现能源生产全过程的零碳。生物质商品化也会为农村提供大量的就业机会。

第 8 章 建筑节能是零碳的基础

无论是实现零碳电力系统还是零碳热力系统，都面临着空间资源、储能调蓄资源、经济成本等方面的限制。因此，实现建筑运行零碳目标的首要工作依然是绿色生活方式和建筑节能。本章将讨论从建筑本体、建筑运行用能系统方面开展节能低碳的重点工作，包括针对新建建筑的节能零碳设计和针对既有建筑的低碳节能改造，绿色低碳的生活方式与建筑使用模式，如何提高建筑机电系统的能效并实现灵活调蓄，以及开展建筑运行用能的全面电气化。

8.1 新建零碳建筑和既有建筑低碳改造

8.1.1 新建建筑的节能低碳设计

我国建筑节能工作起步于 20 世纪 80 年代，截至 2016 年实现了建筑节能提升 30%、50% 到 65% 的跨越。2019 年，《近零能耗建筑技术标准》GB/T 551350—2019 的颁布与实施为我国建筑节能"第二个 30 年三步提升"提供了积极引导。逐步提升新建建筑节能标准至超低、近零能耗建筑是未来建筑领域低碳发展的工作重点之一。中共中央、国务院及各部委陆续印发的政策文件均将规模化推广超低能耗建筑作为城乡建设领域绿色低碳发展的重点任务，可在推动一部分超低、近零能耗建筑的基础上，鼓励新建建筑按自身条件最大可能进行节能低碳设计。

"被动优先减少需求、主动优化提高效率"是减少建筑运行用能需求、降低建筑运行碳排放的重要基础，也是开展建筑节能工作的关键。因此，建筑低碳目标的实现要从建筑本体和机电系统两方面着手，充分降低自身用能需求并利用建筑自身可利用的光伏等可再生资源。

建筑设计或建筑本体应当注重"降需求、多开源"，我国建筑节能工作的开展已使大家广泛重视建筑本体、围护结构层面的节能，当前已有多种新型围护结构、围护结构保温材料等方面的新技术得到研究应用，针对影响建筑本体的围护结构传热、太阳辐射热量等也都有针对性技术解决方案。在设计阶段，通过气候适宜性设计、优化建筑布局、围护结构性能提升、自然通风与自然采光等被动化技术，使建筑对机电系统提供的冷、热、人工采光的需求减少到最小，是实现建筑物本体节能的重要技术手段。

多年的建筑机电系统主动优化的过程，大都是围绕"节能"这个单一目标来进行的，之前很少从低碳的角度来考虑，建筑运行用能系统或机电系统设计运行中应当遵循"电气化、分散式、高效率、柔性可调"的原则，积极推动供给侧清洁化和需求侧电气化，实现生活热水、北方采暖、炊事的电能替代，以制冷空调、照明、电梯、办公电子设备、通风机、压缩机、水泵等主要用能产品和设备作为重点关注对象，提升终端用能产品和设备能效水平，降低使用过程中的电能消耗。同时，在建筑运行用能低碳化和电气化的趋势下，电源和负载的直流比例越来越高，分布式光伏、储能电池逐渐在建筑中普及，电力系统的灵活性将成为实现建筑低碳的必备条件。

8.1.2 既有建筑的节能低碳改造

相较于新建建筑，既有建筑的节能低碳改造面临的任务更加艰巨。自"十一五"我国开始开展北方供热计量与围护结构改造工作，《"十一五"建筑节能专项规划》《"十二五"建筑节能专项规划》中进行了相关规划。截至2016年，全国城镇累计完成既有居住建筑节能改造面积超过13亿平方米，其中北方采暖地区累计完成12.4亿平方米，图8.1显示了北方地区"十二五"期间既有建筑节能改造工作完成情况。考虑到北方地区总量52亿平方米的改造需求，北方城镇地区仍有约40亿平方米的改造需求，应通过合适的政策机制和技术方法来推动此项工作。

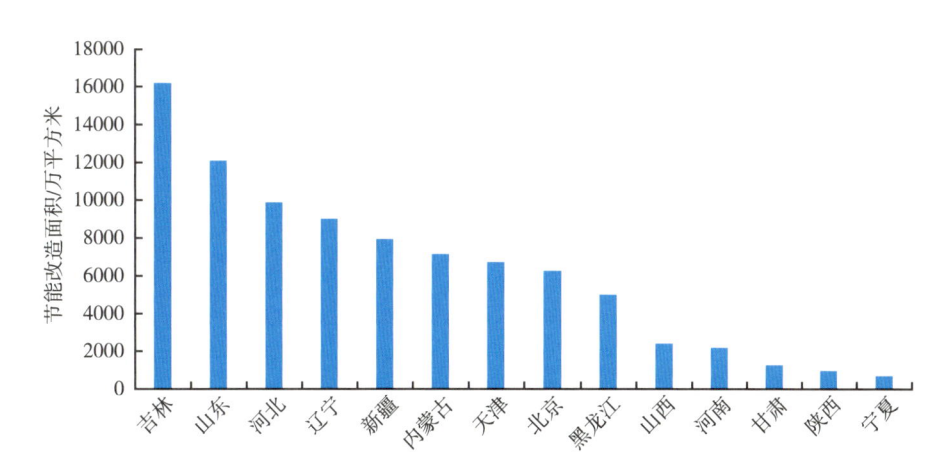

图 8.1 北方地区"十二五"期间既有建筑节能改造面积

建筑运行用能低碳转型 导论
Introduction to Low Carbon Energy Transition of Building Operation

既有建筑节能改造需要结合建筑使用情况提出针对性改造措施，需要根据建筑年代、使用修缮、周边环境等综合因素形成适宜改造路径。我国于1986年颁布第一步针对居住建筑的节能设计标准，主要针对的是有集中采暖需要的北方严寒和寒冷地区的居住建筑，后经陆续更新形成分别以严寒和寒冷地区和夏热冬冷地区居住建筑节能设计标准，形成以气候区为代表的居住建筑低碳改造技术基准。

充分利用被动式技术手段，发挥建筑本体节能优势，始终是建筑节能降碳改造首要解决的议题。对于北方建筑，提升围护结构保温性能以降低冬季采暖的热需求，尤其是北方集中采暖地区，按照不同阶段标准设计建造的居住建筑，其供暖热需求差别能达到3倍以上。图8.2给出了2015年我国北方地区城市和小城镇不同建筑节能等级面积占比，据中国城镇供热协会统计，当前北方热源单位耗热量为0.376吉焦/平方米，远远大于《建筑能耗标准》中对于各地耗热量的约束值。通过围护结构性能提升可以显著改善其室内温度水平，同时实现显著的采暖节能效果。对于供冷为主地区建筑，增强遮阳措施以降低供冷季的冷需求，能带来显著的降碳效果。

（a）城市不同节能等级建筑面积占比　　（b）北方小城镇不同节能等级建筑面积占比

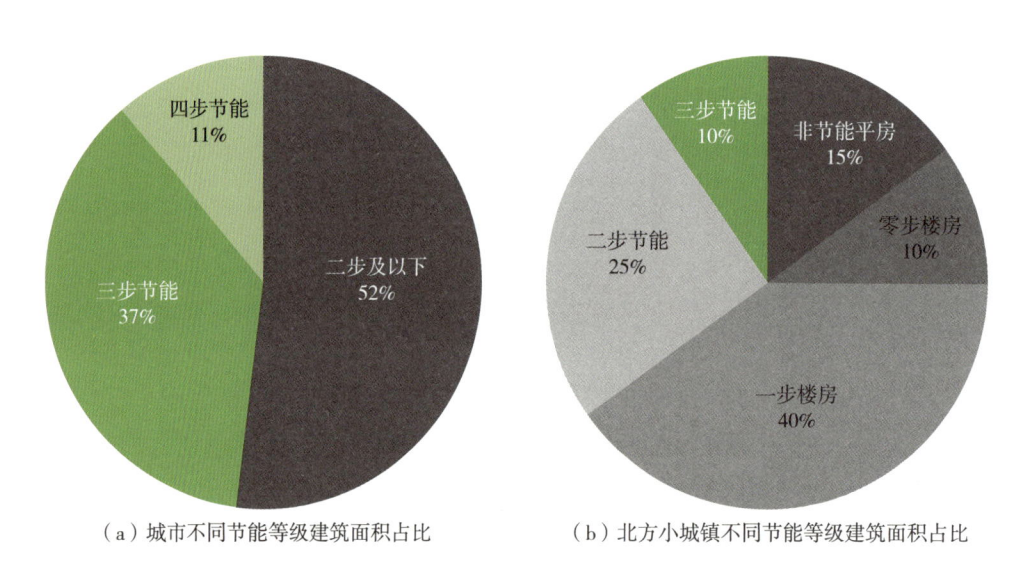

图8.2　2015年北方地区不同节能等级建筑面积占比

重点发展主动式技术手段，提升能源侧能效，拓展多能互补供给形式，是既有建筑低碳改造的必然路径。对既有系统能源效率进行有效诊断并多元化利用设备侧更新进展，遵循"电气化、分散式、高效率、柔性可调"的原则，推动既有建筑向高效电气化末端侧发展。

8.2 绿色低碳的生活方式与使用模式

我国目前的建筑运行用能与发达国家相比在建筑使用方式、建筑系统形式等方面都有很大的差异。目前，我国建筑部门的人均和单位面积能耗远低于发达国家，这主要是由于我国居民"部分时间，部分空间"的建筑运行用能模式以及相应的建筑机电系统形式，与欧美发达国家"全时间，全空间"的用能模式有本质区别。尽管这一模式所提供的服务水平略低于发达国家的"全时间、全空间"模式，但用电量却有 2～5 倍之差。考虑到不同人员的使用需求和经济能力的差别，我们应该在保证个人需求的基础上，倡导我国目前的"部分时间，部分空间"的建筑运行用能模式。

8.2.1 住宅建筑

表 8.1 所示为中美两国典型家庭住宅除采暖和生活热水外用电量的对比，中国绝大部分家庭的年用电量小于 3000 千瓦·时，而美国中等收入家庭的年用电量通常要达到 1 万千瓦·时。这其中的差距主要来源于空调以及其他用电设备类型和使用方式的不同。中国绝大多数居民家庭采用"分体空调 + 部分时间、部分空间"的空调使用模式，因而用能强度较低，年空调用电量近 300 千瓦·时。户式中央空调是美国居民家庭常见的空调形式，其使用方式往往是"全时间、全空间"的模式，空调开启时长以及制冷面积远大于中国家庭。如图 8.3 所示，实测北京临近的五栋住宅楼，其中使用中央空调系统的住宅空调能耗是其他使用分散式空调的 10 倍以上。

表 8.1 中美两国典型家庭年用电量对比

单位：千瓦·时

用电类型	中国	美国
中等收入家庭年用电量	< 3000	1万
空调	300，分体空调	3000，户式中央空调
照明	300	1000
冰箱	700，冰箱	2000，冰柜 + 冰箱
炊事电器	1000	2000，有洗碗机等
洗衣机	150	1000，有烘干功能
电视电脑等	400	400
其他	150	500

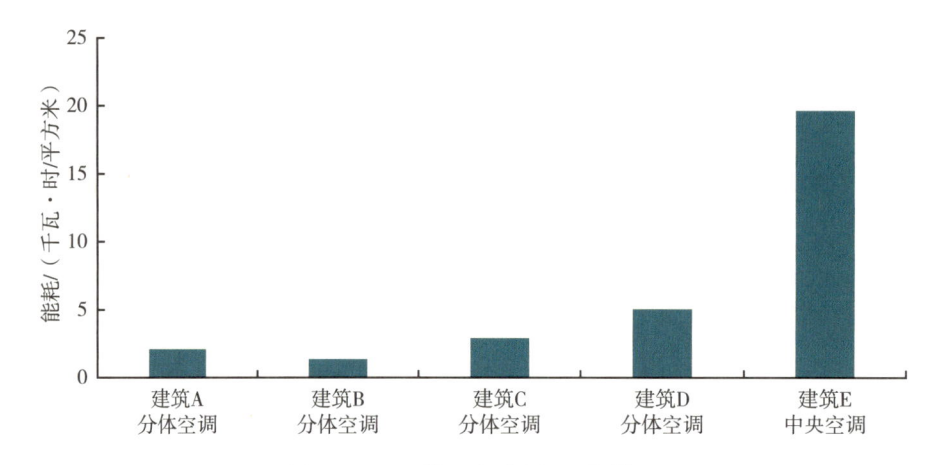

图 8.3 不同使用方式空调用能差异

近年来，多联机空调系统也成为城镇住宅空调中一种重要的空调系统形式，多联机系统通常是一个室外机与多个室内机通过管路连接，每套多联机系统有 4~6 台室内机，每个室内机末端都可以单独调节。基于我国城镇家庭多联机运行监测，获取了城镇住宅建筑中 12527 套多联机系统在 2020 年制冷季实际运行数据，对各个多联机系统不同台数室内机同时开启时长进行了统计，结果如图 8.4 所示，在多联机室外机运行时，53% 的情况下只有 1 台室内机运行，81% 的情况下室内机同时运行 1~2 台，可见居住建筑多联机空调使用时往往同时开启人员所在房间的室内机空调。这说明我国绝大多数居民都采用"部分时间，部分空间"的方式运行空调，这也是我国家庭空调用能远低于美国家庭空调用能的主要原因。

对于其他电器，洗碗机、衣物烘干机以及大容量冰箱冰柜等美国家庭常见的用电设备，在中国目前的拥有量还比较低，这也是导致用电量差异的重要原因。例如有烘干功能的洗衣机每个洗衣周期的用电量要远远高于没有烘干功能的常规洗衣机，使用有烘干功能洗衣机的美国家庭洗衣年耗电量可高达 1000 千瓦·时是中国家庭的 7 倍。

8.2.2 公共建筑

目前中国公共建筑的平均能耗强度仍处于较低水平，单位平方米的能耗强度为发达国家的 1/2~1/3。以气候相似、功能相同的中美两座大学的校园建筑为例，对比公共建筑运行用能。两座学校冬季均为集中供热，而夏季 A 校园主要采用分散供冷，B 校园采用集中供冷，因此以夏季供冷对比两所学校用能的不同。位于美国费城的 B 校园中冷机、风机等主要耗能设备的能效性能均高于位于北京的 A 校

第8章 建筑节能是零碳的基础

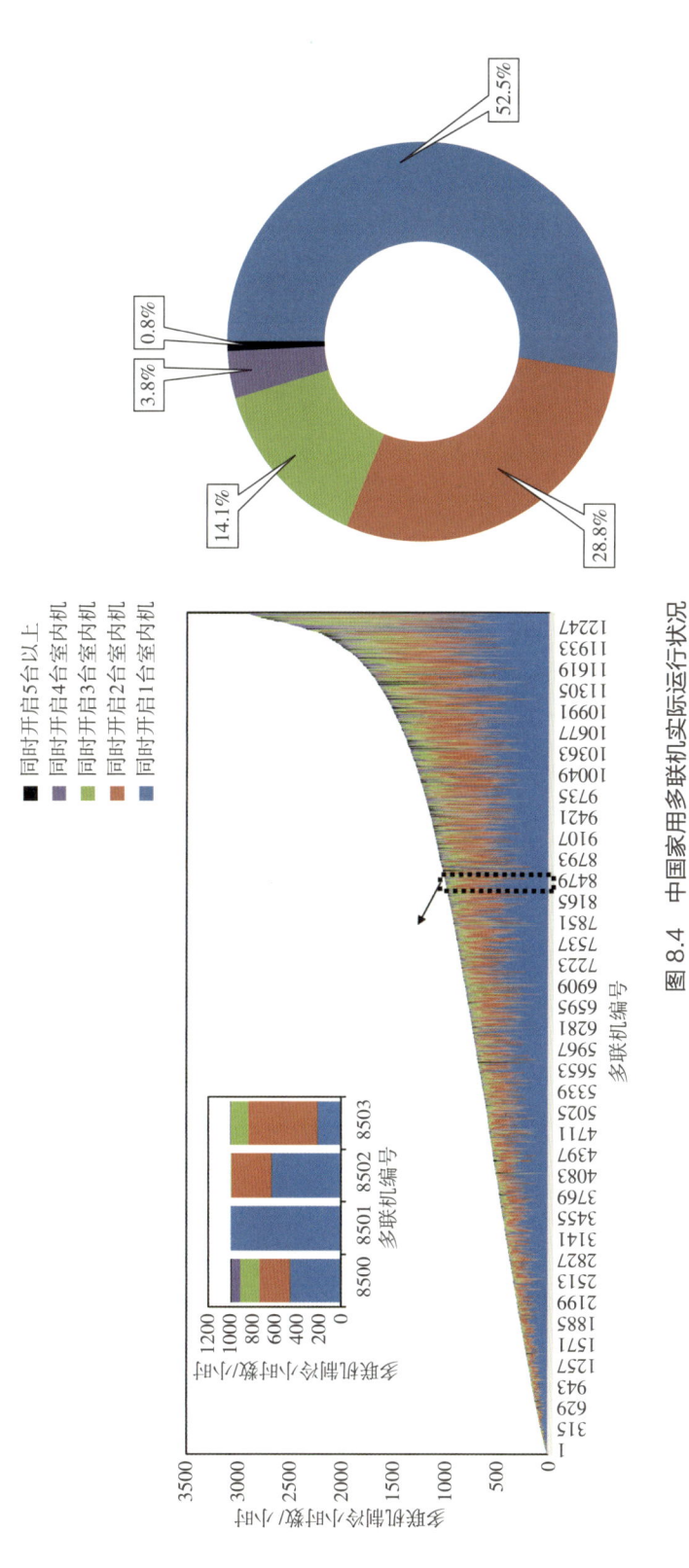

图8.4 中国家用多联机实际运行状况

数据说明：2020年制冷季12527套多联机系统实际运行数据。

园,但B校园的用能量远远高于位于北京的A校园,如图8.5和图8.6所示。实际上,造成同一类型建筑能耗差异巨大的原因,并非在于该建筑物是否采用了先进的节能设备,而更多的在于通风方式、使用模式以及热湿环境营造方式的不同。

(1) 通风方式

建筑是采用全密闭的建筑形式,仅依靠机械系统进行通风,还是采取有利于自然通风的设计,尽量依靠自然通风来实现新风供给,是影响公共建筑能耗的重要因素。实际上,良好的自然通风设计可以实现同等甚至优于机械通风的通风效果,并且可以节省大量的风机能耗。同时,自然通风还可以实现较大的通风换气量,在室外环境适宜的时候充分利用自然冷源,减少空调系统的开启时间,进而减少建筑能耗。

(2) 使用模式

"部分空间、部分时间"内使用空调或采暖系统和"全空间、全时间"地开

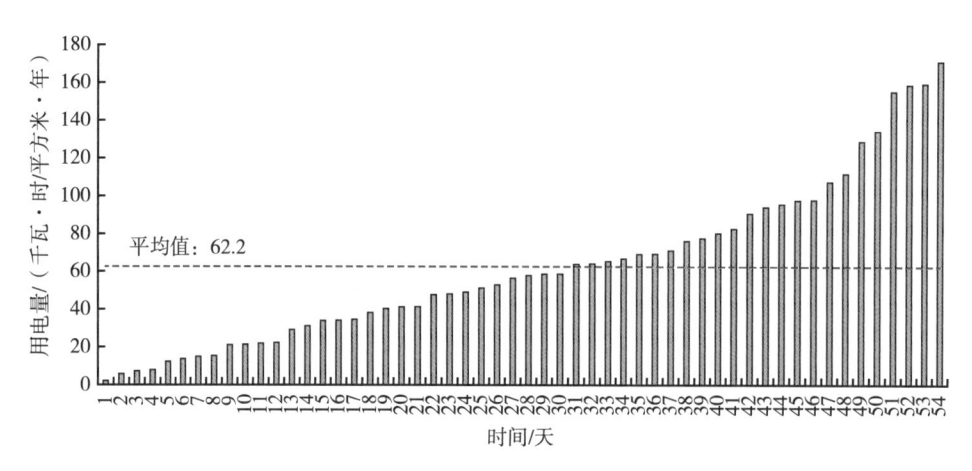

图 8.5 北京 A 校园建筑能耗分布

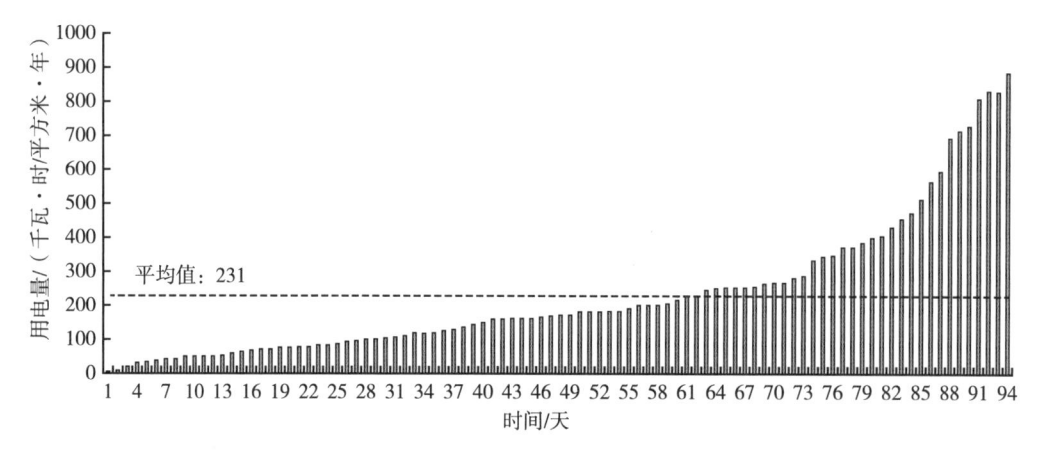

图 8.6 费城 B 校园建筑能耗分布

启空调或采暖系统会造成巨大的能耗差异。在上述案例中，A校园建筑基本实现"部分空间、部分时间"控制室内环境，而B校园建筑的室内环境无论建筑体量大小，都是"全时间、全空间"。

（3）热湿环境营造方式

采用集中式的空调系统还是分散空调，是影响公共建筑能耗的重要因素之一。以办公建筑为例，不同区域的负荷情况、人员在室情况不同，分散空调可以根据各个房间的要求进行各自调节，而全空气系统的独立控制能力较弱，为满足所有末端的要求，有时还需要通过再热来进一步进行热湿环境的调节，同时也无法做到无人时关闭，因而造成较高的能耗强度。

从生态文明理念出发，坚持我国传统的节约型建筑运行模式，在这种较低的建筑运行能耗强度水平上，可以实现建筑运行总能耗的合理增长，以更低的成本实现零碳目标。一旦这种传统的运行模式被打破，出现建筑运行能耗强度在目前水平上增加2～3倍甚至更多的现象，则前面提出的各种零碳思路就不能奏效了。

因此，我国未来面临的巨大挑战是如何在经济社会发展和生活水平提升后，仍然维持目前绿色节能的建筑运行用能方式，避免出现发达国家历史上出现过的高能耗剧增。我国未来控制建筑能耗的大幅度增长的基本路径就是维持传统绿色的建筑形式和使用模式。一方面，需要坚持"自然环境为主、机械系统为辅"的基本理念，提倡建筑的自然通风，营造与自然和谐的室内环境。另一方面，需要倡导分散优先的空调系统形式，发挥系统的可调性，以支持使用者的绿色使用模式，让使用者在室内环境营造中起主导作用。

8.2.3 建筑低碳与节能的关系

建筑"低碳"与"节能"的关系需要辩证来看，两者既高度统一，又在一些情况下存在一定差异。建筑节能是实现建筑低碳的前提条件，通过节能降低建筑运行用能需求，在较小基数的基础上，再进一步通过电气化实现低碳和碳中和；反之，如果用能基数很高，低碳就很难实现。

建筑低碳与节能目标之间的差异体现在，之前仅关注建筑节能时以建筑的年总能源消耗作为判断依据；以低碳为目标时，则应进一步考虑能源结构形式、用能需求与能源系统供给之间关系等方面。从建筑运行用能能源结构来看，低碳提出了新要求，建筑中尽量避免化石燃料使用，实现全面电气化。避免化石燃料燃烧是实现建筑低碳目标的基本措施，进一步改变能源结构、降低用能过程的碳排放是实现低碳目标的重要举措。建筑运行用能领域也应主动适应这一变革，实现建筑自身用能结构调整，尽量避免化石燃料燃烧等直接碳排放，这也成为开展建筑节能工作和建筑低碳工作的重要基础。

从建筑运行用能需求与外部电网供给之间的关系来看，低碳提出了在建筑运行用能与外部电力供给在时间尺度上的匹配问题。为实现碳中和提供重要基础的光电、风电等可再生能源具有较强的波动性，变化规律很难与建筑自身用能需求完全匹配，这也使得建筑低碳运行目标与建筑节能目标不严格一致，在某些情况下可能出现不一致的情形（图8.7）。例如从节能角度看，冰蓄冷/水蓄冷等技术不节能，反而可能导致系统运行能耗增加；从低碳的目标出发，蓄冷技术能够有效实现建筑运行用能负荷的削峰填谷，是实现建筑柔性用能可考虑的重要低碳措施。再例如从节能角度看，直接电采暖并不节能，将高品位的热量转化为低品位热能，属于能量利用品位的"高质低用"；从低碳的角度出发，若电采暖电力来自建筑光伏发电，而且电采暖通过建筑蓄能（如混凝土辐射地板电采暖）等措施巧妙设计，既能实时消纳光伏电力，又能较好满足建筑供热在时间上的稳定性要求，也属于可采用的低碳系统形式。这是基于从整个能源系统出发，发挥建筑作为能源系统中重要一环，使建筑成为可调节的柔性用能负载，从而助力实现能源系统低碳目标的认识，而非单纯从建筑仅是用能者、仅实现本体节能、降低自身能耗的传统认识。

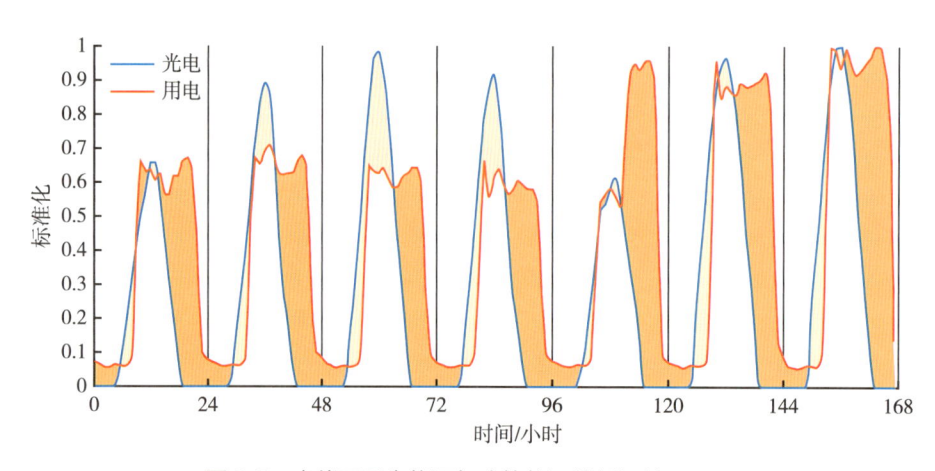

图8.7 光伏可再生能源与建筑能源消耗间的不匹配

在实际运行中存在建筑自身或外部供给的可再生电力高于建筑运行用能需求时，建筑就有了及时消纳这些可再生能源、利用这些时间上不匹配的可再生电力的任务。当有进一步加大消纳可再生电力的需求时，可以适当增加用能、利用主动式的用能设备有效消纳可再生能源。例如当一天中太阳辐射较强、光伏发电量输出较高而相应的建筑自身用能需求较低时，可能会出现建筑自身产生的可再生电力高于建筑此时电力消耗量的情况；当建筑蓄冷/蓄热/蓄电等技术手段也已完全投入或达到蓄存容量上限时，若仍有可再生电力可供利用，则可通过建筑内的主动式用能设备来消纳这部分电力，常见的设备如空调机组、水泵、风机等设备的变频运行，可实现一定的功率调节能力，适应这种短时间内的可再生能源过量供给。此时虽然从建筑节能的角度看建筑的用电能耗不够低，但从整个系统来看则是充分利用了可再生能源，实现了建筑运行用能系统的低碳目标。

除了建筑自身光伏等可再生电力的消纳需求，当面临外部电网消纳可再生电力的要求时，也可以充分利用建筑内的设备系统实现短时间用能功率调节，促进对外网可再生能源的消纳。例如冬季外电网风电达到高峰时，可利用建筑中采用的空气源热泵供暖设备来实现一定的蓄能，通过热泵机组开启来消纳可再生电力，并通过建筑供暖的蓄能特性来实现用能时段平移，一定程度上使建筑运行用能与风电等可再生电力供给更加匹配。尽管从总的电力消耗上这种响应、调度方式可能会使电力消耗高于单纯按照自身需求按时按需供给的方式，但从实现整个用能过程的低碳、充分利用可再生能源来看，仍是十分有益的。

因而，在碳中和目标驱动下，建筑低碳与节能目标可实现有机统一，节能是实现低碳目标的重要基础，低碳甚至零碳目标对建筑节能提出了新的更高要求。在未来以可再生能源为主体的低碳能源系统中，能源供给面临如何应对这种可再生能源变化特点的重要任务，而建筑自身用能也需跳出仅是提出简单用能需求、仅作为耗能者的角色，转而应当适应供给侧的变化特征，从需求侧出发适应未来可再生供给下的能源系统，构建新型的供需关系。

在未来低碳能源系统中，建筑扮演的角色将迎来重要转变：建筑将从单纯的能源用户转变为集能源生产、消费、调蓄"三位一体"的综合体，实现由单纯能源消费者、刚性用能向深度参与低碳能源系统构建、调节、成为柔性负载的转变，成为未来低碳能源系统中的重要一环。

8.3 提高机电系统能效

建筑机电系统是为了支撑建筑运行使用的核心，建筑消耗的能源，最终都通过机电系统的能耗得以体现。为了实现机电系统低碳及零碳，降低运行能耗，建筑机电系统的建设应遵循电气化、高灵活性、柔性用能和满足使用需求下高效能的原则进行。从构建低碳能源系统的目标需求出发，建筑运行用能系统/机电系统的用能应全面推进电气化，逐步减少直至完全消除化石能源在建筑中的消耗。在建筑机电系统设计、建造和运行中，充分考虑建筑使用功能及运行管理的需求,在满足建筑功能需求的基础上重新定位,思考建筑在整个能源系统中的作用,更好地服务于碳减排目标。在现有建筑机电系统自身强调高效、设备系统追求实现更高的用能效率基础上,发挥建筑有效响应能源系统调度需求,促进能源系统供需匹配的重要作用,构建合理的机电系统。

需要特别注意的是,机电系统效能的提升,是以满足使用需求且不浪费为出发点来评价的。效能提升只是手段而不是目的,关注实际消耗的化石能源总量才是根本的目标。不满足使用需求(例如强制降低使用标准)和浪费巨大(例如全年、全时间、全空间使用空调)所带来的"高能效",都不是我们应该追求的。

8.3.1 建筑环境用冷、热供应

建筑供冷与供热在负荷特征、终端形式、输配成本等方面存在显著差异。北方供热:室内外温差大,各房间、各建筑具有连续供热需求且负荷同步变化,宜采用集中供热并充分利用区域余热资源。夏季空调:室内外温差小,冷负荷呈"不同时间、不同空间"的异步性需求特征,冷冻水输送温差小能耗大加之冷冻水泵电耗全部变为热量而抵消供冷量,导致大型集中冷制的能效优势被抵消。对于各区域负荷不同步、区域平均在室率低、区域输配距离较远的场景,不应采用区域集中供冷方式。以居住建筑为主的区域,在使用时间、使用方式等方面,不同住户存在明显的区别,不应采用区域供冷,也不宜采用集中供冷系统,应采用分散式空调供冷方式。南方供暖:室内外温差不大,各区域负荷不同步变化,性能水平介于北方供热与夏季空调之间,系统形式集中与否应视情况而异。

8.3.2 生活热水供应

三类生活热水供应大致可以分为四大类建筑:水乐园及游泳馆、酒店建筑、办公建筑、住宅。

(1)水乐园及游泳馆

这类建筑热水使用时间非常集中、用热量大,采用集中热水供应不仅方便运行管理,还会有效提高加热系统的效能。

(2)酒店建筑

酒店建筑的客房是公共建筑中使用生活热水量最大的用户。从运行统计的结果看,酒店客房的生活热水使用时间相对集中(主要集中在每天晚上 6:00—10:00),也宜采用集中供应生活热水的方式。为了防止开水时冷水出流时间过长(一般规定不超过 10 秒)对使用的影响和减少水资源的浪费(同时浪费了冷水的

输送能耗），通常采用客房热水立管循环加热的方式，使得尽快出流热水。

（3）办公建筑和住宅

办公建筑热水日用量极低，为了减少热损失和热水输送能耗，应采用分散式加热装置供应生活热水。

住宅使用热水的方式与每户的使用习惯密切相关。与空调冷、热供应方式同理，应设置分散式户用热水器。

8.3.3 公共建筑机电系统

（1）零碳能源及可再生能源的应用

1）太阳能的利用。

太阳能既可通过光伏发电转换为电能，又可通过光热部件转换为热能，且是完全的零碳热源，在未来碳中和中占有重要位置。从太阳能利用的效率来看，光热效率在一般情况下高于光伏效率，但后者产生的电能属于高品位能源，应用的广泛性远远大于前者。

利用太阳能提供生活热水，在我国绝大部分地区都是完全可行的。由于生活热水的大量使用时间集中在淋浴期，与太阳辐照时间有明显的错峰，因此利用太阳能光热系统提供生活热水时，需要匹配一定容量的蓄热水箱，将全天的太阳能热量储存后集中时段使用。

低密度建筑在做好适应气候的安全（例如防冻措施）与调控（通过蓄热储存热量）等措施时，也可将太阳能光热系统用于建筑冬季供暖系统之中。高密度建筑（例如高层建筑）由于供暖需求量较大且供暖水温要求相对较高，导致太阳能光热系统的利用效率偏低，可结合太阳能光伏发电系统，联合应用。

由于热力制冷效率过低，因此建筑空调供冷系统在利用太阳能时一般应采用光伏发电作为可利用的能源，通过电力驱动制冷来实现。从目前的情况看，光伏空调制冷的总效率是光热制冷总效率的3～4倍，因此可实现更好的太阳能利用。

2）热泵应用。

以电能驱动的热泵，对建筑本身来说是一个"零碳"供热装置。尽管热泵供热运行时需要一定的电能消耗，但与化石能源燃烧供热相比，满足需求情况下的排碳量低得多，这是未来我国建筑供热发展的一个主要方向。其工作原理如图8.8所示。

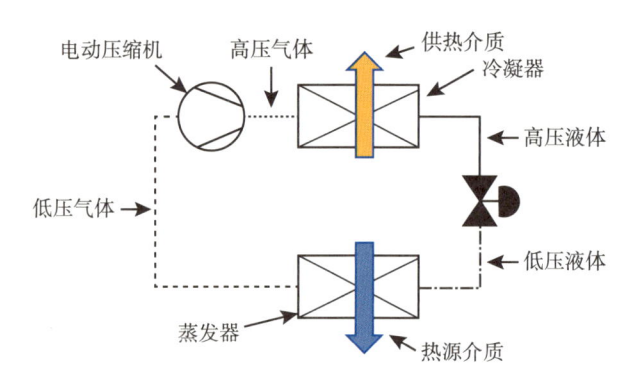

图 8.8 热泵工作原理示意图

空气源热泵从室外低温空气中提取热量向建筑供热，目前在我国除局部严寒地区外，冬季都可以发挥供暖的作用。

水源热泵包括地下水、地表水和地埋管换热三大类系统，分别将水或者土壤作为热源或热汇，既可用于冬季供热，也可用于夏季空调供冷。

（2）蓄能技术

从目前的实际情况看，对于同一建筑的冷热供应需求中，蓄电系统的成本是蓄热系统成本的数倍。因此，为了实现柔性用能的目标，建筑中蓄能应以蓄冷、蓄热为主要方式。太阳能生活热水系统和太阳能光热系统所要求的蓄热水箱就是蓄热系统的典型应用。

利用谷电进行蓄能，对于建筑电力系统的柔性化作用重大。对于夏季空调供冷系统来说，谷电时间段正好与空调供冷低负荷时段相吻合（均为夜间），这时可充分利用夜间的富裕供电能力进行制冷运行并通过冰蓄冷、水蓄冷设备将冷量储存后在白天使用。对于冬季供暖，大多数公共建筑在夜间不使用时，其室内温度允许降低，也可以使用电能驱动热泵制取热水储存后用于使用时的高峰热负荷时段。

当建筑（或区域）内有较大的零碳电能供应时，为了充分利用零碳电能，减少弃风、弃光，也应考虑利用富裕的零碳电能进行蓄冷或蓄热。

（3）热回收技术

新风负荷在建筑运行负荷中占有较大的比例，设法降低新风处理能耗，是实现建筑减碳和零碳运行的一个重要内容。采用热回收技术，充分回收室内排风的冷（热）量，是降低新风处理能耗的一个重要手段。热回收装置可以分为显热回收和全热回收两种形式，空调系统采用全热回收装置相对于显热回收装置而言有更大的节能潜力。常见的全热回收装置主要有板翅式全热回收器、转轮式全热回收器、溶液式全热回收器等。板翅式全热回收装置在新风、排风之间用隔板分隔成不同断面形状的空气通道，利用特殊材质的纸或膜实现新风和排风之间的热质交换，实现全热回收。转轮式全热回收装置利用经过特殊加工的涂有吸湿材料的纸等加工成蜂窝状的转轮，随着转轮不停低速转动，吸湿材料不断交替实现对空气中水蒸气的吸附和脱附，实现新风、排风间的全热交换。热回收装置的节能效果与热回收风量大小、热回收效率、风机效率、装置阻力等都有直接关系，且受当地气象参数影响很大。在气候潮湿的地区，潜热占较大的比例，因此全热回收装置具有较高的热回收效率。

（4）提高空调系统运行能效

提高建筑机电系统运行效率，降低建筑运行用能需求，是实现机电系统低碳及零碳的关键途径。整个空调系统节能减碳需要综合考虑冷热源与输配系统能耗优化。

空调系统除湿要求的冷水供水温度通常为7℃，而显热处理要求的冷水供水温度在15～16℃。另外，降低处理显热部分的冷水供水温度会大幅增加冷水机组能耗。在空调水系统设计中，应当针对建筑自身条件及地域特点等选取合适的高温冷源形式处理建筑显热要求，可采取的利用自然冷源措施包括直接或间接式蒸发冷却、土壤地埋管直接换热、地下水直接换热、地表水直接换热等，可以在一定的时间段内得到满足要求的高温空调冷水。当自然冷源不能全年满足空调系统的需求时，可以通过设置高温制冷机组或热泵机组（包括风冷热泵、地源热泵等）制取高温冷源来承担温度控制任务。与常规制冷机组相比，高温制冷机组具有小压缩比、高蒸发温度和高效能系数的特性，对降低建筑运行用能需求，实现能源的优化利用具有重要意义。

公共空调系统中的风机、水泵等可以在一段时间内通过频率调节来实现功率调节，但又不对末端环境产生明显影响，从而成为一定的柔性调节手段。

8.4 建筑运行用能的全面电气化

结合技术可行性和电力发展，推进建筑运行用能的全面电气化，实现建筑直接碳排放"零碳化"，是实现碳中和发展目标的主要途径。

对于城镇建筑，应该从新建公共建筑开始，逐渐在新建建筑中取消天然气的供应管道，并进一步推广至住宅建筑中，逐步对建筑进行改造。对于农村建筑，应将财政补贴集中用于建设以分布式光伏为基础的新型能源系统，实现农村的清洁、零碳用能。最终通过城乡建筑的全面电气化推广，使建筑内的天然气用量逐年减少，直至完全被电替代，实现建筑内直接碳排放的归零。随着我国农村地区推进"煤改气""煤改电"工作，以及炊事电气化程度的提升，建筑领域的直接碳排放实际上已经在2015年左右实现了峰值排放，目前处于缓慢下降阶段。为了实现建筑直接排放零碳的目标，需要进一步推进对建筑现有的化石燃料设备进行相应的电气化替代，加速推进建筑电气化进程，主要包括：建筑采暖电气化、生活热水电气化、炊事设备电气化、蒸汽设备电气化等几方面的重要工作。下面着重讨论建筑采暖以外的电气化。

8.4.1 生活热水电气化

空气源热泵对于我国大部分气候区都是可以用作生活热水的供热设备。

目前我国城镇基本上已普及生活热水。除少数太阳能生活热水外，燃气和电驱动大致上平分天下。目前全国制备生活热水大约造成全年二氧化碳排放0.8亿吨左右，接近全国碳排放总量的1%。用电力替代燃气热水器应该是未来低碳发展的必然趋势。电驱动制备生活热水分电直热型和电动热泵型。目前国内已经有不少厂家生产相当可靠的热泵热水器，全年平均制热效能系数可达3以上。这样，当电价为0.50元/千瓦·时，采用热泵热水器获取1吉焦热量的电费是48元，而燃气价格为3元/标准立方米时获取1吉焦热量的燃气费用为86元。所以，采用电动热泵制备生活热水运行费用更经济。

当采用电能制备生活热水时，需要考虑系统的优化，从蓄热、水温要求（防止军团菌等）、气候特点等条件进行分析。即使是电直热方式，目前的加热费用也仅为燃气的1.3～1.6倍。通过文化宣传和电热水器的推广，电热水器替代燃气热水器指日可待。

8.4.2 炊事设备电气化

我国是一个饮食大国。在炊事电气化实现过程中，我国烹调的特色应作为一种文化给予保留和继承。我国的烹饪饮食习惯已经传承了数千年，如何让人们改变传统习惯和心理，也是炊事电气化面临的一个重要社会问题。

我国城市居民、单位食堂、餐饮业多数采用燃气灶具，农村则使用燃气、燃煤和柴灶。燃煤每释放1吉焦热量就要排放约92千克的二氧化碳，而燃气释放同样热量也要排放约50千克二氧化碳。2019年我国由于炊事排放的二氧化碳约为2亿吨，约占全国二氧化碳排放总量的2%。2020年我国炊事总用能为电能1145.3亿千瓦·时、化石燃料能6518.6亿千瓦·时。其中，公共建筑炊事电能532.7亿千瓦·时、燃料能2610.5亿千瓦·时，城市居住建筑炊事电能637.3亿千瓦·时、燃料能2015.3亿千瓦·时，农村建筑1089.1亿千瓦·时（主要是燃料消耗得到的能源）。

（1）灶具总热量需求

按照相关的行业标准，我国目前的燃气灶从能效上分为两级。一级能效的热效率要求不小于60%，二级能效的热效率要求不小于57%。通过对相关市场和应用其概况的调研，目前我国常用燃气灶具的热功率包括：①商用燃气灶具，目前常用的蒸煮燃气灶的最大热功率约为70千瓦，炒菜燃气灶的最大热功率约为32千瓦；②家用燃气灶，通常的热功率按照5千瓦配置，其实际有效利用的热能为2.85千瓦。

目前市场已有的电磁炉灶具，其热效率都在85%以上。其中：①商用电磁炉，工作电压为380伏，目前市场已有产品的最大功率为30千瓦，有效利用热量为25.5千瓦；②家用电磁炉，工作电压220伏，目前从1.5～4.5千瓦均有相关产品，如果希望家用电磁炉替代燃气灶，则需要电磁炉的电功率在3.35千瓦即可。显然，家用电磁炉的替代从加热量上看已经没有问题。

（2）灶具加热温度需求

在我国的菜肴加工中，常用的食用油燃点为：大豆油257℃、玉米油246℃、花生油226℃、芝麻油215℃。当炒菜锅内达到这一温度时，从加工过程上看，进一步的温度提升已经没有必要了。换句话说，只要电磁炉的加工温度能够达到食用油的燃点，其对瞬时的热量需求就可以满足要求。

从目前市场上的电磁炉产品性能上看，其加热温度根据需要，一般可以达到350～380℃（个别可达450℃），远远大于食用油的燃点。因此，采用电磁炉可以保证菜肴加工的特色，满足用餐需求。

加热温度的均匀性也是对我国菜肴的一个要求。目前市场上已经有曲面锅电磁炉，实现了中国传统炒锅的性能。

（3）灶具电气化的经济性

实现炊事电气化，是炊事实现零碳的最可行的途径。近年来，随着新一轮的全面电气化行动，各类电炊事设备不断出现，从家用小型的蒸蛋器到大食堂的电蒸锅、炒锅，在技术上完全可以实现炊事的电能全覆盖，同样可以保证中国菜肴的色香味。按照热值计算，如果电价为0.50元/千瓦·时，相当于燃气的价格为5元/标准立方米。由于电炊事设备的热效率一般可以达到80%以上，远高于燃气炊具40%～60%的热效率，所以按照目前的价格体系，燃气炊具改为电炊具后，燃料成本基本不变。因以，实现炊事电气化，取消燃煤燃气的关键是烹调文化。通过电炊具的不断创新和电气化对实现低碳重要性的全民教育，我国炊事实现零直接碳排放应无较大障碍。

8.4.3 蒸汽设备电气化

除工业建筑中与工艺相关的蒸汽应用外，还存在较大量使用蒸汽的民用建筑，例如医疗建筑用蒸汽和洗衣房用蒸汽。目前，这部分用汽绝大部分是依靠化石燃料燃烧加热获得的，少部分采用电直接加热产生蒸汽。2020年，我国蒸汽用气设备消耗的总能源为33.9亿千瓦·时。其中，电能消耗1.6亿千瓦·时、化石燃料消耗能源32.3亿千瓦·时，化石燃料能源在蒸汽耗能中占有比例达到了95%。为了实现建筑全面电气化，需要彻底消除这部分化石燃料的使用。

（1）直接电热蒸汽发生器

为了减少目前在大部分医院建筑中采用的集中供应蒸汽系统带来的"跑、冒、滴、漏"现象，电热蒸汽发生器应分散设置于各需求位置，减少输配环节，并提高蒸汽凝结水的回收率。

（2）电动热泵式蒸汽发生器

电动热泵式蒸汽发生器的技术研究得到了较快发展，目前已经有一些相对成熟的热泵式低压蒸汽发生器产品推向市场，其蒸汽压力在0.15兆帕左右，可满足空调加湿（0.05～0.07兆帕蒸汽）和绝大部分厨房餐具消毒用汽（0.15～0.25兆帕蒸汽）的需求。

热泵式蒸汽发生器的产品国家标准也正在编制中，其中对于各种工况下的性能工做出了相应的规定（表8.2）。最大蒸汽压力提高至0.7兆帕，可以满足民用建筑对蒸汽的应用需求。在不同的蒸汽压力下，热泵式蒸汽发生器的性能系数在1.2～2.2，比采用直接电热蒸汽发生器（或电热蒸汽锅炉）可以省20%～60%的电能。

表8.2 空气源热泵式蒸汽发生器性能指标

工况条件	环境温度/℃	热泵水温度/℃	热泵出水温度/℃	蒸汽温度/℃	热工性能指标（空气源）
名义工况	20	75	80	120	1.6
	20	75	80	150	1.4
低温工况	7	75	80	120	1.5
	7	75	80	150	1.2
高温工况	43	75	80	120	2.2
	43	75	80	150	1.5
极限低温工况	-12	75	80	120	1.0

8.4.4 其他

由于历史上某些地区电力供应不足的原因，我国部分既有公共建筑目前还使用燃气直燃型溴化锂吸收式冷水机组，这不仅导致二氧化碳的直接排放，且排放强度远远大于同一制冷量的电制冷空调设备，其运行费也远高于电动制冷机。尽早把既有建筑中的直燃型吸收式冷水机组更换为电驱动冷水机组，在减少直接碳排放、降低运行费用等各方面都有很大效益。在新建建筑中，不应再采用直燃机，除有可以利用的余热或废热外，也不应采用化石燃料的燃烧热直接作为吸收式制冷的驱动能源。

综合上述对各类建筑中实现炊事、采暖和生活热水电气化的技术经济性分析表明，电气化转型在80%的情况下不会增加运行费用，并且可在5年左右回收设备初期投资。推行建筑电气化主要的障碍不是经济成本，而是理念和认识上的转变以及炊事文化的变化。因此，加大公众对于电气化实现建筑零碳的宣传推广，在各类新建和既有建筑中推广"气改电"，是实现建筑运行直接碳排放归零的重要途径。

第 9 章 我国建筑运行碳中和路线图

为了实现"双碳"目标,在不同的发展阶段,应该有不同的侧重点。同时,建筑领域低碳工作还需要注意与电力、工业和交通领域的低碳工作互相配合,才能更好地实现全社会的低碳目标。本章主要探讨建筑运行实现碳中和目标的路线图,包括合理的建筑规模增长、各种类型建筑的电气化进程安排、配合风光电和汽车电气化的"光储直柔"建筑发展规划、农村新型能源系统的建设规划和北方城镇地区零碳供热系统的发展规划。

9.1 我国建筑运行碳中和路线图

实现建筑运行碳中和的主要目标和重点工作可以归为以下针对建筑及用能系统的两大主要任务:①建筑规模和能耗总量的合理规划与引导,继续推进建筑节能与高效电气化;②针对城乡建筑运行用能系统的三大重点工程农村新型能源系统、城镇"光储直柔"建筑配电系统建设、北方城镇零碳供热系统建设。这些工作任务的推进不同时期有不同的侧重点,需要与全社会能源系统低碳转型的进程互相配合,具体发展规划如图 9.1 所示。

在合理规划建筑规模总量的基础上,继续推进建筑节能与高效用能、电气化转型工作,可将我国建筑运行的总用电量在 750 亿平方米建筑规模的情况下,全国建筑运行用电控制在 4 万亿千瓦·时,北方城镇采暖用热量 55 亿吉焦,并完全取消化石燃料消耗。

在能源系统低碳转型背景下,我国将加速风光电的安装,从每年安装 1 亿~2 亿千瓦,逐步加速至每年 2 亿~3 亿千瓦,至 2050 年左右风光装机将基本达到 70 亿千瓦。配合风光电的装机增加,建筑领域应同步开展城镇"光储直柔"建筑

		2023—2025年	2025—2030年	2030—2040年	2040—2050年	2050—2060年
碳排放目标	直接排放	下降↘	加速下降↘↘	降至1亿吨二氧化碳以下	降至0.5亿吨二氧化碳以下	0
	用热间接排放	达峰→	下降↘	加速下降↘↘	0	0
	用电间接排放	增长↗	增长↗	达峰→	加速下降↘↘	0
	总运行排放	增长↗	达峰→	下降↘	加速下降↘↘	0
建筑规模和总能耗	规模	700亿平方米	720亿平方米	750亿平方米	750亿平方米	750亿平方米
	用电量	2.7万千瓦·时	3.2万千瓦·时	4万千瓦·时	4万千瓦·时	4万千瓦·时
	化石能源用量	4亿吨标准煤	3亿吨标准煤	0.5亿吨标准煤	0.2亿吨标准煤	0
建筑节能与高效电气化	电气化	新建公建和20%住宅全电气化设计，既有建筑电气化改造试点	新建公建和80%住宅全电气化设计，推广既有建筑电气化改造	新建100%全电气化设计，50%以上既有建筑电气化改造	新建100%全电气化，80%既有建筑电气化改造	城镇建筑全面电气化
	绿色生活方式高效灵活用电	人均用电1800千瓦·时	人均用电2100千瓦·时	人均用电2500千瓦·时	人均用电2800千瓦·时	人均用电3000千瓦·时
农村新型能源系统	建设速度	技术示范	小规模推广	加速推广	全面普及	完成建设
	规模	小规模、零散	装机1亿千瓦	装机8亿千瓦	装机18亿千瓦	装机20亿千瓦
						发电2.5万亿千瓦·时
光储直柔建筑	新建速度	技术示范	小规模推广新建为主	加速推广新旧并重	新建普及改造加速	完成建设
	总规模	10亿平方米	30亿平方米	130亿平方米	240亿平方米，消纳24亿千瓦风光电	覆盖50%城镇建筑350亿平方米，消纳35亿千瓦风光电
	充电桩		配合电动车增长同步发展			基本全覆盖
北方零碳供热系统	建筑	继续节能改造	初步完成改造		平均热耗0.25吉焦/平方米	全面建成余热零碳供热系统
	管网	降低回水温度改造	初步完成降低回水温度改造		实现管网优化调节	
	热源	回收电厂和工业余热	采集工业余热替代火电余热，零碳热源占1/3	采集各类余热，零碳热源占1/2	零碳热源占80%以上	
	储热	示范1个跨季节蓄热项目	建设3~5个跨季节蓄热项目	完成50%跨季节蓄热项目	完成跨季节蓄热项目	
能源系统低碳转型	火电机组	基本不变	火电机组开始退出	火电机组逐步退出	火电6.5亿千瓦，1.5亿千瓦·时	火电6.5亿千瓦，1.5亿千瓦·时
	风光电	每年增加1亿~2亿千瓦	每年增加1亿~2亿千瓦，总量20亿千瓦	加速安装：每年增加2亿~3亿千瓦，总量超过40亿千瓦	加速安装，总量达到70亿千瓦	总量70亿千瓦，发电量9万亿千瓦·时
	电动车	每年增加500万辆	快速替代：每年增加1000万辆，总量超5000万辆	加速替代：每年增加1500万辆，总量超2亿辆	基本实现全电气化，总量超3亿辆	全电气化，总量接近3.5亿辆

图 9.1　中国建筑运行碳中和路线图

的新建和改造，由小规模试点逐步加速至新建建筑全覆盖，直至 2060 年实现一半城镇建筑采用"光储直柔"配电系统。同时，配合汽车电气化进程，同步安装智能有序充电桩，接入"光储直柔"配电系统，实现对新增风光电力的有效消纳。到 2060 年，通过 350 亿平方米"光储直柔"建筑和与之配套的超过 3.5 亿辆电动车，实现 35 亿千瓦风光电的有效消纳，并实现城镇建筑用电的零碳目标。

对于农村地区，在小规模技术、政策机制示范成功以后，自 2025 年起开始推广屋顶光伏为基础的农村新型能源系统，到 2030 年加速推广；2050 年完成 80% 以上农村的建设，农村整体光伏发电量超过用电量；2060 年全面建成农村新型能源系统，装机容量达到 20 亿千瓦，满足自身生产生活用电的同时为电力系统额外发电 1.5 万亿千瓦·时。

在北方零碳供热系统的建设方面，首先应开展建筑的节能改造，使其每平方米热耗降至 0.25 吉焦，同时开始降低回水温度改造，从而利用火电余热和部分工业余热满足新增建筑的供热需求。从 2025 年起，随着火电机组的逐步退出加大各类余热的采集利用；从 2030 年起，加速跨季节蓄热项目的建设，从而有效采集利用全年余热；2040 年实现零碳余热占比达到 1/2，2050 年实现零碳余热占比达到 80% 以上；2060 年全面建成余热作为热源的零碳供热系统，实现北方城镇用热的零碳目标。

9.2 建筑总规模与建造速度

为了实现建筑建造相关碳排放责任的尽快中和，我国建筑面积的人均指标应合理规划到日本、欧洲等发达国家和地区的水平，即人均住宅 40 平方米，人均公共建筑 15.5 平方米，建筑面积总量达到 750 亿平方米，即可满足我国未来的城乡生产生活需要。到 2060 年，我国总建筑面积达到 750 亿平方米，包括城镇住宅 380 亿平方米、公共建筑 210 亿平方米和农村住宅 160 亿平方米，其中北方城镇采暖面积为 220 亿平方米，如表 9.1 所示。

表 9.1 2020 年和 2060 年我国建筑面积规模

单位：亿平方米

建筑面积	2020 年	2060 年
全国总量	660	750
城镇住宅	292	380
农村住宅	227	160
公共建筑	140	210
北方采暖	156	220

随着农村人口进一步向城镇地区转移，我国城镇住宅建筑和公共建筑的面积还会进一步增加。在建筑面积的总量目标指导下，我国城镇地区住宅和公共建筑的大规模新建将在 2035 年前后完成，并逐渐转型至"以修代拆，精细修缮"，此后每年保持 5 亿～6 亿平方米的新建量即可满足城镇化新增人口的需求，与此同时每年 15 亿～20 亿平方米的建筑进行精细修缮和深度改造，以实现建筑功能的提升，满足日益变化的功能需求，如图 9.2 所示。在这样的建设速度下，我国的建筑面积总量将逐步增长，直至 2035 年左右达到建筑面积的峰值约 770 亿平方米，之后随着农村地区人口减少和农村住宅建筑面积的减少，总面积回落至 750 亿平方米并稳定在这一水平。

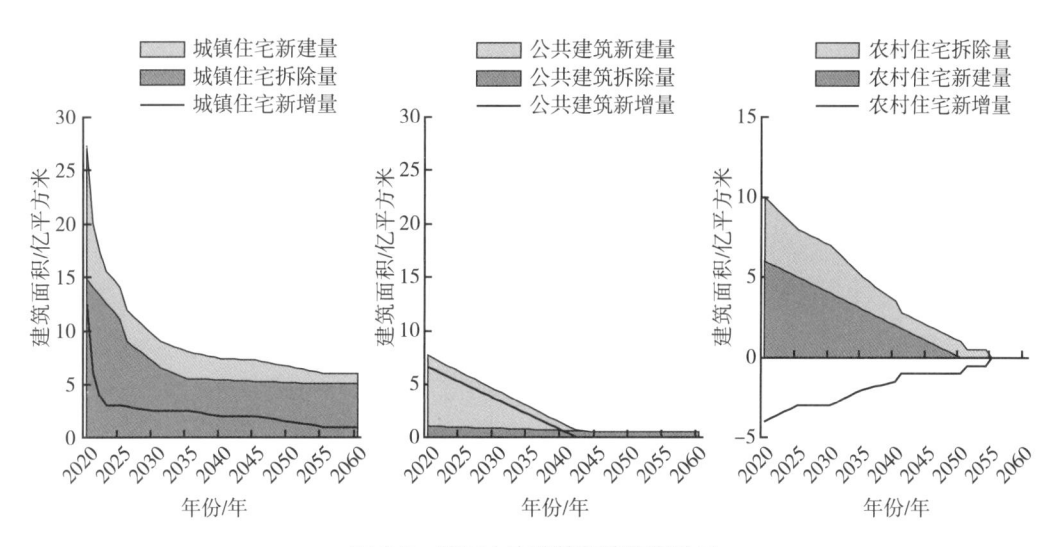

图 9.2 我国未来建筑新建和拆除量

9.3 建筑运行用能高效电气化

为了实现建筑直接排放零碳化的目标，需要对建筑现有的化石燃料设备进行相应的电气化替代，主要包括炊事、生活热水、分散采暖和蒸气电气化等。各类建筑分阶段的电气化推进情景如下，其分阶段的目标与措施见表 9.2。

9.3.1 公共建筑电气化工作重点

2023—2025 年：新建建筑按全电气化设计，同步开展既有建筑改造试点。

2025—2030 年：开始推广既有建筑改造。

2030—2040 年：加速推进既有公共建筑电气化改造。

2040—2050年：完成公共建筑全面电气化。

9.3.2 城镇住宅电气化推进

2023—2025年：新建城镇住宅的20%按全电气化设计，进行工程示范。

2025—2030年：新建城镇住宅的80%按全电气化设计，启动既有城镇住宅建筑全电气化改造。

2030—2040年：新建建筑按全电气化设计，开始推广电气化改造。

2040—2050年：加速推进既有建筑电气化改造。

2050—2060年：完成城镇住宅建筑全面电气化。

9.3.3 农村住宅电气化推进

2023—2025年：新建建筑的50%按电气化率设计，停止推进"煤改气"。

2025—2030年：新建建筑的80%按电气化率设计，推进既有建筑燃煤的电替代，燃气部分暂不改造。

2030—2040年：新建建筑按全电气化设计，逐步淘汰农村燃气。

2040—2050年：加速推进所有化石燃料的电替代。

2050—2060年：完成农村住宅建筑全面电气化。

按照以上电气化推进目标，我国在2050年左右可基本实现全面电气化，2060年之前可实现直接碳排放完全降为0。

表9.2 建筑全面电气化的分阶段目标与措施

	2022—2025	2025—2030	2030—2040	2040—2050	2050—2060
分项目标	燃气消耗量不再增长，煤消耗量持续下降，建筑使用化石燃料总量低于4亿吨标准煤	直接碳排放加速下降，化石能源用量降到3亿吨吨标准煤	直接碳排放降至1亿吨二氧化碳以下	直接碳排放降至0.5亿吨二氧化碳以下	直接碳排放降为0
公共建筑	新建公共建筑不再提供燃气供应，按电气化率100%设计，同步开展既有建筑电气化改造试点，每年改造面积1亿平方米	推广既有公共建筑电气化改造，每年改造面积2亿平方米。到2030年，公共建筑全电气化比例超过50%	加速推进既有公共建筑电气化改造，每年改造面积5亿平方米。到2030年，公共建筑全电气化比例超过80%	全面实现公共建筑电气化	

续表

	2022—2025	2025—2030	2030—2040	2040—2050	2050—2060
城镇住宅	新建建筑的20%按电气化率100%设计，进行工程示范	到2030年实现80%的新建居住建筑全电气化，2025年开始启动既有城镇住宅建筑全电气化改造，每年改造面积1亿平方米	到2040年实现100%的新建居住建筑全电气化，加速既有城镇住宅建筑全电气化改造，每年改造面积3亿～5亿平方米	100%的新建居住建筑全电气化，继续既有城镇住宅建筑全电气化改造，每年改造面积5亿平方米	全面实现城镇住宅电气化
农村住宅	新建建筑按电气化率50%设计，停止推进"煤改气"	逐步提升新建农村住宅电气化率水平，推进既有建筑燃煤的电替代，燃气部分暂不改造，每年改造面积0.5亿平方米	新建建筑按电气化率100%设计，逐步淘汰农村燃气，每年改造面积1亿平方米	基于实现农村用能全面电气化	全面实现农村用能电气化

9.4 节能使用模式与高效用电

我国的建筑电气化同时伴随着经济社会的发展和生活水平的提升。对未来建筑电力需求及间接碳排放进行情景分析的设置见表9.3，不同情景下的建筑用电量及相关碳排放的增长趋势如图9.3所示。

美国使用模式下，人均建筑用电量增长将由当前的1427千瓦·时，增长4倍多，达到美国当前水平，即人均8500千瓦·时，这样我国的建筑用电总量将达到11万亿～12万亿千瓦·时，几乎达到现在大量研究对我国未来全社会用电总量的规划（13万亿～14万亿千瓦·时）。这种情况会给我国电力系统的碳达峰和碳中和带来巨大的压力和经济社会成本。

欧洲使用模式下，人均建筑用电量将在当前水平下增长2倍，也就是欧洲当前水平人均4500千瓦·时，建筑用电总量将超过6万亿千瓦·时。

中国使用模式下，人均建筑用电量将在当前水平下翻一番，建筑用电总量控制在4万亿千瓦·时以内，这种情景下，建筑用电相关的碳排放在未来不会出现显著增加，在2025年以后随着电力系统实现零碳的进程，逐步可实现建筑用电间接碳排放的归零。

表9.3 不同使用模式下的建筑用电量增长

建筑使用模式	人均用电量/千瓦·时	电量总用/万亿千瓦·时	碳排放峰值/亿吨二氧化碳
中国使用模式（2020年）	1427	2	11.3
中国使用模式（2060年）	3000	4	12
欧洲使用模式（2060年）	4500	6.1	14
美国使用模式（2060年）	8500	11.6	23

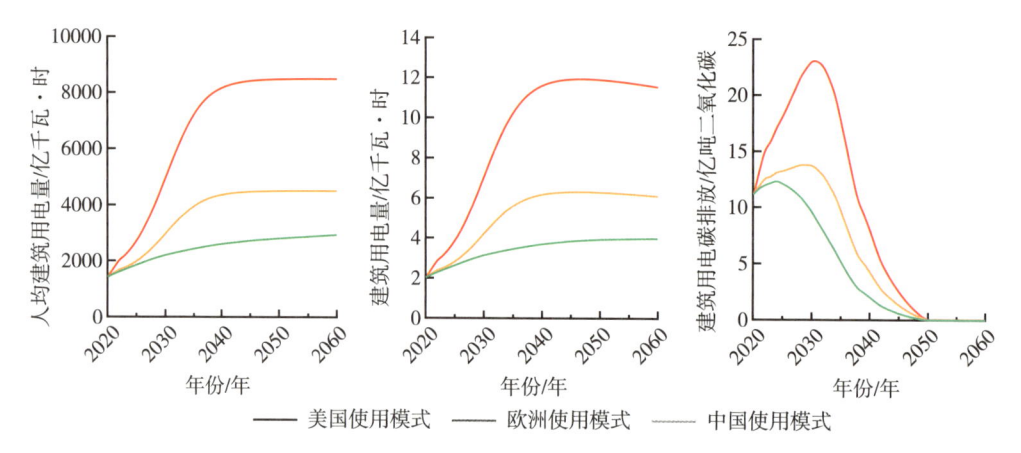

图9.3 不同使用模式下的建筑总用电量和用电碳排放增长趋势

可以看到，无论是美国模式还是欧洲模式，都会造成我国建筑运行用电量的大幅增加，在建筑运行电量总用达到6万亿千瓦·时甚至11.6万亿千瓦·时情景下，我国实现电力系统零碳目标的难度和成本将会大幅增加甚至很难实现。因此，在建筑运行用能电气化的推进过程中，首先要从生态文明的发展理念出发，科学和理性地规划我国建筑运行用能的未来，坚持"部分时间、部分空间"的节约型建筑运行用能模式，作为我国今后现代化建设的一个基本原则。在此基础上，应继续推进新建建筑和既有建筑的围护结构能效提升和用能系统的灵活高效，通过合理的用电量增长来满足人民日益增长的需求，这样可以在2060年使我国建筑运行人均用电量翻一番，同时配合新型电力系统的建设，实现建筑运行用电的零碳目标。

9.5 配合风光电增长的"光储直柔"建筑发展

为实现"双碳"目标，我国未来的能源供给和消费方式需要进行彻底革命,能源供给系统将形成以可再生电力为主的能源供应结构,相应地在能源消费侧,我国的工业、交通和建筑领域也将实现用能方式的低碳转型。预计到2060年,我国的终端能源消费控制在电力13.7万亿千瓦·时,其他燃料约12.3亿吨标准煤(包括作为原材料的工业原料),以及186亿吉焦热力需求,见表9.4和图9.4。此外,电力生产部门的火电还需要额外消耗约5.5亿吨标准煤的燃料。

表9.4 2060年我国全社会终端用能需求分析

部门	电力/万亿千瓦·时	燃料/亿吨标准煤	热力/亿吉焦
工业	7.8	11.0	136
交通	1.9	1.3	0
建筑	4	0	55
总计	13.7	12.3	191

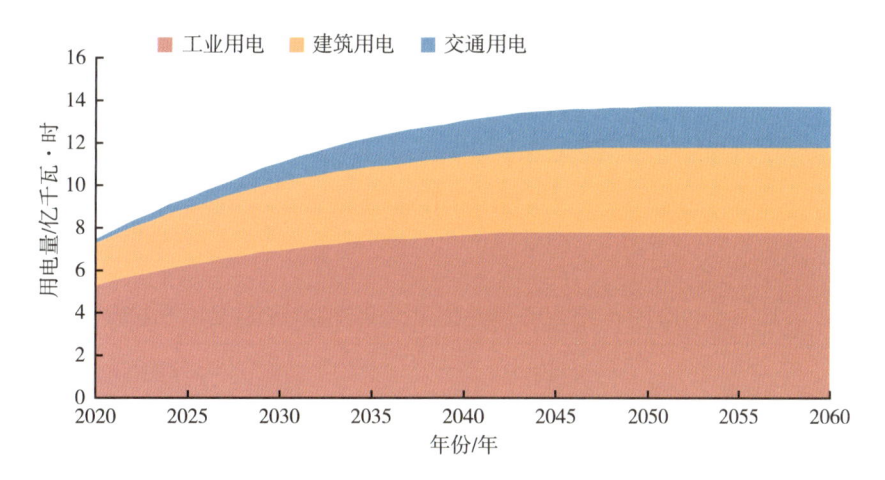

图9.4 我国全社会终端用电需求

注:仅包含用电需求,不包含热需求由电提供的部分。

9.5.1 风光电建设

为保证能源系统转型的进程,我国电力系统的装机容量和发电量增长如图9.5所示。到2050年,我国将全面建成以风光电为主的电力系统(表9.5)。

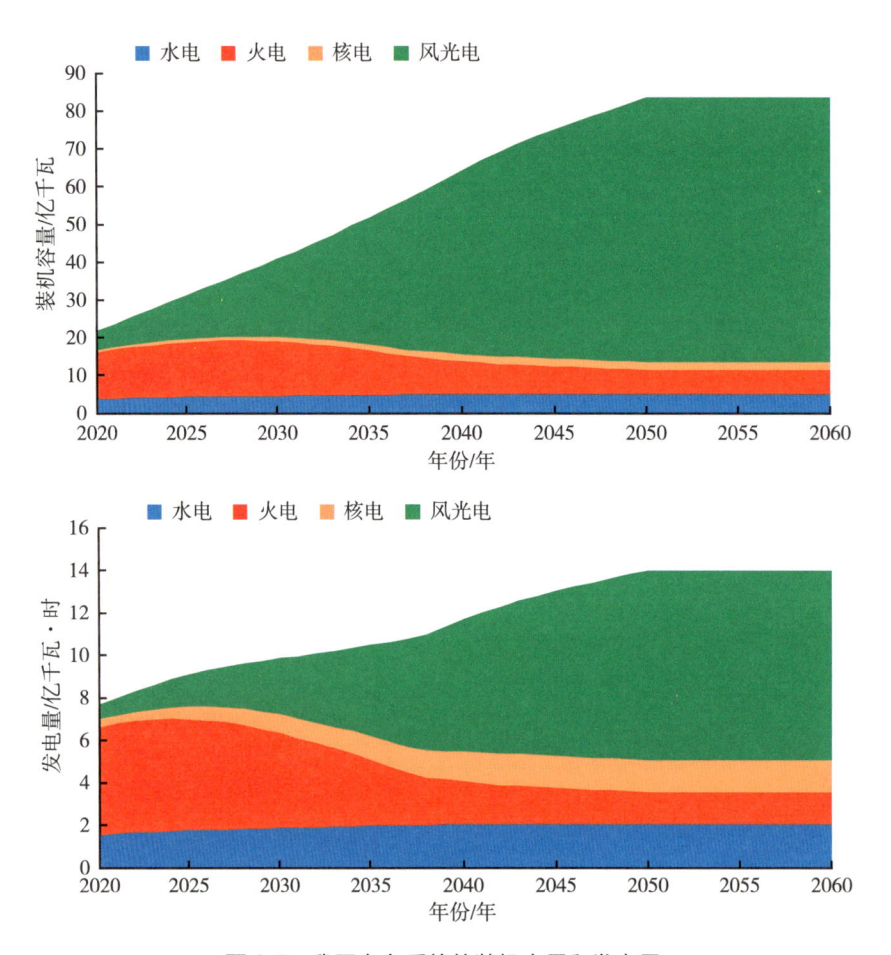

图 9.5 我国电力系统的装机容量和发电量

表 9.5 2019 年和 2050 年我国电力系统的装机容量和发电量

发电类型	2019 年 装机容量/亿千瓦	2019 年 年发电总量/万亿千瓦·时	2050 年 装机容量/亿千瓦	2050 年 年发电总量/万亿千瓦·时
水力发电	3.8	1.6	5	2
核能发电	0.5	0.4	2	1.5
风光电	4	0.55	70	9
调峰火电	11	5	6.5	1.5
总计	19.3	7.55	83.5	14

根据对未来零碳能源系统的规划，要实现"双碳"战略目标，必需实现风光电的加速建设。从 2020 年起每年增加风光电装机 1 亿～ 2 亿千瓦，到 2030 年我国的风光电装机容量可由 6 亿千瓦增加到 20 亿千瓦；从 2030 年起，每年新增 2 亿～ 3 亿千瓦以上的风光电，从而实现到 2050 年总装机容量超过 70 亿千瓦，如图 9.6 所示。

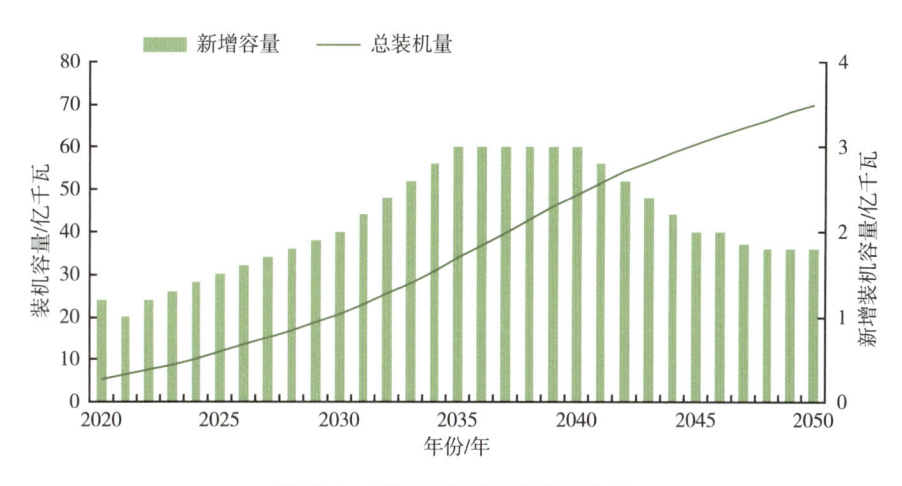

图 9.6 风光电新增与总装机容量

9.5.2 私人汽车电气化

2021 年，我国纯电动汽车约 640 万辆（公安部数据），目前年增长量可达 300 万～ 400 万辆，并将在今后几年迅速达到每年新增 1000 万辆。到 2030 年，我国纯电动汽车的保有量将超过 5000 万辆，到 2050 年将超过 3 亿辆，如图 9.7 所示。

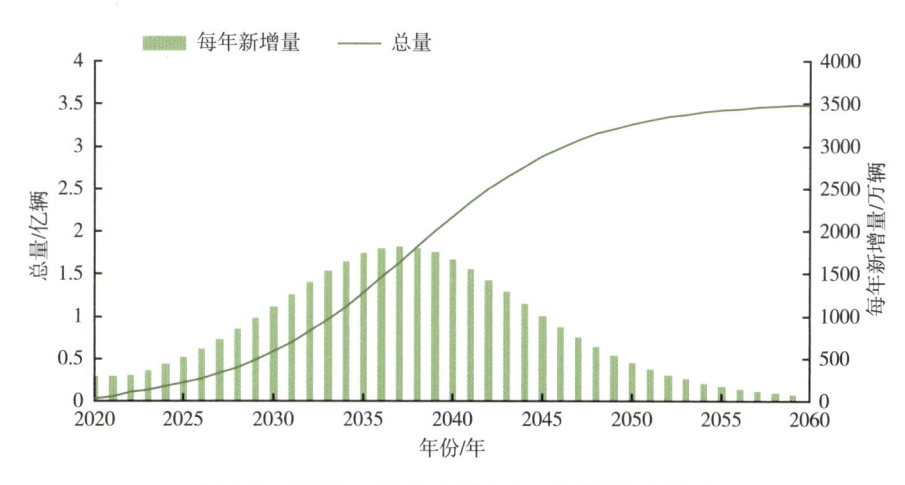

图 9.7 2020—2060 年私人电动车数量增长情况

9.5.3 "光储直柔"建筑建设

为了实现我国建筑电力间接碳排放的达峰和中和,需要配合我国能源系统的零碳转型,实现对新建建筑和既有建筑的"光储直柔"改造。目前电动汽车的增长态势与规划的风光电增长速度基本同步,相对来说,"光储直柔"配电建筑的规模远远落后于需求。因此,要尽快加速"光储直柔"建筑的发展速度,近期先推进新建建筑的"光储直柔"配电系统,未来在既有建筑中推进"光储直柔"配电系统的改造,具体目标和实施路径见表9.6。

表9.6 "光储直柔"建筑的分阶段目标和实施路径

	2022—2025	2025—2030	2030—2040	2040—2050	2050—2060
阶段目标	"光储直柔"建筑面积达到10亿平方米	"光储直柔"建筑面积达到30亿平方米	"光储直柔"建筑面积达到130亿平方米	"光储直柔"建筑面积达到240亿平方米	"光储直柔"建筑面积达到350亿平方米
实施路径	• 在全国不同地区建成100栋"光储直柔"建筑 • 消纳30%的新增风光电,为新增30%的电动车提供充电服务	• 每年新增建筑中,5亿平方米采用"光储直柔"系统 • 开始既有建筑"光储直柔"系统改造示范 • 新增的"光储直柔"建筑和与其连接的电动汽车可消纳30%的新增风光电	• 每年新增建筑中7亿平方米采用"光储直柔"系统 • 每年实现3亿平方米既有建筑"光储直柔"系统改造 • 新增的"光储直柔"建筑和与其连接的电动汽车可消纳40%的新增风光电	• 每年新增建筑中7亿平方米采用"光储直柔"系统 • 每年实现5亿平方米既有建筑"光储直柔"系统改造 • 新增的"光储直柔"建筑和与其连接的电动汽车可消纳40%的新增风光电	• 每年新增建筑中7亿平方米采用"光储直柔"系统 • 每年实现5亿平方米既有建筑"光储直柔"系统改造 • 新增的"光储直柔"建筑和与其连接的电动汽车可消纳50%的新增风光电

2020—2025年:每年新增建筑中1亿~2亿平方米采用"光储直柔"配电系统,到2025年"光储直柔"建筑量达到10亿平方米,实现1亿千瓦风光电的消纳能力。

2025—2030年:每年新增建筑中5亿~6亿平方米采用"光储直柔"配电系统,开始在既有建筑中推进"光储直柔"系统改造,到2030年"光储直柔"建筑量达到30亿平方米,实现3亿千瓦风光电的消纳能力。

2030—2060年:每年新增建筑基本全部采用"光储直柔"配电系统,每年新增6亿~7亿平方米。加速推进既有建筑的"光储直柔"配电系统改造,到2040年每年实现2亿~4亿平方米既有建筑"光储直柔"改造,2040—2050年每年实现4亿~5亿平方米既有建筑"光储直柔"改造。

按照表9.7列出在新建和既有建筑中分别的推进速度,至2060年"光储直柔"建筑面积达到350亿平方米,这将占到我国城镇存量建筑的一半以上。按照每

1万平方米"光储直柔"建筑加100个有序充电桩及电动汽车消纳1000千瓦风电、光电，可实现35亿千瓦风光电的消纳能力，也就是说可以完成我国未来一半的风光电（70亿千瓦）消纳任务。

表9.7 我国"光储直柔"建筑逐年增长

时间/年	到2025	到2030	到2040	到2050	到2060
新建"光储直柔"建筑/（亿平方米/年）	2	5~6	6~7		
改造"光储直柔"建筑/（亿平方米/年）	-	-	2~4	4~5	
"光储直柔"建筑总量/（亿平方米）	10	30	130	240	350
消纳风光电量/（亿千瓦）	1	3	13	24	30

据初步估算，在我国城镇地区完成"光储直柔"建筑加智能充电桩工程，每平方米光储直柔建筑的增量成本为1000元，完成350亿平方米的建设量约需35万亿元的投资。

9.6 农村新型能源系统建设

9.6.1 未来屋顶资源

本研究团队以覆盖率较高的国产2米卫星影像为主，辅以国产高分二号等亚米卫星数据，对2020年农村的屋顶面积进行了识别。先明确所要安装的农村建筑屋顶形状、倾角等特点，确定要进行识别和提取的建筑屋顶，然后处理所使用的卫星影像，利用卷积神经网络方法进行屋顶提取，得到农村屋顶建筑面积和可安装光伏的面积，最后利用当地太阳能辐照参数等信息确定光伏发电潜力，得到2020全国农村的屋顶面积为273亿平方米，装机容量为19.8亿千瓦，年发电潜力近3万亿千瓦·时。屋顶发电潜力与农村的人口和建筑面积分布基本一致，人口密度较大的中东部农村地区，其可安装屋顶面积与发电潜力也相对较大。

根据中国农村统计年鉴，2020年我国有人居住的建筑面积为227亿平方米（人均45平方米），而农村实有住宅建筑面积为267亿平方米，也就是说农村的住宅建筑是有人居住建筑的1.2倍，有20%左右的住房闲置。未来随着我国进一步的城镇化，农村人口会进一步下降，到2060年农村人口降至2.96亿，户数降至1.17亿户。按照未来农村人均居住建筑面积55平方米规划，2060年我国农村有人居住的建筑面积约为163亿平方米。随着农村人口的减少，现有政策下农村房屋所有人仍会拥有建筑的产权，因此农村的实有建筑面积并不会减少，按照当前趋势分析，未来的农村实有居住建筑面积会保持在280亿～290亿平方米。未来农村保留大部分房屋建筑的情况下，除去作为居住的房屋外，其他闲置房屋可用作休闲旅游用房，因此也可用于安装屋顶光伏系统。到2060年，我国农村屋顶可安装光伏的屋顶面积范围在163亿～290亿平方米，可安装光伏容量为15亿～22亿千瓦，如图9.8所示。

随着农村电气化的推进，农村生活用能将全面由电提供，同时交通和生产用能也全部由电力提供。到2060年，全国农村居民每户生活用电为4000千瓦·时，同时每户交通和生产用能4000千瓦·时，每户的用电量为8000千瓦·时。全国农村总用电量为0.93万亿千瓦·时。

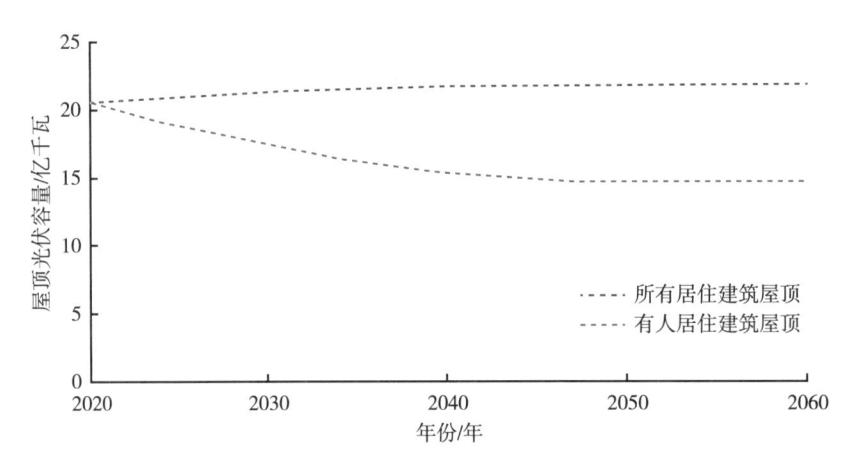

图9.8 农村屋顶光伏装机潜力分析

9.6.2 屋顶光伏建设

2020年，我国有236万个自然村，每个村平均有112户，相当于一个台站。到2060年，我国农村人口2.96亿时，约有1.2亿户，约有100万个自然村级别的台站。推进村级直流微网系统也大致以自然村为单位，逐步实现村级的"只出不进"。到2030年每年可完成5万个村级台站建设，实现农村用电自给自足，村级台站"只出不进"；到2040年全国共可实现农村90万个村级台站的建设，实现台站"只出不进"，全国农村光伏的发电量达到1万亿千瓦·时，超过农村生产全部所需用电量；到2060年，可完成近100万个自然村的建设，可实现20亿千瓦的光伏装机量和2.5万亿千瓦·时的发电量，农村光伏的发电量是自身用电量的2倍以上，如图9.9和图9.10。

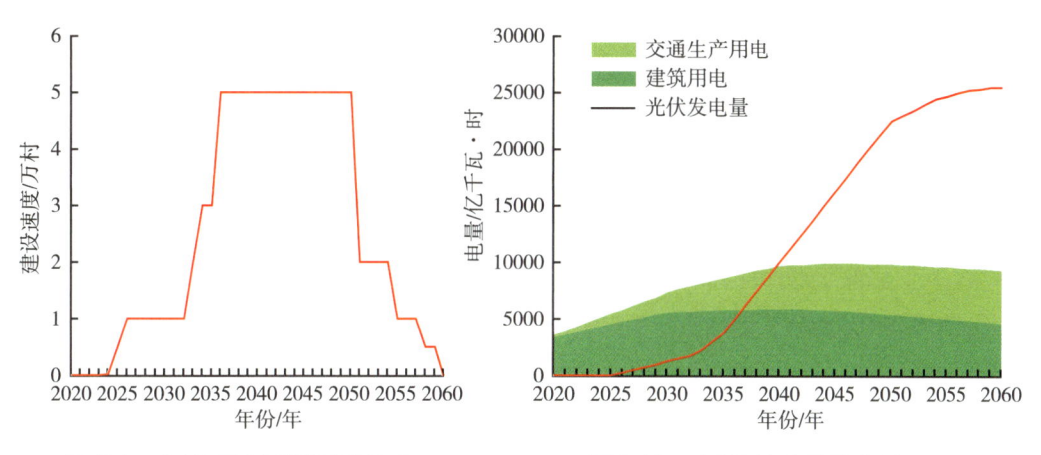

图 9.9 农村屋顶光伏的建设速度

图 9.10 农村屋顶光伏发电量

实际上，随着城镇化进程的推进，农村居民的子女进城以后，仍然有权继承宅基地上的住宅建筑，因此即使农村人口持续减少，但是农村住宅的建筑面积和屋顶面积并不会显著降低。对于未来无人居住的农村住宅，业主进行屋顶光伏的投资仍然具有经济效益。其投资模式可以是：户内部分由业主投资，户外公共部分由国家投资。户内部分可由农民自主低息贷款并拥有产权，13 年以内可回收投资。村级公共部分需要投资村级电网变压器增容改造和村内公共建筑屋顶安装的光伏，投资平均 300 万元 / 自然村，覆盖 100~120 户。通过整合各类农村能源相关财政补贴，由国家财政集中投资建设，完成全国共计 100 万个自然村的建设约需 3 万亿。

为实现以上目标，农村零碳新型能源系统的分阶段目标与实施路径如表 9.8 所示。

表 9.8 农村零碳新型能源系统的分阶段目标与实施路径

	2022—2025	2025—2030	2030—2040	2040—2050	2050—2060
分阶段目标	解决技术问题，建立示范工程	小规模推广	完成 50% 的农村新型能源系统建设	完成 80% 的农村新型能源系统建设	完成全部农村新型能源系统建设
建设速度	100 村 / 年	1 万村 / 年	3 万~5 万村 / 年	5 万村 / 年	1 万~2 万村 / 年
发展目标	技术示范	装机 1 亿千瓦	装机 8 亿千瓦，发电 1 万亿千瓦·时，发电量超过用电量	装机 18 亿千瓦	装机 20 亿千瓦，发电量 2.5 万亿千瓦·时

续表

	2022—2025	2025—2030	2030—2040	2040—2050	2050—2060
主要工作	• 全国各地区建成100个零碳能源示范村 • 形成农机具"油改电"系列产品	• 每年建成5000个零碳能源示范村 • 到2030年末期，完成6万~7万个农村改造，年输出电力5000亿千瓦·时	• 每年建成1万个零碳能源村 • 到2040年，实现年输出电力0.5万亿千瓦·时，生物质燃料1亿吨标准煤	• 每年继续推进约1万个村庄改造 • 到2050年，实现年输出电量1万亿千瓦·时，生物质燃料1.5亿吨标准煤	• 完成全国农村新型能源系统的建设 • 实现农村用能全电气化，用电全自给自足 • 到2060年，实现年输出电量1.5万亿千瓦·时，生物质燃料2亿吨标准煤

9.7 北方城镇地区零碳供热

9.7.1 全国及北方地区余热资源

根据我国未来电力系统转型的进程，我国具备的余热资源及位于北方地区的余热资源量如图9.11所示。随着火电机组在2025—2030年开始逐步淘汰，火电余热将逐步降低，直至2050年将维持在5亿千瓦装机量用于火电调峰，其中位于北方地区的火电容量为3亿千瓦，在这种情景下，火电全年可提供的余热量为30亿吉焦。电力系统中，核电将逐步增加至2亿千瓦，其中位于北方沿海地区的核电容量为0.5亿千瓦，全年可提供的余热量为17.5亿吉焦。除此以外，北方冶金、化工、有色、建材、数据中心及其他余热共有约30亿吉焦。未来过剩风光电转化成的热量约10亿吉焦。总计未来北方地区可使用的余热资源量为87.5亿吉焦。见表9.9。

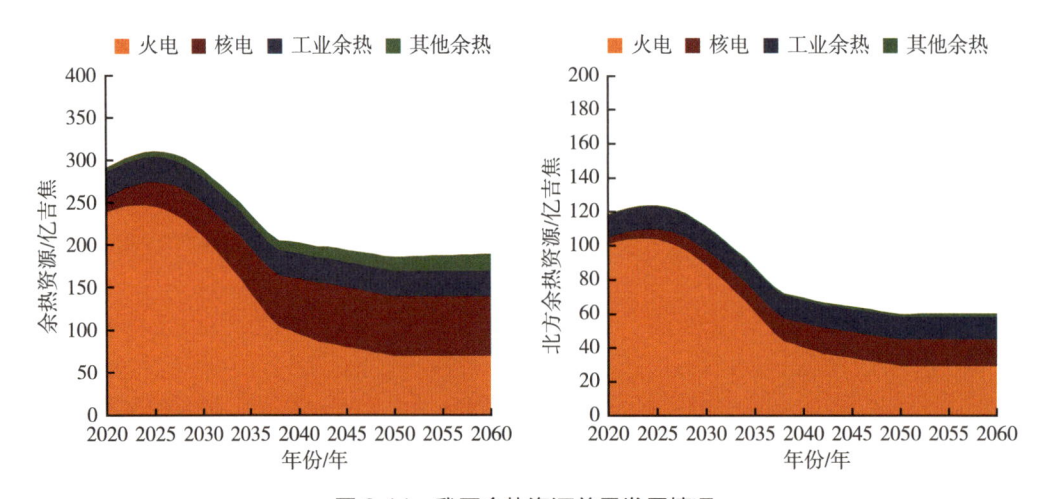

图9.11 我国余热资源总量发展情况

表9.9 2060年全国和北方地区可用余热资源

类型	全国 装机容量/亿千瓦	全国 全年余热资源总量/亿吉焦	北方 装机容量/亿千瓦	北方 全年余热资源总量/亿吉焦
火电	5	50	3	30
核电	2	70	0.5	17.5
工业余热		50		25
过剩风光电转化		20		10
其他余热		10		5
资源总量		200		87.5

9.7.2 建筑节能改造

通过新建建筑围护结构性能提升和既有建筑围护结构节能改造来降低北方建筑的采暖需热量，是实现零碳采暖的基础。据估算，截至2015年，全国282亿平方米城镇住宅中，约有49亿平方米建于1990年以前，围护结构性能较差，其中位于北方采暖城镇地区的建筑约有19亿平方米。除此以外，全国还有83亿平方米建于1990—2000年，其中位于北方采暖城镇地区的建筑约有33亿平方米，这些建筑的保温也较差，冬季采暖需求明显高于采用节能设计标准的建筑。总体来看，北方城镇地区约有52亿平方米的城镇住宅围护结构需要进一步节能改造。此外，北方城镇地区还有约10亿平方米的公共建筑，围护结构需进一步节能改造。

我国自"十一五"时期开始开展北方建筑与围护结构改造工作，《"十一五"建筑节能专项规划》《"十二五"建筑节能专项规划》中进行了相关规划。到2016年，全国城镇累计完成既有居住建筑节能改造面积超过13亿平方米，其中北方采暖地区累计完成12.4亿平方米。在"十三五"期间，全国累计完成北方采暖地区既有居住建筑改造面积为3.39亿平方米，平均每年推进量为0.3亿～1.2亿平方米。考虑到北方地区总量超过60亿平方米的改造需求，北方城镇地区仍有约50亿平方米的改造需求，应通过合适的政策机制和技术方法来推动每年1亿～1.5亿平方米的节能改造，才能逐步实现建筑需热量的降低，其分阶段推进改造的面积如图9.12所示，到2050年可基本完成改造任务。通过北方建筑围护结构的性能提升，可将北方地区的建筑平均需热量由当前的每平方米0.33吉焦逐步降低至0.25吉焦，在这样的情景下可维持北方城镇建筑总面积增长至220亿平方米时，总需热量维持在55亿吉焦，见图9.13。

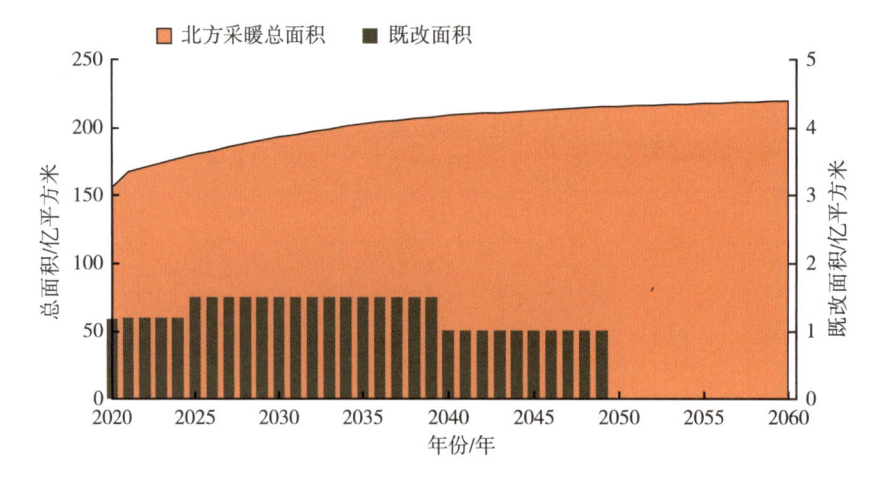

图 9.12 我国北方城镇采暖的改造面积和总面积

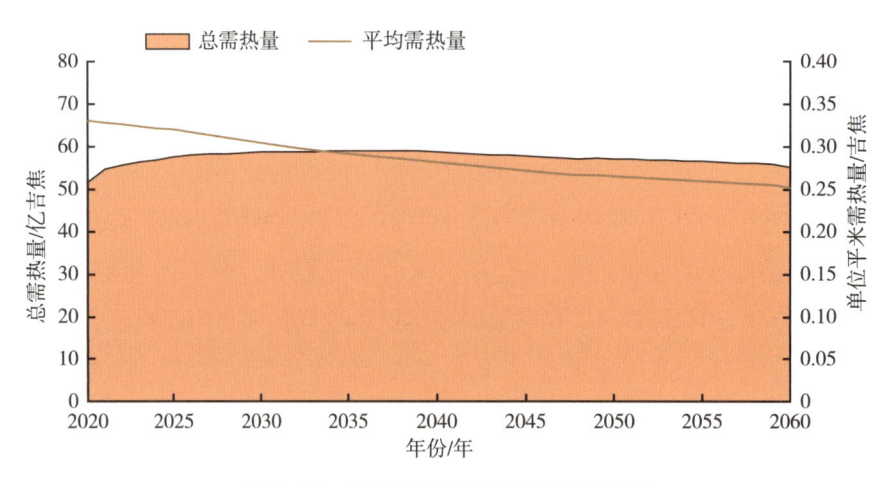

图 9.13 北方城镇采暖需热强度和总量

9.7.3 供热系统低碳改造

在建筑节能改造降低需热量的基础上，需要分阶段开展供热系统的低碳改造。

2020—2030 年：主要通过集中供热系统末端改造以降低回水温度，从而有效回收热电厂余热和工业低品位余热。通过现有热源供热能力的挖潜，来满足建筑采暖需热量的增加。对北方沿海核电进行热电联产改造，为我国北方沿海岸线 200 千米以内地区提供建筑采暖热源。

2030—2040 年：配合电力系统火电关停的时间安排，同步建设跨季节蓄热工程解决关停火电厂造成的热源功率减少。

2040—2050 年：依靠跨季节蓄热工程，收集核电全年余热、调峰火电全年余热及各类低品位余热热源的全年余热（包括垃圾焚烧、数据中心、工业生产余热等），既可解决北方冬季采暖热源需求，又可实现热量生产和热量需求的解耦，大幅提高供热系统的可靠性。

到2060年：北方地区的余热资源利用可达到42亿吉焦，再加上转换用电动热泵的8亿吉焦电力（考虑COP=6），可提供约50亿吉焦的余热热源，实现北方城镇集中采暖所需的零碳热源。

为了实现北方城镇地区零碳供热目标，要持续严抓新建建筑的标准提升和既有建筑的节能改造，使北方建筑冬季采暖平均热耗从目前的每平方米0.35吉焦降低到0.25吉焦以下。在此基础上，需要分阶段开展供热系统的低碳改造，分阶段目标与主要工作见表9.10。

表9.10 北方建筑零碳供热的分阶段目标与主要工作

类型	2022—2025	2025—2030	2030—2040	2040—2050
分阶段目标	北方供暖用热间接碳排放总量不再增加	北方供暖用热间接碳排放总量开始下降	北方供暖用热间接碳排放总量降低到目前的1/3以下	实现北方供暖用热间接碳排放总量为零
主要工作	• 对20世纪80年代早期建筑开展节能改造 • 全面降低回水温度的改造 • 通过回水温度降低，有效回收电厂和工业余热，解决目前热源不足问题 • 建设一个核电水热联产、水热同送项目，同时在山东供热供水 • 示范性建设1~2个跨季节储能项目，摸索经验	• 初步完成北方既有建筑节能改造任务 • 完成全部降低回水温度改造的工程 • 对30%的北方冶金、化工、有色、建材企业进行热回收改造，替代燃煤锅炉热源 • 同步建设3~5个跨季节储能项目，储存工业余热 • 完成胶东半岛核能综合利用，全面供水供热改造 • 零碳热源提供1/3以上的供暖热量	• 完成调峰火电厂的余热回收改造 • 完成沿海核电厂60%的余热回收改造工程 • 完成70%的工业低品位余热回收改造工程 • 初步建成北方跨区域的低品位余热回收管网 • 北方各地跨季节储能项目普及建设过半	• 完成各类余热回收改造工程 • 完成全部跨季节储热工程建设 • 实现供热管网的优化调度调节

9.8 建筑运行碳中和情况

9.8.1 建筑运行能耗

按照以上情况，我国建筑领域的总用电量将在2万亿千瓦·时的基础上翻一番，到2060年增长至4万亿千瓦·时（图9.14）。在此发展情景下，未来各分项的用电情况见表9.11。建筑领域除电外的其他化石能源将持续下降，至2050年建筑领域所有的燃气和煤等化石燃料基本接近于0，至2060年完全为0（图9.15）。

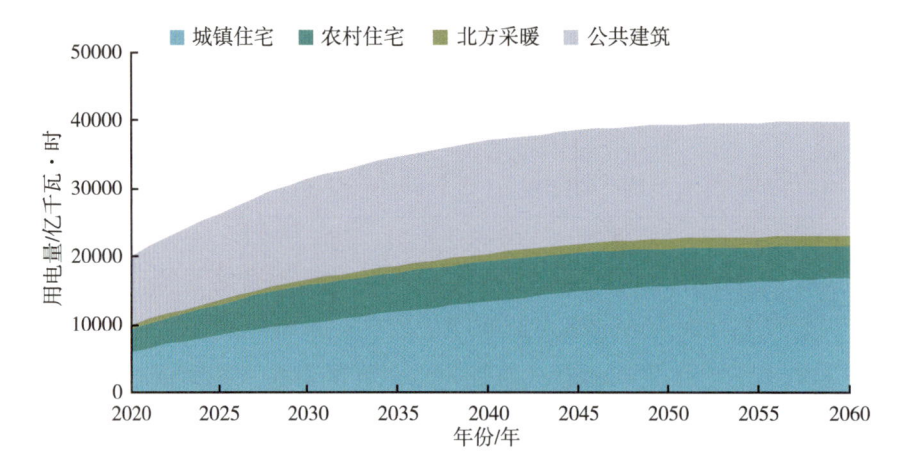

图 9.14　建筑各分项用电量

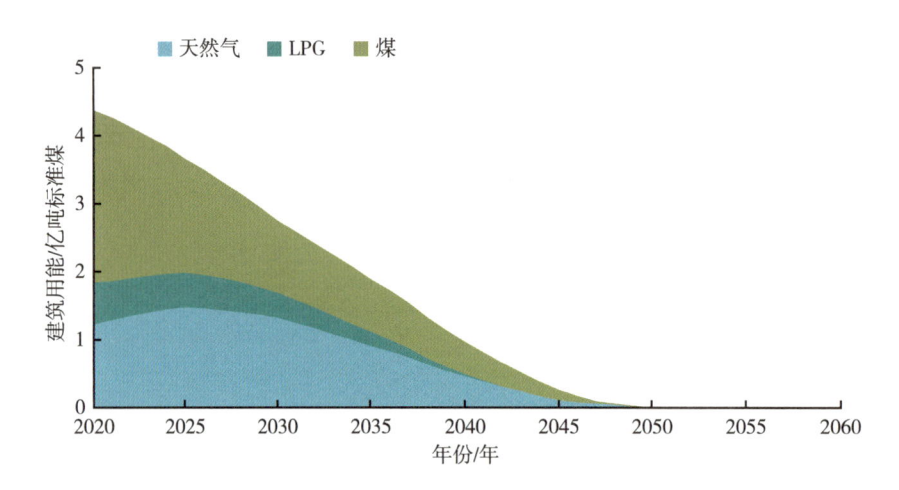

图 9.15　建筑领域化石能源使用量

表 9.11　中国建筑用电量增长情况

单位：万亿千瓦·时

建筑用电量	2020	2030	2040	2050	2060
全国总量	2.01	3.12	3.70	3.95	3.97
城镇住宅	0.59	1.01	1.34	1.57	1.68
农村住宅	0.34	0.56	0.59	0.55	0.46
北方采暖	0.06	0.08	0.11	0.15	0.15
公共建筑	1.02	1.47	1.66	1.68	1.68

9.8.2 建筑运行碳排放

随着未来电力供应系统和热力供应系统的逐渐脱碳，建筑领域也将逐步实现碳排放的降低，见图9.16。根据情景设定，我国的建筑运行碳排放已经达到峰值，直接碳排放在2040年降到0.5亿吨二氧化碳以下，2050年降到0.2亿吨二氧化碳以下，直到2060年前完全降至0，即实现建筑运行直接碳排放的零碳。电力间接碳排放在当前处于平台期，缓慢增长至2030年后随着电力系统的深度脱碳，可实现建筑用电间接碳排放的持续降低，直至2060年伴随电力系统实现零碳目标，而实现建筑用电间接碳排放的零碳。建筑用热间接碳排放将维持一段时间的平台期，到2030年尽管供热面积不断增长，但用热相关碳排放基本维持不变，直至2030年左右逐步建立起跨季节储热系统和余热供热系统，开始实现热力间接碳排放的降低，直到2050年完成零碳余热供热。

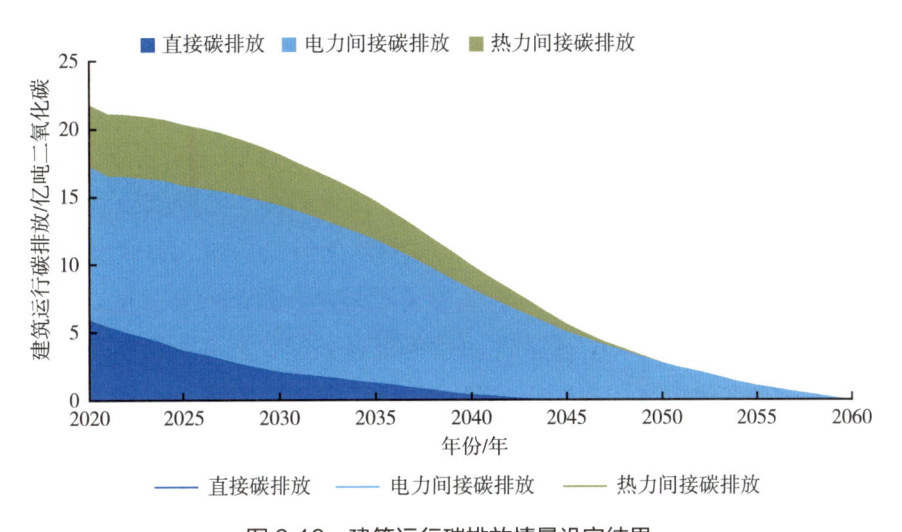

图 9.16 建筑运行碳排放情景设定结果

第 10 章 建筑领域"双碳"政策建议

明确了建筑运行"双碳"目标的技术路径和关键任务，还需要相应的政策机制来推动低碳技术的推广应用，以保障任务按照计划的时间点完成。我国建筑领域面对低碳的新问题和新形势，提出了新路径、新技术，因此也需要设计完善形成新的政策机制促进新技术的应用。本章系统梳理和总结了我国建筑领域实现"双碳"目标的主要任务，根据新形势下新型电力系统、新型热力系统的特点，探讨并提出了促进建筑领域各项低碳工作顺利推广实施的政策机制建议。

10.1 建筑领域实现"双碳"目标的 7 大任务

1）实现房屋建设的软着陆，从大规模建设转为大规模房屋修缮和改造，延长房屋使用寿命、提升房屋功能，以满足社会发展和人民生活水平提高对房屋质量和性能不断增长的需求。目前我国城乡建筑总量已接近 700 亿平方米，未来房屋总量的上限在 750 亿平方米左右，新增建筑的空间已经很小。通过大拆大建、在不增加房屋总量的条件下持续建设，将造成对钢铁、建材等高碳排放材料的旺盛需求。只有停止房屋的大规模建设，才能大规模消减钢铁、水泥和其他建材的产量，从而实现工业生产的碳减排。

2）研究开发和推广新的低碳建材、支撑新型低碳建材的新型建筑结构体系、符合新型建筑结构体系的建筑形态。

3）继续深入进行既有建筑的节能改造。重点是北方建筑的围护结构保温，使冬季采暖需热量从目前的每平方米 0.33 吉焦降低到 0.25 吉焦；南方建筑的气密性改造，在关闭门窗后自然状况下的房间换气次数应降低到 0.5 次/时的水平；提高机电系统的用能效率，包括风机水泵的运行效率、空调制冷机的运行效率及空调系统的运行效率。

4）实现建筑的"零燃烧"，取消建筑内燃煤、燃气、燃油等所有燃料的使用，实现全面电气化。发展和推广电炊具以替代燃气炊具、电动热泵式或直接电热式生活热水制备以取代燃气热水器、电动蒸汽发生供气（直热式或热泵式）以取代蒸汽锅炉、空气源或水源分散型热泵替代分散的燃气壁挂炉采暖。逐渐在新建社区不再铺设燃气系统，对已有社区也应通过电气化使燃气逐步退出。

5）建筑表面的光伏发电将是零碳能源系统电力的重要来源。新建建筑发展光伏与外装饰一体化的形式，既有建筑充分开发利用屋顶的全部空余空间安装光伏。光伏电力应优先自用、余电上网。建筑从电力的单纯消费者转为"产、消、储、调"四位一体的产消者。通过"光储直柔"配电方式，连接邻近停车场充电桩系统，使建筑成为电力系统的柔性负载，从而承担50%以上的电网风光电消纳任务。

6）对于北方城镇高密集建筑区域，冬季供暖的热量可来自核电、调峰火电的发电排放的低品位余热、工业生产排放的余热、数据中心和变电站排放的热量及垃圾焚烧排放的热量。目前的城市热网通过改造和扩建，可以为北方城镇80%以上的建筑提供低品位热量，直接或通过热量变换可以使这些热量满足建筑供暖需要。为了有效利用上述余热资源，解决热量的产出与热量需求在时间上的不匹配，需要建设大规模跨季节储热装置。为了使上述各类余热资源得到有效回收，也为了这些热量的跨季节储存，建筑用热后返回到热网的循环水回水温度应尽可能降低，未来的目标是把热网循环水回水温度降低到20℃。

7）农村是发展分布式光伏的主战场。通过全面建设屋顶光伏和其他零星空地的光伏，农村可建成以光伏电力为基础的新型能源系统，替代包括生物质燃料在内的各种燃料，解决生活、生产和交通的全部用能。替代下来的生物质资源可加工成固体、气体和液体的商品燃料，进入能源流通市场。实现这一目标的关键是使每个农户平均拥有60千瓦·时以上的储能电池，这需要依靠农村车辆和农机的全面电气化来实现。农村将是我国建设新型电力系统的开路先锋。

上述7项重大任务也是在房屋建造、房屋运行、建筑能源供给方面的革命性转型。其直接的目的是实现能源供给从化石能源向可再生和零碳能源的转型，也是从工业文明向生态文明转变的重要内容，通过转型可以彻底消除由于化石能源的大规模利用导致的能源安全问题、环境污染问题和气候变化问题，真正实现能源领域的可持续发展。

10.2 推动建筑运行低碳转型的政策机制

生态文明的发展模式是追求人与自然的和谐与平衡，是由自然条件、自然资源所决定的有限供给量下的人类可持续发展。从生态文明的理念出发，应在建筑环境营造上坚持绿色、生态的理念。

使建筑由电力的刚性负载转为柔性负载，就要求建筑的用电系统能够响应电网的需求，根据电力供需关系及时调整自己的用电功率，在满足自身需求与适应电网调节需要之间的一种平衡，也就是在一定程度上为了适应电网上风光电的变化而改变原来的用电状况。在不影响建筑正常功能的前提下对建筑提供的服务状态做出调整（例如提高或降低室内温度，降低一些室内通风量等），追求的不再是最大限度满足建筑使用者需求的目标，而是在为使用者提供服务和适应电网状况之间的一种平衡。

能源转型是生产力的革命，由此必然要求相应的生产关系的革命。习近平总书记在2014年指出，能源革命包括"能源生产、能源消费、能源技术和能源政策机制的革命"。目前的能源相关政策机制是根据目前的能源系统设计制定，必须根据新能源系统的特点研究和建立不同的政策机制。根据建筑领域低碳转型的7大主要任务，可以归纳出以下新政策机制需求。

10.2.1 建筑碳排放核算方法与核算统计体系

针对建筑隐含碳排放和建筑运行碳排放的不同特点，建立核算边界、核算方法与数据统计体系，使每座建筑不仅掌握自身的能源消耗数据，同时也能清晰地得到其建设与维修过程的隐含碳排放总量和运行过程的实时碳排放量，从而改进管理、改进运行。科学地得到碳排放数据、使这些数据对各相关方面透明，是实现"双碳"战略任务的基础工作。由于供电系统电源状况的变化，度电对应的碳排放责任，也就是碳排放责任因子是随时间大幅度变化的，尽快建立电力动态碳排放责任因子的实时发布系统，对推进建筑的"光储直柔"配电改造，实现柔性用电有重要作用。

10.2.2 控制建筑总规模，同时避免"大拆大建"

合理规划、严格控制城镇建筑规模总量，使我国未来建筑总量不超过750亿平方米，这是降低建筑隐含碳排放的关键。这需要强化新上项目的审批制度，实行总量控制。同时，在旧城改造、旧工业区改造等工程中，通过制定适当的政策机制，使得以修缮改造提升功能的方式可以获得高经济利益，而大拆大建在经济上会形成亏损。例如，对没有产生建筑垃圾的修缮和改造项目适当减免工程税收，对于完全拆除的项目则按照所拆除建筑的现值征收拆除税，拆除后新建的建筑面积超出部分再按照周边地块标准征收土地出让金。

10.2.3 全力推动建筑的"再电气化"，通过政策机制引导燃气逐步退出

修订相关设计规范和标准，不再把燃气供给作为社区建筑必备条件，鼓励不设置燃气系统的全电气化小区，不再补贴和鼓励"燃气下乡"，通过各种政策机制和措施使天然气逐步退出建筑领域。

对各种商业、企事业单位的生活热水供应提倡采用电动热泵的热水制备方式改造，对由燃气热水器改为电动热泵热水器、燃气蒸汽锅炉改为电动热泵式蒸汽发生器的给予一定的初装费补贴。

对居民采用电动热泵热水器的给予免购置税的补贴，促进居民用能的"气改电"。

对少数建筑配电容量不足，难以实现全面电气化的建筑积极开展增容改造。

10.2.4 区域供冷具有严格的适用性前提，需谨慎采用

对于夏季空调而言，室内外温差小，冷负荷呈"不同时间、不同空间"的异步性需求特征，冷冻水输送温差小、能耗大，加之冷冻水泵电耗全部变为热量而抵消供冷量，导致大型集中供冷的能效优势被抵消。高密度、高同步性的冷负荷需求用户与较小的区域半径是区域集中供冷的重要适用性前提，对于各区域负荷不同步、区域平均在室率低、区域输配距离较远的场景不应采用区域集中供冷方式。建筑"供冷"与"供热"在负荷特征、终端形式、输配成本等方面存在显著差异，不能做"冷"与"热"的简单对比，适用于供热的集中或分散形式不一定适用于供冷情况；反之亦然。

10.2.5 把建筑运行用能导致的碳排放责任纳入碳排放交易市场

以风光电为主要电源的新型电力系统的建设是能源革命的重点任务，建筑配电的柔性改造又是风光电有效消纳的重要途径。要推动"光储直柔"配电方式或其他可实现需求侧响应的建筑柔性用电方式，就必须使其对电力的调节效果获得认可并获得响应的经济收益。按照电力动态碳排放责任因子方法实时核算建筑用电的碳排放责任，可以使柔性用电与常规用电方式的碳排放责任相差3～5倍。推行这种碳核算方式，就可以清楚地辨识建筑在配合电网调节上做出的贡献。

建筑运行导致的碳排放由使用天然气导致的直接碳排放和使用电力和热力导

致的间接碳排放构成。建立科学的核算体系，可以客观地得到碳排放总量。为每座建筑根据面积和功能给出碳排放配额，就可以核算各个建筑实际的碳排放责任与配额的差别。差额部分可以进入碳市场，从而使差额为负的建筑可以通过碳交易获得经济收益，而差额为正的建筑则要为其高碳排放的运行付出经济代价。

10.2.6 将智能有序充电桩网络建设纳入建筑的规划、建设和管理体系

私家电动车 85% 以上的时间停靠在住宅或办公地点的停车位，充分挖掘利用私家车车载电池资源，对新型电力系统建设、有效消纳风光电有重要作用。实行"一位一桩、即停即接"的双向智能有序充/放电方式，使位于停车场的电动车车载电池时刻保持与邻近建筑配电系统的连接，就可以有效利用车载电池资源实现建筑的柔性用电。因此，充电桩建设不应作为单独的产业，而应该将其作为停车场必需的基础配套设施，由停车场建设者投资建设。由于是双向充放电，因此可以按照免费充/放电方式运行，每个停车场统一计量从建筑配电网进入车场的电量和由车场进入建筑配电网的电量。设立统一的结算中心，按照商业用电的分时用电价格支付各个停车场从邻近建筑配电网取电电量费用，也按照分时的商业用电价格的 80% 从各个邻近建筑收取送入其配电网的电量费用。当电力峰谷差价格在 3 倍以上时，只要严格控制在低谷期为车辆充电、在高峰期从车辆取电为邻近建筑供电，放电量达到或超过车辆行驶用电，就可以在车辆免费用电的前提下依靠电价的峰谷差而略有盈利。实现这一目标的关键是确保位于停车位的车辆时刻与充电桩连接。这样可以计量每辆车每年累积的连接时长，只有连接时间超过一定限度（如 3000 小时）才可享受免费充电。

充电桩的建设与停车场建设和改造应一致，充电桩的管理纳入停车场管理，因此建议此项工作由住房与城乡建设部管理，组织制定相关规范和标准，包括技术标准和经营管理模式标准，组建各个城市的结算中心，并监管系统运行。建筑相关的节能减排减碳工作由住建部管辖指导，而私家电动车充电、用电与建筑用电密切相关，其使用者、电费支付者也与建筑用电相同，所以应该将私家电动车的运行能耗管理纳入建筑运行用能领域统一管理。

10.2.7 改革电力管理制度、鼓励建筑分布式光伏发电"优先自用、余电上网"

建筑光伏发电直接为自身和邻近建筑供电是光伏的最佳接入方式，不仅可以大幅度减少接入成本、降低光伏电传递过程的损失，还有利于调度和利用楼内各种柔性用电资源，有利于光伏的有效消纳，并减少光伏上网对电网的冲击。目前

的电力政策是建立在以火电为基础的集中电源统一供电的系统上,所以很多规定都不适用于分布式光伏的发展需要。为了适应分布式光伏的健康发展,必须根据其特点重新制定相关的政策法规,以适应大规模分布式光伏的健康发展。

10.2.8 建立按照热量的温度品位确定热价的机制

全面推广余热供暖,需要鼓励用热终端尽可能降低返回到热网的循环水回水温度,而要求余热热源提供者尽可能开发利用低品位热源,避免用高温热源加热低温循环水造成热量的无谓耗散。为此应该改变目前依靠循环水输送热量的计价方法,不同温度的热量应采用不同的价格。为了使计量与核算系统简单易行,并考虑循环水变温收放热的连续性,在供热侧和用热侧都可以实行"协议计价回水温度"的方法。这样计算出来的热量尽管不是真实的热量,却反映了热量品位的等效热量。协议计价回水温度相当于热量提供方和热量购买方之间的协议温度,根据我国目前情况可以取40℃,如果用热者不能把回水温度降低到40℃,也要按照40℃计算热量,多支付费用;如果用热者把回水温度降低到40℃以下,则低于40℃的热量是免费热量,不需要支付费用。热源供给者要做回收40℃以下热量的工程改造,改造后即使用热者返回的回水温度高于40℃,改造工程不能被利用,用热者同样要支付这部分热量的费用,而如果热源提供者不做回收低温余热的工程改造,当返回到热源的循环水回水温度低于40℃时,只好仍用高温热源免费加热到40℃,造成经济损失。

10.2.9 全面建设农村新型能源系统

在农村大力发展"电力产消"一体的农村新型能源系统,以此作为构建我国新型电力系统的突破口与着力点。实现我国"双碳"目标的核心任务是构建以新能源为主体的新型电力系统,未来风电、光电将是可再生电力系统中最主要的电源。我国大力发展风电和光电,目前仍存在安装空间受限、有效消纳不足、影响电力系统稳定性等关键瓶颈问题。反观我国广大农村地区,有丰富空间资源可安装光电,能源需求旺盛且有灵活调节的空间。从农村当前能源结构来看,大量散煤、柴油、秸秆等燃烧造成环境污染,存在较大的减碳减煤空间,亟待清洁能源转型。因此,在我国农村建设以屋顶光伏为基础的农村新型能源系统,实现电力生产和消纳一体化,将成为破解风光电发展困境、助力农村经济社会发展的一条有效路径。

建议国家相关部门从整体上确定"农村包围城市"的低碳电力系统转型路径,并以"屋顶光伏为基础的'光储直柔'新型能源系统建设"作为突破口,进行顶层设计与规划。形成国家发展改革委、国家能源局、生态环境部、住房和城乡建设部、农业农村部、工业与信息化部、财政部等相关部门的"屋顶光伏为基础的'光储直柔'新型能源系统建设"工作联动机制，全面推进农村用能电气化，同时尽快理顺各种农村能源、减煤减碳、清洁采暖等相关补贴机制，集中财政资源和金融资源，全面支持建立农村新型能源系统建设。

参考文献

[1] Sharma A, Saxena A, Sethi M, et al. Life cycle assessment of buildings: a review [J]. Renewable and Sustainable Energy Reviews, 2011, 15 (1): 871-875.

[2] Cabeza LF, Rincón L, Vilariño V, et al. Life cycle assessment (LCA) and life cycle energy analysis (LCEA) of buildings and the building sector: A review [J]. Renewable and Sustainable Energy Reviews, 2014, 29: 394-416.

[3] Ramesh T, Prakash R, Shukla KK. Life cycle energy analysis of buildings: An overview [J]. Energy and Buildings, 2010, 42 (10): 1592-1600.

[4] 中华人民共和国生态环境部. 中华人民共和国气候变化第三次国家信息通报 [R/OL]. (2018). https://tnc.ccchina.org.cn/Detail.aspx?newsId=73250&TId=203

[5] 彭渤. 绿色建筑全生命周期能耗及二氧化碳排放案例研究 [D]. 北京: 清华大学, 2012.

[6] 张时聪, 杨芯岩, 徐伟. 现代木结构建筑全寿命期碳排放计算研究 [J]. 建设科技, 2019 (9): 45-48.

[7] Wang Y, Infield D. Markov chain monte carlo simulation of electric vehicle use for network integration studies [J]. International Journal of Electrical Power & Energy Systems, 2018, 99: 85-94.

[8] Yutong T, Jinqing P, Yimo L, et al. Numerical heat transfer modeling and climate adaptation analysis of vacuum-photovoltaic glazing [J]. Applied Energy, 2022, 312: 118747.

[9] Cuiling Z, Chong L, Yanyan G, et al. Br Vacancy defects healed perovskite indoor photovoltaic modules with certified power conversion efficiency exceeding 36% [J]. Advanced Science, 2022 (9), 2204138. https://doi.org/10.1002/advs.202204138.

[10] 江亿. "光储直柔"——助力实现零碳电力的新型建筑配电系统 [J]. 暖通空调, 2021, 51 (10): 1-12.

[11] Chen Q, Kuang Z, Liu X, et al. Energy storage to solve the diurnal, weekly, and seasonal mismatch and achieve zero-carbon electricity consumption in buildings [J]. Applied Energy, 2022, 312.

[12] Luthander R, Nilsson AM, Widén J, et al. Graphical analysis of photovoltaic generation and load matching in buildings: A novel way of studying self-consumption and self-sufficiency [J]. Applied Energy, 2019, 250: 748-759.

[13] Sun T, Shan M, Rong X, et al. Estimating the spatial distribution of solar photovoltaic power generation potential on different types of rural rooftops using a deep learning network applied to satellite images[J]. Applied Energy, 2022, 315: 119025.

[14] 江亿. "光储直柔"——助力实现零碳电力的新型建筑配电系统[J]. 暖通空调, 2021, 51（10）：1-12.

[15] 陈文波, 郝斌. 碳中和背景下农村"光储直柔"系统建设分析：以山西省芮城县东尢村为例[J]. 建设科技, 2021（7）：86-89.

[16] Scolaro E, Beligoj M, Estevez MP, et al. Electrification of agricultural machinery: A review[J]. IEEE Access, 2021, 9: 164520-164541.

[17] Gorjian S, Ebadi H, Trommsdorff M, et al. The advent of modern solar-powered electric agricultural machinery: A solution for sustainable farm operations. Journal of Cleaner Production 2021, 292.

[18] 清华大学建筑节能研究中心. 中国建筑节能年度发展研究报告2022[M]. 北京：中国建筑工业出版社, 2022：77-82.

[19] Shan M, Li D, Jiang Y, et al. Re-thinking china's densified biomass fuel policies: Large or small scale?[J]. Energy Policy, 2016, 93: 119-126.

[20] Carter E, Shan M, Zhong Y, et al. Development of renewable, densified biomass for household energy in China[J]. Energy for Sustainable Development, 2018, 46: 42-52.

[21] 刘晓华, 张涛, 刘效辰, 等. "光储直柔"建筑新型能源系统发展现状与研究展望[J]. 暖通空调, 2022, 52（8）：1-9, 82.

[22] Magwood C. Opportunities for CO_2 capture and storage in building materials[D]. Trent University, Peterborough, Ontario, Canada, 2019.